Von den einen ersehnt, von den anderen gefürchtet: der Wechsel vom Berufsleben in den Ruhestand. Gewohnte Abläufe sind plötzlich hinfällig, an freier Zeit herrscht nun kein Mangel mehr – doch was fängt man mit ihr an? Nicht selten brechen jetzt verschleppte Konflikte auf, wird die Partnerschaft auf den Prüfstand gestellt. Wie viel Anpassung verlangt die engere Zweisamkeit – und wie viel Distanz? Wie ändert sich das Selbstbild, wenn die alten Rollen nicht mehr tragen? Wie lassen sich gesundheitliche und finanzielle Einschränkungen bewältigen?
Bettina von Kleist hat Paare befragt, wie sie mit diesen Herausforderungen umgehen. Die Modelle für den neuen Lebensabschnitt, so zeigt sich, sind erstaunlich vielfältig. Neben den Erfahrungsberichten hat die Autorin Langzeitstudien und repräsentative Umfragen ausgewertet und Ratschläge von Fachleuten eingeholt. Auf diese Weise werden nicht nur die Probleme sichtbar, sondern auch die vielfältigen Chancen, die der Ruhestand für Paare bietet.

Bettina von Kleist, geboren 1949, Studium der Theaterwissenschaften, Psychologie und Amerikanistik, freie Journalistin und Mitarbeitern überregionaler Zeitungen, schreibt vorrangig über psychologische Themen. Sie hat zwei erwachsene Söhne und lebt in Berlin.

Bettina von Kleist

Wenn der Wecker nicht mehr klingelt

Partner im Ruhestand

Deutscher Taschenbuch Verlag

Ausführliche Informationen über
unsere Autoren und Bücher
finden Sie auf unserer Website
www.dtv.de

Ungekürzte Ausgabe 2008
4. Auflage 2012
Deutscher Taschenbuch Verlag GmbH & Co. KG, München
© 2006 Christoph Links Verlag – LinksDruck, GmbH
Umschlagkonzept: Balk & Brumshagen
Umschlagfoto: Arno Kiermeir
Gesamtherstellung: Druckerei C. H. Beck, Nördlingen
nach einer Vorlage von Agentur Siegemund, Berlin
Gedruckt auf säurefreiem, chlorfrei gebleichtem Papier
Printed in Germany · ISBN 978-3-423-34505-7

Inhalt

Zäsuren in der Partnerschaft

Vorwort

Die Stimme meiner Freundin klingt empört. Bei einem Fest wurden sie und ihr Mann in größerer Runde begrüßt – »und was denkst du, was die Gastgeberin sagte?« Kein Wort darüber, was die zwei beschäftigt, interessiert, beruflich getan und erreicht haben. Stattdessen wurden sie im Doppelpack vorgestellt: »Beide sind nun im Ruhestand.«

Keine Frage: Wir rücken auf. Mehr und mehr schränkt sich die Haarfarbe meiner Generation auf drei Grundtöne ein: grau, weiß und hennarot. Immer häufiger träufeln in unsere Gespräche Themen, die bisher nur die anderen betrafen: Rente, Krankheiten, die Wohnung im vierten Stock ohne Fahrstuhl. Ohne zu verschnaufen, erklommen wir noch vor kurzem die 68 Stufen und witzelten über den offensichtlich fehlerhaften Zwischenbescheid der BfA.

Die magischen 50: eben noch Hürde, jetzt schon Erinnerung. Beschwichtigungen würzten Geburtstagsreden. Auf den Tanzflächen zu den ersten 60er-Jubiläen ein einheitliches Bild: drei Viertel Frauen, ein Viertel Männer. Nackte Arme zeigen, dass das Abo in Fitness-Studios sich lohnt. Im Skiurlaub wächst die Langläufer-Fraktion. Immer schwerer sind die Koffer gefüllt mit dem Medikamenten-Set für alle Fälle und Dingen, auf die man auch woanders nicht verzichten will.

Die Umständlichkeiten nehmen zu; gesundheitliche Einschränkungen kommen näher. Immer deutlicher schälen sich Wesenszüge heraus. Nun, kurz vor der Rente oder schon im (Vor-)Ruhestand, gabeln sich noch einmal die Wege, auch zwischen Eheleuten. Und erstaunlich häufig werden nach Trennung und Scheidung aus Jugendfreundschaften späte Lieben.

Umtriebiger denn je stürzt sich Ulrich mit 61 in immer neue Projekte, will die »restliche« Schaffenskraft maximal ausschöpfen. Laut Statistik habe er noch etwa 14 000 Mahlzeiten vor sich – da wolle er nie mehr schlecht essen, ist eines der Ziele von Roland. Ehedem las er einen Krimi nach dem anderen. Doch wofür soll er sich jetzt belohnen, seit keine Korrekturen von Klassenarbeiten mehr auf ihn warten?

Edith hat mit 62 noch ihr Abitur gemacht. Fürs Grab studieren? Diese Frage stellt sich für sie nicht. Lernen erfüllt sie. Und: Je mehr sie außer Haus ist, desto geringer die Gefahr, dass ihr Mann und sie aneinanderprallen.

Ein spannender Lebensabschnitt. Im Zeichen des wehmütigen »Noch«, dann wieder voller Auftrieb, ist er oft weit entfernt vom beschaulichen Lebensabend, der für manche eine erstrebenswerte Idylle, für andere eine Drohung bedeutet. Über ein Thema entlang der eigenen Lebenslinie zu schreiben, schärft das Gehör für Zwischentöne, aber auch das Bewusstsein, wie unterschiedlich wir Gleiches wahrnehmen. Je älter wir werden, desto unbeirrbarer rechnen wir eigene Erfahrungen hoch und stülpen sie anderen über. Angeblich Bewährtes lässt manche Partnerschaft im Ruhestand ersticken. Andere Ehen zerbrechen an der atemlosen Jagd, Versäumtes nachholen zu wollen.

Chronische Unachtsamkeit kann nun nicht mehr nur mit Zeitnot entschuldigt werden und beschleunigt die Entfremdung. Aufmerksame Gesten, die sorgfältigere Unterscheidung, was wichtig ist und was nicht, fachen dagegen die Liebe wieder an.

Goldene Lebensregeln will dieses Buch nicht geben. Der Einblick, wie andere die unausweichliche Zäsur erleben, gestalten und meistern, hilft Paaren und ihren Angehörigen vielleicht, Klippen zu umschiffen, und stiftet sie zu Gesprächen an. »Oft sind es genutzte Mußestunden, in welchen der Mensch das Tor zu einer neuen Welt findet«, philosophierte der amerikanische Autor George M. Adams. Das Ende der Berufstätigkeit könnte dafür eine gute Gelegenheit sein.

Berlin im Januar 2006
Bettina von Kleist

Terra incognita:
Der Ruhestand zu zweit

Der Übergang vom Erwerbsleben in den Ruhestand ist ein Ereignis, mit dem in unserer Gesellschaft fast jeder direkt oder indirekt konfrontiert wird. Wie jeder Lebenswechsel bringt auch die Pensionierung einschneidende Veränderungen mit sich. Sie schafft eine neue Freiheit, die vor allem viel freie Zeit, aber auch den Beginn des letzten Lebensabschnittes bedeutet. »Früher hat der Jahrgang keine große Rolle gespielt. Der eine war etwas jünger, der andere etwas älter. Plötzlich ordnet man sich anders ein«, schildert ein Mann das neue Selbstbild, wenn der Stichtag erreicht ist. Vergleichende Studien beleuchten den Wandel, der sich in der Lebenssicht und im Verhalten verschiedener Rentnergenerationen vollzieht. Sie beschränken sich aber vorwiegend auf die unmittelbar betroffene Person, ohne deren familiäres Umfeld einzubeziehen.

43 Prozent der über 65-Jährigen leben mit Ehepartnern.[1] Gleichwohl erhellen bisher keine Publikationen, wie Paare und Familien mit dem Übergang in den Ruhestand umgehen und welche Strategien sie hierbei entwickeln. Dabei greift der Abschied vom Arbeitsleben auch erheblich in das Leben des Partners ein. Besonders in Ehen mit klassischer Rollenverteilung – Mann berufstätig, Frau Hausfrau – muss die künftige Aufgabenteilung neu ausgehandelt werden. Ein oft konfliktreiches Unterfangen, wie Loriots Filmkomödie »Pappa ante portas«, in der der verrentete Ehemann den Haushalt als reiches Betätigungsfeld für Verbesserungen entdeckt, anschaulich schildert. Strategien des einen, die ungewohnte Situation zu bewältigen, haben immer auch Einfluss auf den anderen. Gegenseitige Erwartungen färben und bestimmen den Alltag, sei es, indem man sich auf die Wünsche des anderen einstellt oder indem man sich Forderungen widersetzt. Auch der Blick von außen

ändert sich, wenn der pensionierte Schuldirektor oder die einflussreiche Kommunalpolitikerin »nur noch« Privatmensch ist.

Während einige Paare sich darauf freuen, mehr Zeit füreinander zu haben und nach dem Auszug der Kinder eine neue Intimität zu entwickeln, wird für andere die Zusammengehörigkeit durch den Verlust bisheriger Rollenteilung in Frage gestellt. Mitunter brechen nun alte Konflikte auf. Auch wenn Partner gleichaltrig sind, altern sie nicht gleichzeitig. Bei anderen macht sich in dieser Lebensphase der große Altersunterschied bemerkbar. Viele Paare blicken so dem ganztägigen Privatleben mit einer Mischung aus Hoffen und Bangen entgegen: Was ersetzt das bisherige Pensum von Pflichten und Aufgaben? Wird sich der Wunsch nach mehr Gemeinsamkeit erfüllen?

In diesem Buch schildern 13 Paare und sechs Einzelpersonen, wie sich ihr Alltag, ihre Ehe, das Familienleben und ihre sozialen Kontakte im Ruhestand verändern und wie sich das fortschreitende Alter für sie bemerkbar macht. Einige sind selbst nicht mehr erwerbstätig, bei anderen schied der Partner bzw. die Partnerin aus dem Berufsleben aus, oft sind beide Rentner. Insgesamt habe ich zirka 40 Menschen befragt. Fokussiert auf das Thema Ruhestand, zielt jedes ausführliche Gespräch darauf, die zahlreichen Facetten der neuen Lebensetappe auszuloten, wobei meine Gesprächspartner die Aspekte selbst gewichteten. Von ihrer Schwerpunktsetzung habe ich mich bei der Zuordnung der Interviews zu den verschiedenen Kapiteln leiten lassen – gleichwohl steht jedes Interview für sich. Manchmal ähnelt sich der Blick. Aber es zeigt sich auch, wie verschieden Menschen Umbrüche wahrnehmen, erleben und verarbeiten.

Mit beiden Partnern gemeinsam ein Gespräch zu führen, hat den Vorteil, dass die Fragen unbelastet von jedem Vorwissen sind und die Eheleute auf die Meinung des jeweils anderen reagieren können. Nach meinem Eindruck wurde manchmal die Gelegenheit genutzt, den Partner mit Kummer und Vorwürfen zu konfrontieren, denen er sonst offenbar kein Gehör schenkt. Mitunter ergriffen Paare die Chance, um einander ihre Anerkennung und Liebe zu bekunden. In Gegenwart des anderen ist Offenheit jedoch auch ein Risiko. Dass in Einzelgesprächen mehr Probleme zur Sprache kommen, scheint mir kein Zufall zu sein.

Für die sechs Einzelinterviews gab es verschiedene Gründe. Entweder wünschten meine Gesprächspartner kein Gespräch zu zweit, oder einer der Partner winkte ab, mangels Zeit oder Interesse. Zwei Personen leben nach Trennung bzw. Tod des Partners allein.

Überwiegend zwischen Mitte 50 und Ende 60, gehören meine Gesprächspartner fast alle zu den »jungen Alten«. Nur wenige sind über 70 Jahre alt, der älteste ist 81. Dass die meisten vorzeitig in den Ruhestand gingen, ist statistisch kein überraschendes Ergebnis. Viele kapitulierten vor betrieblichen Umstrukturierungen und dem Druck, ihren Arbeitsplatz zu räumen. Andere nahmen Vorruhestandsregelungen in Anspruch, rückblickend mit kleinen Gewissensbissen. Erschreckend viele, sowohl in Ost- als auch in Westdeutschland, bedauern die unerfreulichen Umstände, unter denen sie beruflich ausstiegen. Im schlimmsten Fall erfolgte eine Kündigung aus heiterem Himmel. In wenigen Fällen startete die jüngere Ehefrau beruflich noch einmal durch.

Manche Paare haben gemeinsame Kinder, andere sind nach Scheidung und Wiederverheiratung Eltern und Großeltern einer Patchworkfamilie. Vier Paare sind kinderlos.

Das Buch gliedert sich in die drei Hauptteile Beruf, Beziehungen und Alter, in denen vor allem den folgenden Fragen nachgegangen wird: Prägen traditionelle Rollenmuster die Ehe? Welchen Stellenwert hat der Beruf im Leben von Frauen und Männern? Wie unterschieden sich weibliche Erwerbsbiografien in der DDR von denen in der BRD?

Repräsentative Untersuchungen, Kommentare von Fachleuten und meine Gespräche mit Experten untermauern oder relativieren die Schilderungen von Menschen, deren Auswahl selbstverständlich nicht alle Lebenssituationen abdecken kann. Paare, die erst nach dem Beruf ihre Berufung erfahren und nochmals Sensationelles auf die Beine stellen, Rentner, die sozial völlig abstürzen, habe ich nicht einbezogen. Radikale Lebenswenden interessieren mich weniger als Ausschläge nach oben und unten: wenn Gewohnheiten obsolet werden, keine beruflichen Erfolge mehr das Selbstwertgefühl aufmöbeln und Sexualität nicht selten durch freundschaftliche Zärtlichkeit ersetzt wird. Dass sowohl in heterosexuellen als auch in homosexuellen Partnerschaften die Sturm- und Drangzeit oft in den Wunsch nach bürgerlicher Geborgenheit mündet, zeigt das Gespräch mit einem Männerpaar.

Während meiner Recherchen wurde ich auf die Studie von Sabine Buchebner-Ferstl aufmerksam, in der sich die Psychologin vom Österreichischen Institut für Familienforschung mit dem Thema »Pensionierung: Konsequenzen für die Partnerschaft« auseinandersetzt.[2] Ich verdanke der Arbeit die Bestätigung, dass es im ehelichen Ruhestand zwischen verschiedenen Paaren mehr Parallelen als landestypische Unterschiede gibt.

Abschied vom Beruf

Morgens bleibt der Wecker stumm

Die grenzenlose Freiheit – Horror Vacui oder Urlaubsstimmung?

»Davonschleichen« wollte er sich, nur »den kleinsten Kreis« einladen. Es wurde dann doch eine große Abschiedsfeier. 30 Jahre hatte er die Geschicke eines Pharmakonzerns mitgelenkt, für Privates blieb kaum Zeit, berichtet Klaus Sasse. Mit dem Arbeitsstil der nachrückenden Generation nicht immer einverstanden, nutzte er deshalb das Vorruhestandsangebot seines Unternehmens. »Ich möchte meinem Leben noch einen anderen Sinn, einen anderen Rhythmus geben.« Gleich am ersten Tag, berichtet der 62-jährige ehemalige Hauptabteilungsleiter, fuhr er in sein Ferienhaus. Reisen, zu kurz gekommene Familienaufgaben und seine Mitarbeit in einer Selbsthilfegruppe, in der er sich als Vater eines Bluters jetzt noch mehr engagiert, bringen ihn bisher nicht in die Situation, zu Hause womöglich im Weg zu sein. Mag sein, dass er sich schon wieder unter Zeitdruck bringt. Doch besser so als umgekehrt.

Jahrzehntelang standen berufliche Anforderungen im Vordergrund. Auch das Wochenende war selten frei. Und dann von heut' auf morgen der Wechsel ins ganztägige Privatleben. Ein Einschnitt, erzählt Irene Maas, auf den sie zunächst mit völliger Lethargie reagierte. Wie in Trance, erinnert sich die gelernte Außenhandelskauffrau, hatte sie mehrere hundert Hände geschüttelt, als sie ihren Posten als Betriebsratsvorsitzende quittierte und mit Mitte 50 aus dem Berufsleben verabschiedet wurde. Uralt fühlte sie sich damals, so »kaputt« war sie. »Ich wusste, wenn ich so weiter arbeite, habe ich bald eine großartige Beerdigung.« Obwohl sie sich auf ihre Unabhängigkeit gefreut hatte, konnte sie sich in den ersten Tagen zu nichts aufraffen. Bald jedoch suchte sie sich wieder Aufgaben. Zum einen, weil sie Rat suchende Kollegen nicht abweisen wollte. Zum anderen, da sie feststellte, wie schwer es war, ihren Vorsatz »einfach nur leben« umzusetzen: »Ich hatte ständig Gewissensbisse. Wenn ich morgens um acht noch im Bett lag oder abends spazieren ging, dachte ich: Du müsstest eigentlich …«

Auch wenn die Mehrheit der Deutschen das offizielle Datum der Pensionierung nicht mehr erreicht, weil sie vorzeitig aus dem Berufsleben ausscheidet, ganz überraschend erfolgt die Entlassung ins ganztägige Privatleben meist nicht. Jahr für Jahr war der Stichtag näher gerückt. Wenn dann der Schlüssel zum Büro abgegeben ist, werden nicht wenige von euphorischer Urlaubsstimmung erfasst. Kein Termindruck, keine Hetze, kein körperlicher Stress mehr. Der Chef, die unsympathischen Kollegen können einem fortan gestohlen bleiben. Nun ist man sein eigener Boss, kann tun und lassen, was man will. Der Wecker bleibt morgens stumm.

Mit Beklommenheit sehen andere der Freiheit entgegen, die erst einmal ein Vakuum bedeutet. Kein fester Rahmen mehr, der den Tag, die Woche gliedert. Geschäftsreisen und der Plausch in der Kantine gehören fortan der Vergangenheit an. Kein Adrenalinstoß bringt einen so richtig auf Touren. Statt morgens aus dem Haus zu eilen, steht man künftig beim Bäcker für Brötchen an. Und wie die ungewohnte Nähe gestalten, wenn sich die Ehe künftig nicht mehr hauptsächlich aufs Wochenende und den gemeinsamen Urlaub beschränkt? »Ich wusste nie so recht, was Rentner den ganzen Tag machen. Sie pusseln ein bisschen hier, ein bisschen dort. Ich hatte oft den Eindruck, es wird viel Zeit totgeschlagen«, beschreibt ein Bauingenieur im eben begonnenen Vorruhestand seine Angst, in ein Loch zu fallen, wenn der bisherige Tages-, Wochen- und Jahresrhythmus nicht mehr gilt und sich nicht abzeichnet, was an die Stelle der bisherigen Aufgaben tritt.

Wie oft hatte man Hektik und Fremdbestimmung verwünscht! Nun, da man eine andere Gangart einlegen könnte, sind die Seiten im Terminkalender bedrohlich leer, bremst Orientierungslosigkeit die freigesetzte Energie. Der sprichwörtliche Pensionsschock trifft nach Auskunft von Fachleuten vor allem jene, die bis zuletzt alle Energie in den Beruf steckten und versäumten, sich auf das neue Lebenskapitel vorzubereiten.

Doch auch wenn die rechtzeitige Pflege von privaten Interessen, das Übernehmen neuer Aufgaben den Übergang erleichtern, bringt der endgültige Ausstieg aus dem Berufsleben Verunsicherungen mit sich, erläutert der Sexual- und Paarberater Robert Bolz. Als Mitarbeiter von »pro familia« in München hat sich der 62-jährige Diplom-Pädagoge vor allem auf Lebensfragen von Menschen jenseits der 50 spezialisiert. »Der Abschied vom Beruf ist eine Zäsur, die einen kränkenden Charakter hat. Auf jeden Fall bei Männern, die in der Regel ihre Identität viel stärker über ihren Beruf beziehen als Frauen. Der Ausspruch: ›Ich freue mich, wenn ich hier fertig bin‹, trifft es in der Regel nicht. Viele stürzen in eine tiefe Depression. Besonders die, die sich nicht rechtzeitig um die Frage gekümmert haben: Was mache ich, wenn ich mit meinem Beruf aufhöre? Um die 60 kommt vieles zusammen, denn oft ist dies auch der Zeitpunkt, da die Kinder aus dem Haus gehen, und das bedeutet generell eine große Herausforderung für die Partnerschaft. Das Leben wird spürbar endlich.«

Status- und Machtverlust

Aber auch jene, die sich für die nachberufliche Zeit gerüstet haben und aufatmend Jüngeren das Feld überlassen, sehen sich mit einem verunsichernden Rollenwechsel konfrontiert. Man ist künftig von Insider-Informationen abgekoppelt, rutscht mehr und mehr gesellschaftlich an den Rand. Besonders Führungskräfte müssen damit fertig werden, dass sie mit dem Verlust von Macht und Einfluss auch an Prestige verlieren.

200 Menschen kamen zu seinem Abschiedsempfang, berichtet ein pensionierter Bankdirektor. Schon damals war ihm klar, dass er viele Gäste nicht wiedersehen würde. »Kurz vorher sagte mir der Präsident: Denken Sie daran, künftig haben Sie keine Macht mehr, keine Verpflichtungen. Und Sie werden auch nicht mehr eingeladen.«

Um sich Enttäuschungen zu ersparen, treten einige die Flucht nach vorn an. Sie kappen von sich aus den Kontakt zu ehemaligen Kollegen und zu Kreisen, die ihnen ihr Beruf erschloss. Etliche meiner Interviewpartner betonten, dass sie einen klaren Trennstrich zwischen Beruf und Privatleben bevorzugen. Ob freiwillig oder weil sie lieber nicht die Probe aufs Exempel wagen, blieb meist hinter sachlichen Begründungen versteckt.

Je nach Temperament und Selbstwertgefühl werden der Statusverlust und das Nachlassen des entgegengebrachten Interesses achselzuckend oder bitter konstatiert. »Man fällt in die Bedeutungslosigkeit«, beschreibt ein 64-Jähriger seinen Eindruck, dass er nun in die Rubrik Ruheständler eingemeindet sei und es offenbar in den Augen anderer kaum einen Unterschied bedeute, ob er als Informatiker oder Gärtner seine Brötchen verdient habe.

Rita Frisch, die als Mitarbeiterin eines regionalen Fördervereins bis zu ihrer Frühpensionierung eine öffentliche Person war, meint dagegen: »Es liegt jetzt auch an mir: Wenn ich an jemandem wirklich Interesse habe, muss ich stärker die Initiative ergreifen.«

Auch im privaten Kreis, in der Familie, verändert sich die Stellung. Obwohl die neue Lebensphase viel Spielraum für individuelle Gestaltung lässt, steckt der Status des Ruheständlers oft voller Zuweisungen. Man kann sich in das Klischee des Rentners fügen und künftig mit dem Enkel nur noch Enten füttern gehen – oder versuchen, den stereotypen Erwartungen zu entkommen und der neuen Rolle einen eigenen Stempel aufzudrücken.

Erwartungen an den Ruhestand

Dass Theodor Fontane erst nach seinem 60. Geburtstag seine großen Romane schrieb und die Malerin Grandma Moses mit 78 Jahren ihre künstlerische Laufbahn begann, sind nur schwache Hoffnungsschimmer, wenn zu Beginn des Ruhestandes Frühstück und Feierabend erst einmal ineinandergleiten, ohne dass die Stunden dazwischen erkennbar gefüllt, geschweige denn genutzt wurden.

»Mit dem Übergang vom Arbeitsleben in den Ruhestand wird der Umgang mit der freien Zeit zur zentralen Herausforderung für jeden Einzelnen. Es fehlt jetzt der natürliche Spannungsbogen von Anstrengung und Ruhe«[3], erklärt der Gesellschafts- und Freizeitforscher Horst Opaschowski die zunächst oft großen Stimmungsschwankungen zwischen resigniertem Rückzug und Hyperaktivität, bis eine neue Balance von Ruhe und Tätigkeiten gefunden wird.

Konkrete Pläne und die realistische Einschätzung, was finanziell und gesundheitlich möglich ist, erleichtern Umfragen zufolge die Umstellung. Nicht wenige indes schieben den Gedanken an den Ruhestand bis zur letzten Minute hinaus. Nach dem Motto »Kommt Zeit, kommt Rat« vertrauen sie darauf, dass sich schon eine neue Perspektive auftun wird, wenn ihr Kopf nicht mehr voll mit anderem ist. Vor allem Männer fühlten sich, so Barbara Langmaack, Hamburger Unternehmens- und Lebensberaterin, nach dem urlaubsähnlichen Auftakt des Ruhestandes oft überflüssig und verloren: »Sie nehmen sich keine Zeit, um im Privatbereich Adäquates zu schaffen. Durch die Kombination von Beruf, Haushalt und eventuell Familie behält das Leben von Frauen größere Kontinuität. Sie retten mehr hinüber in den neuen Lebensabschnitt. Frauen sind auch schneller karrieremüde. Sie sagen: Ich habe erlebt, dass ich Abteilungsleiterin sein kann. Nun hätte ich gern noch ein paar andere Jahre.« Erwerbsbiografien von Frauen strebten eher in die Breite als in die Höhe und bescherten ihnen so im Ruhestand ein größeres Terrain von Interessen, Kontakten und Möglichkeiten.

Während einige Berufstätige die Frage nach dem künftigen Lebensinhalt so lange wie möglich verdrängen, sind bei anderen die Ziele für die »Freiheit danach« hoch gesteckt. Je nachdem, ob Menschen vom Berufsleben ausgelaugt sind oder noch immer Freude an ihren Tätigkeiten haben, gabeln sich im Ruhestand die Wege. Auch Mentalität, Ehrgeiz und gesellschaftliches Engagement führen in unterschiedliche Lebensrichtungen, die die Soziologen Gerhard Berger und Gabriele Gerngroß treffend skizzieren:

- Den Weg des partiellen Weitermachens peilen besonders Menschen an, die vorher ihre Zeit und Arbeit relativ frei einteilen konnten. Warum dem 65. Geburtstag so viel Gewicht beimessen? Ohnehin ihr eigener Arbeitgeber, setzen manche Freiberufler ihre Tätigkeit fort. Ehemalige Angestellte versuchen, sich selbständig zu machen.
- Andere Ruheständler versuchen, ihre Kompetenz und ihr fachliches Wissen anderweitig einzusetzen. Während der »Weitermacher« sein professionelles Wissen weiterhin verkaufen will, fragt der »Anknüpfer« danach, wo er gebraucht wird. Zu diesem Typ gehören vor allem Menschen, denen soziale und politische Fragen unter den Nägeln brennen.
- Für eine dritte Gruppe herrschten im Beruf ungeliebte Tätigkeiten vor. Befreit von der Last, wollen sie im Ruhestand aufgeschobene Wünsche verwirklichen und Versäumtes nachholen.[4]

Nach einer Phase von Hochs und Tiefs richtet sich laut Umfragen die Mehrzahl der Ruheständler in der Mittellage ein: Man wird keine Bäume mehr ausreißen, sich nicht neu erfinden. Doch verbraucht und müde ist man auch noch nicht!

Wilhelm Kewig: »Man fällt in ein Loch und weiß nicht, wie tief es ist.« – Sonja Kewig: »Der Ruhestand ist wie eine Krankheit, die ich loswerden will.«

Arbeit gäbe es genug. Haus, Garten, die beiden Söhne. Dazu ihr Start als freischaffende Künstlerin, obgleich Sonja Kewig diese Bezeichnung selbst nicht gebraucht. Die Dekorationsartikel für Heim und Garten, die sie seit drei Jahren verkauft, seien Handwerk. Zufrieden hatte die 57-jährige Hamburgerin geschildert, dass sich für sie nach 19 Jahren als Hausfrau und Mutter noch ein schöpferisches Berufsfeld auftut und sich so durch die Pensionierung ihres Mannes ihr Alltag gar nicht erheblich verändern werde. Als wir ein halbes Jahr nach Wilhelm Kewigs beruflicher Verabschiedung nochmals ein Ge-

spräch führen, ist Sonjas Zuversicht getrübt. In vielen Punkten unterstreicht sie jetzt die nüchterne Sicht ihres 66-jährigen Mannes, der als Stadtplaner in einer Hamburger Baubehörde arbeitete und mich nun um zehn Uhr morgens mit einer Gartenharke in der Hand begrüßt.

Seit 28 Jahren wohnen Wilhelm und Sonja Kewig in einer ländlichen Region nördlich der Hansestadt. Für beide ist es die zweite Ehe. Die ausgebildete technische Zeichnerin, pechschwarze Haare, weiter V-Ausschnitt, und der Hamburger Architekt, ein stiller, leicht untersetzter Mann, lernten sich am Arbeitsplatz kennen. 20 Jahre nach Sonjas Tochter aus erster Ehe kam ihr gemeinsamer, jetzt 19-jähriger Sohn zur Welt. Ihr zweiter Sohn ist 17 und damit nur wenige Jahre älter als die beiden Berliner Enkel.

Wilhelm Kewig

Ich habe vor einem halben Jahr aufgehört zu arbeiten. Für mich hat also der soziale Abstieg begonnen. Nicht, weil weniger Geld auf das Konto fließt, sondern weil die sozialen Kontakte fehlen. Jahrzehnte wirkte ich mit am öffentlichen Leben, jetzt sitze ich zu Hause und werde mehr oder weniger als Hilfskraft benutzt. Der Chef bin ich nicht mehr, das war mal. Man fällt erst einmal in ein Loch und weiß noch nicht, wie tief es ist.

Den Termin meiner Pensionierung kenne ich seit 40 Jahren. Trotzdem war ich überrascht, als er da war. Mit viel Mühe bekam ich eine einjährige Verlängerung. An meinem letzten Arbeitstag habe ich noch eine neue amtliche Verfügung erlassen, diese Aufgabe hat mich noch einmal aufgeputscht. Ich hätte auch deshalb gern weiter gearbeitet, weil wir zwei schulpflichtige Kinder haben. Die wollen nicht, dass der Alte zu Hause sitzt. Unser Sohn ist da sehr deutlich. Er findet es peinlich, dass er so einen alten Vater hat und die anderen das auch merken.

Für mich hatte der Beruf nie einen höheren Stellenwert als die Familie. Nach außen hin konnte ich mich jedoch eher über den Beruf identifizieren, auch wenn mir die Arbeit manchmal zum Hals raushing. Was die Aufrechterhaltung beruflicher Kontakte betrifft, bin ich eher pessimistisch. Ich kenne das von Kollegen, die vor mir gegangen sind. Man hat euphorisch Abschied genommen und gesagt: »Wir sehen uns ja weiterhin.« Wenn dann jemand wirklich ins Büro kam, hatte niemand Zeit. Einige Leute sagen: »Wir brauchen bestimmt mal deine Beratung.« Aber das ist eine vage Sache. Es ist der Gang der Dinge. Ich hatte ein erfülltes Berufsleben und wurde mit einer großen Feier im Rathaus verabschiedet, geehrt und gelobt. Man muss das nicht alles so ernst nehmen, aber die Anteilnahme war doch sehr groß. Jeder der 30 Kollegen hat mir eine Rose überreicht, an der ein Zettelchen hing mit einem persönlichen Satz. Ich finde, so ein Schlusspunkt ist wichtig. Ich bin jetzt Pensionär. Wenn die Kinder aus dem Haus sind, kommt wahrscheinlich das nächste Loch. Jetzt fehlt der Beruf, dann fehlen die Kinder. Ab und zu sagt mir der Kopf, dass ich im letzten Lebensdrittel bin. Aber ich lebe nicht danach.

Ich stehe wie gewohnt um sechs Uhr auf und fahre unsere Söhne zur Schule, damit sie nicht den Bus nehmen müssen. Wenn schönes Wetter ist, kommt es vor, dass wir im Garten etwas länger frühstücken. Aber da ich mir vorgenommen habe, das Haus auf Vordermann zu bringen, bin ich eigentlich den ganzen Tag beschäftigt. Wenn ich merke, dass Sonja terminlich unter Druck steht, wasche ich die Wäsche, kaufe ein – und mache das auch meistens gern. Dass Sonja ihr Hobby beruflich ausbauen kann, freut mich. Ich kann dabei ein bisschen mitwirken, auch wenn sich zeigt, dass das gemeinsame Arbeiten nicht so einfach ist. Wir haben beide eigene Vorstellungen, die kollidieren manchmal. Wichtig ist, dass man etwas tut. Es darf nicht sein, dass man morgens aufwacht und sich fragt: »Was soll ich heute machen?«

Wenn das Telefon klingelt, ist es fast immer für Sonja. Beruf und Privates: Das waren für mich bisher zwei getrennte Welten. An unsere Freunde hat Sonja mich herangeführt. Wenn ich aus dem Büro kam, war unser soziales Umfeld organisiert. Ich denke, es wird sich entwickeln, dass ich auch mehr private Kontakte pflege.

Vor allem brauche ich noch irgend etwas für den Kopf und hoffe, dass sich etwas Geeignetes findet. Ich möchte Dinge tun, die sinnvoll sind und Spaß machen – und das ohne Stress. Das gehört ja zur Freiheit im Rentenalter. Seit kurzem greife ich wieder zum Pinsel. Die letzten Aquarelle habe ich vor 18 Jahren gemalt, bevor die Kinder kamen. Ich würde auch gern durch Europa reisen. Zurzeit ist mein Terminkalender jedoch noch völlig leer.

Sonja Kewig

Als ich Mitte 20 war und im Büro Kollegen verabschiedet wurden, dachte ich: »Die gehen nach Hause zum Sterben.« Heute sage ich: Gesund aus dem Arbeitsleben auszuscheiden, ist ein großes Geschenk. Man muss sich dieses Privileg bewusst machen. Trotzdem sah ich Wilhelms Pensionierung mit Beklemmungen entgegen. Durch die Verlängerung seiner Berufszeit um ein Jahr konnte ich mich besser darauf einstellen. Zuletzt habe ich mich sogar gefreut. Ich dachte: »Man kann auch mal ein bisschen rumleben in seinem Haus. Das geschieht nicht, wenn man arbeitet.« Doch jetzt akzeptiere ich den neuen Lebensabschnitt weniger, als ich vermutet habe. Mittlerweile empfinde ich den Ruhestand wie eine Krankheit, die man loswerden muss.

Dass Wilhelm einen guten Beruf und eine sichere Position hatte, war nie das, was mich an ihm faszinierte. Man sagt ja: Macht macht erotisch. Aber das würde implizieren, dass er für mich nun weniger wert sei. Er ist nun aus allen beruflichen Bezügen herausgefallen. So etwas erleben ja nicht bloß Menschen, die in Rente gehen. Jede Frau kennt den Verlust von gesellschaftlicher Anerkennung, wenn sie Kinder kriegt und sich entschließt, zu Hause zu bleiben. Meine Stelle als technische Zeichnerin kann man zwar nicht mit Wilhelms Position vergleichen, trotzdem war meine Arbeit für mich wichtig.

Seit Wilhelm nicht mehr arbeitet, ist ein wichtiger Schwerpunkt in unserem gemeinsamen Leben verschwunden. Das beunruhigt mich. Ich möchte, dass es etwas gibt, was Wilhelm morgens fröhlich aufstehen lässt. Ihn lässt jetzt die Verantwortung aufstehen, nicht die Begeisterung, die ihn bei Berufsprojekten anstachelte. Wenn ich ihm die Chance dazu ließe, würde er jetzt gern ab und zu ein gemächlicheres Leben führen. Aber ich treibe ihn ständig an und bin hyperaktiv, weil ich Angst habe, dass seine Lebendigkeit erlischt. Morgens nehme ich mir vor: »Heute gebe ich mir Mühe.« Zwei Stunden später denke ich mir schon wieder Aufgaben für ihn aus.

Meine Einstellung ist: Wenn die berufliche Anerkennung wegfällt, muss man für eine andere Form der Bestätigung sorgen, damit man nicht aus dem sozialen Gefüge gerät. Aber Wilhelm hat ein völlig anderes Naturell. Neulich schlug ihm ein Kollege vor, einem Verein beizutreten. Ich sagte: »Klasse, dann bringst du etwas Frisches nach Hause.« Wilhelm sagte nur: »Es muss mir ja auch gefallen.« Es kommt vor, dass ich ihm vorschlage: »Ruf doch mal deine Kusine an.« Dann ist seine Antwort: »Das kann ich ja demnächst mal tun.« Bevor Wilhelm pensioniert wurde, habe ich immer gemeint: »Vor dem Ruhestand davonlaufen, ist genauso schrecklich, wie sich bewusst in den Ruhestand hineinfallen zu lassen.« Aber wenn er so reagiert, schwimmen mir alle Felle weg.

Manchmal habe ich Angst, dass seine Wortkargheit zur Sprachlosigkeit wird. Ich bin ein redseliger Mensch. Er ist genau das Gegenteil. Es gab schon Phasen, da nickte er nur noch. Inzwischen passe ich auf, dass ich Fragen stelle und nicht nur einfach berichte. Wenn ich vom Einkaufen komme, sage ich nicht: »Ich habe Müllers getroffen«, sondern: »Ich war bei Edeka. Was meinst du, wen ich getroffen habe?«

Ich beobachte kritisch, dass Nichtigkeiten plötzlich eine Bedeutung bekommen, mit denen Wilhelm sich vorher nie abgab, zum Beispiel, dass Prinz Charles geheiratet hat. Das hätte er früher kaum zur Kenntnis genommen. Jetzt bildet er sich seine Meinung darüber. Ich empfinde das als kleinkariert. Als Wilhelm noch arbeitete, habe ich mich allerdings auch manchmal vormittags ins Wohnzimmer gelegt und eine Talkshow angeschaltet. Das traue ich mich nicht mehr so. Ich geniere mich, obwohl Wilhelm nie etwas sagen würde.

Mit der Herstellung von Dekorationsartikeln habe ich vor

drei Jahren begonnen. Wilhelm hat mich nie eingeengt, hat meine Entwicklung unterstützt. Ich war immer sehr rührig. Eine Zeitlang habe ich ständig die Möbel umgestellt. Bewusst wurde mir das, als Wilhelm einmal nach Hause kam und fragte: »Wo schlafe ich denn heute?« Damals beschloss ich, meine Aktivität woanders auszulassen. Zur Herstellung und zum Verkauf meiner Sachen bin ich nun viel häufiger in der Stadt, tauche dort ein in die Atmosphäre von Freiheit, Betrieb, Geschwindigkeit. Es stärkt mein Selbstbewusstsein zu spüren, dass ich etwas kann. Manchmal denke ich: »Schade, dass ich nicht früher damit begonnen habe.« Aber mir fehlte der Mut. Und ich wollte den Luxus genießen, zu Hause bleiben zu können. Mein größter Erfolg sind unsere Kinder. Die Vorbilder, die ich vermitteln wollte, sind angekommen.

Wenn ich Angst vor dem Alter habe, dann deshalb, weil ich fürchte, unzufrieden zu werden. Meine Eltern sind zufrieden alt geworden, und ich hoffe sehr, dass ich in diese Richtung gehe. Und ich habe Angst davor, dass all die Erfahrungen, die man angehäuft hat, zum Hindernis werden. Erfahrungen bremsen die Neugier. Man kann alles vorhersehen, stürzt sich nicht mehr in Experimente. Andererseits habe ich festgestellt, dass Riten, ein straffer Tagesrhythmus ganz wichtig sind. Das Mittagessen einfach wegfallen zu lassen, würde ich nicht befürworten, auch wenn die Kinder mal aus dem Hause sind. Und bis zehn Uhr morgens zu schlafen, ist nicht gut für meinen Rücken. Für meine Stimmung schon gar nicht.

Über die Zukunft denke ich ungern nach. Wenn die Kinder einmal fort sind, werden wir zukunftsorientierter planen: Bleiben wir in diesem Haus? Müssen wir uns breitere Türen einsetzen lassen, damit jemand mal mit dem Rollstuhl reinkommen kann? Aber ich kenne mich: Wenn ich zu sehr über das Alter nachsinne, stelle ich mir keine Blumen mehr auf den Tisch, weil ich das Gefühl habe, es lohnt sich doch nicht mehr.

Michael Gregor: »Ich kam mir völlig nutzlos vor.« – Isabella Gregor: »Auf diesen Absturz war ich nicht gefasst.«

Mehrere Monate nach dem Interview schickt mir Michael Gregor einen Brief, in dem der 66-jährige ehemalige Schuldirektor noch einmal betont, wie sehr ihm seine Frau geholfen habe, aus seinem Tief herauszukommen: »Nach meiner Pensionierung war ich in einem Zustand der Betäubung. An manches erinnere ich mich gar nicht mehr genau. Ich habe wohl auch vieles, was quälend war, verdrängt.«

Michael und Isabella Gregor sind seit 34 Jahren verheiratet und leben in wohlgeordneten Verhältnissen. Ihre beiden Kinder sind erwachsen. Sechs Jahre jünger als ihr Mann, arbeitet Isabella Gregor weiterhin halbtags in einer Apotheke. Diese Tätigkeit sei nicht ihr Wunschberuf gewesen, sondern eine Möglichkeit für sie, etwas dazuzuverdienen und damit unabhängiger zu sein, erklärt die dunkelblonde, jugendlich aussehende Frau. Als ihr Mann die traditionelle Rollenteilung damit begründet, er habe lange gar nicht von der Option des Jobsharing gewusst, ist sie erstaunt: »Im Grunde haben wir einen Rollentausch nie erwogen. Mein Mann hatte eine ganz andere Beziehung zum Beruf. Und ich hätte mir nicht vorstellen können, die Kinder von einem Fremden betreuen zu lassen«, begründet sie ihre unterschiedlichen Gewichtungen von Beruf und Familie und den Abbruch ihres Aufbaustudiums, als sie merkte, dass dieses zeitlich mit der Beförderung ihres Mannes nicht zu vereinbaren war.

Michael Gregor

Vor zwei Jahren wurde ich kurz vor Pfingsten pensioniert, und am Pfingstdienstag fiel ich in ein Loch. Das heißt, Isabella und ich haben noch eine Reise mit Freunden nach Paris gemacht, und danach stellte sich das Gefühl ein: »Was soll ich denn noch?« Ich kam mir völlig nutzlos vor. Ich war immer von sieben Uhr morgens bis elf Uhr abends eingebunden gewesen. Und nun war erst einmal gar nichts. Die Überlegung, wie ich mich neu organisieren solle, machte mich ratlos. Ich wusste, dass meine Frau dachte, der Mann hat ja viele Interessen. Aber ich hatte keine Lust zu irgendetwas. Es gab zunächst gar nichts, was mich reizte, ich war nur erschöpft. Ich bin jedoch nicht im Bett geblieben und habe mir die Decke über den Kopf gezogen, das fand ich unangemessen. Wenn unser Sohn anrief und fragte: »Was machst du denn so?«, konnte ich nicht viel erzählen. Ich wollte ihn nicht belasten, habe allenfalls angedeutet, wie es mir geht. Unsere Tochter, die etwas dichter dran war, kriegte meine Tiefs durchaus mit. Wenn sie mich auf meine Verfassung ansprach, konnte ich mich schlecht verstecken. Aber mein Vorsatz war, mich selbst wieder in den Griff zu bekommen.

Isabella Gegor

Als mein Mann in den Ruhestand ging, habe ich mich gefreut. Der Abschluss des Arbeitslebens ist ein ganz normaler Prozess, und Michaels Unlust am Beruf wurde immer deutlicher. Wenn er Freitagabend völlig erledigt einschlief, dachte ich: »Das kann es nicht sein, dass man sich die ganze Woche auspowert.« Irgendwann schlug ich vor: »Willst du nicht eher aufhören?« Es gibt ja Männer, die identifizieren sich so stark mit ihrem Beruf, dass gar nichts anderes mehr gilt. Aber mein Mann musste sich immer eher Sachen verkneifen, die er gern getan hätte. Es war ja auch eine Bürde, Schulleiter zu sein, und nicht nur Erfüllung. Ich dachte: Der Mann hat so vieles aufschieben müssen: Er liest gern, hatte bisher keine Zeit zu malen, da wird er von morgens bis abends zu tun haben. Trotzdem habe ich seine näher rückende Pensionierung in den letzten Jahren ab und zu angeschnitten. Seine Reaktion war oft: »Lass mich damit in Ruhe. Ich habe jetzt keine Zeit. Pläne mache ich später.« Seine Weigerung, über das Thema zu sprechen, hat mich sehr befremdet. Ich verstand nicht, warum man nicht ein paar Jahre weiter guckt. Dass es so ein Absturz werden würde, darauf war ich jedoch nicht gefasst.

Michael Gregor

Ich hatte bis zum Schluss noch sehr viel zu tun. Aber ich kann nicht bestreiten, dass ich mich um die Frage herumgedrückt habe, wie es weitergehen soll. Ich war gerne Schulleiter, habe da schon Ehrgeiz hineingesteckt, mich mit meiner Arbeit immer stark identifiziert. Viele Menschen denken, der Schulleiter ist der König in seinem Reich. Davon kann keine Rede sein. Ich hatte etwas Einfluss, aber keine Macht. Zum Schluss wurde die Tätigkeit durch immer neue Aufgaben, die von der Behörde auf die Schulleiter niederprasselten, sehr anstrengend. Immer wenn ich sagte: »Es geht nicht. Die Kollegen können nicht mehr«, hieß es: »Sie müssen die eben motivieren.« Freitagabend saß ich oft halb im Schlaf auf dem Sofa und war zu nichts mehr in der Lage. Als das Teilzeitmodell für Lehrer kam, beschloss ich: Ich muss nicht mehr die Kastanien für die Behörde aus dem Feuer holen.

Isabella Gregor

Natürlich habe ich gemerkt, wie schwer für Michael anfangs die Tage waren. Sein Nichtstun fand ich eigentlich nicht schlimm. Wenn er fröhlich gesagt hätte: »Ich habe den ganzen Tag rumgelegen und fand das wunderbar«, hätte ich das auch wunderbar gefunden. Ich erwarte nicht, dass er die Spülmaschine ausräumt oder Fenster putzt. Das Einzige, was ich mir wünsche, ist, dass er an den Tagen kocht, an denen ich arbeite. Schlimm fand ich, dass er so niedergedrückt war. Das war fast eine Depression. Seine Haltung »ich kann nichts mehr, will nichts mehr« hat mich sehr beunruhigt und mich teilweise auch ärgerlich gemacht. Ich hatte das Gefühl, ich müsste ihn mal rütteln: »Komm doch raus aus deiner Lethargie! Mach mal was, und wenn du nur Kartoffeln schälst.« Manchmal war ich froh, wenn ich morgens das Haus verlassen konnte. Ich grenzte mich ab, indem ich nicht da war. Zum Glück hielt dieses Stimmungstief nicht an.

Michael Gregor

Im Grunde bin ich froh, dass meine Berufszeit vorbei ist. Als ich ausschied, war mir eine offizielle Form des Abschlusses sehr wichtig. Der stellvertretende Schulleiter hat eine grandiose Abschiedsfeier organisiert. Ehemalige, inzwischen 30-jährige Schüler und Schülerinnen aus meiner besten Klasse traten mit einer Rückschau auf ihre Schulzeit auf. Ein wichtiger und langer Abschnitt meines Lebens ging zu Ende, das hat mich sehr bewegt. Aber ich war auch erleichtert, dass dieser Stress vorbei ist. Ich sage einmal etwas Hässliches: Endlich durfte ich zugeben, dass ich manche meiner Kollegen nicht ausstehen konnte. Vorher musste ich solche Abneigungsgefühle überspielen.

Wenn ich Schüler zufällig treffe, denke ich: »Ach, es war doch schön mit ihnen.« Zu Kollegen habe ich keinen Kontakt mehr, es sei denn, man begegnet sich zufällig. Berufliches und Privates habe ich immer bewusst getrennt. Ab und zu besuchen meine Frau und ich Schulkonzerte, sonst gehe ich nur in die Schule, wenn ich ausdrücklich eingeladen bin. Ich will nicht als der Alte erscheinen, der nachschaut, ob der Neue es richtig macht. Und ich möchte nicht in den Ruf kommen: Der kann seine Pensionierung nicht aushalten.

Inzwischen habe ich mich an den Zustand, Zeit zu haben, gewöhnt und fühle mich sehr wohl. Das Erste, was ich in Angriff nahm: Ich habe kistenweise Unterrichtsmaterialien weggeschmissen. Dann habe ich angefangen, unsere Bücher neu zu ordnen. An solchen Beschäftigungen habe ich mich zunächst geradezu festgehalten. Und ich habe eine Menge Erinnerungen, die ich gern für mich selber schriftlich verarbeiten will.

Unsere derzeitige Rollenteilung kann ich rational sehen. Meine Frau arbeitet länger als früher. Ich bin ein leidenschaftlicher Radiohörer und komme dazu, dicke Bücher zu lesen. Es warten noch etliche Aufräumarbeiten. Zweimal in der Woche gehe ich in ein Fitness-Zentrum. Dann ist der Vormittag schon mal rum. Anfangs bin ich auch oft, um den Tag zu verkürzen, mit dem Rad in die Innenstadt gefahren, habe dort irgendeine Kleinigkeit besorgt. Im Moment entwickle ich mich zum Bügelmeister. Ich würde auch gern besser kochen lernen. Meine Frau hat mich auf ein Angebot hingewiesen, das ich mit Freude wahrnehme: »Colorissimo – Italienisch lernen vor Bildern der Kunsthalle.« Wenn wir jetzt in Urlaub fahren, werde ich meine Malsachen mitnehmen. Aber ich gebe zu, dass ich etwas bequem werde. Wenn ich den ganzen Tag rumhänge, habe ich manchmal zwar kein schlechtes Gewissen, aber ein doofes Gefühl. Doch das wird seltener. Inzwischen bin ich schon mal ganz gerne faul, wenn meine Frau nicht da ist, fällt das ja nicht auf. Ich muss mich nicht rechtfertigen, warum ich nur in die Luft gucke. Ich muss mich auch nicht rechtfertigen, wenn meine Frau zu Hause ist. Aber wenn sie etwas tut, und ich tue nichts, rufe ich mich innerlich zur Ordnung: »So geht das nicht!«

Isabella Gregor

Für mich ist etwas schwierig, dass ich niemals zu Hause allein bin, weil mein Mann immer da ist und manchmal auch sehr auf mich wartet. Für seine Selbstfindung war es sicher gut, dass ich nicht ständig um ihn bin. Ich bin oft die Schnellere, das lässt dem anderen ja nicht mehr so viel Raum. In anderthalb Jahren will ich aufhören zu arbeiten. Das wird noch einmal eine Veränderung, wenn wir beide zu Hause sind. Ich freue mich darauf, dass wir bald beide frei über unsere Zeit verfügen können. Wenn das Wetter schön ist, können wir mit den Fahrrädern fahren. Aber als Erstes möchte ich einmal ganz allein verreisen. Seit meinem 20. Lebensjahr habe ich das nicht gemacht. Und wenn ich mir den Wunsch dann nicht erfülle, wird es wahrscheinlich überhaupt nichts mehr.

Beruf als Stützpfeiler der Identität

Karriere oder Broterwerb?

»Metro, boulot, dodo« – »Pendeln, Malochen, Pennen«: Lakonisch beschreiben die Franzosen den Rhythmus, der im berufstätigen Alter von montags bis freitags das Leben bestimmt, vorausgesetzt, man ist nicht arbeitslos. Für die meisten Männer der heutigen Rentnergeneration bestand kein Zweifel, dass nach Lehre, Ausbildung, Studium ihr Arbeitsplatz die »Hauptbaustelle« in ihrem Leben war. Anders als für Frauen, die beruflich zugunsten der Familie oft zurücksteckten, war für Männer ihre Berufstätigkeit so selbstverständlich wie der Wechsel von Tag und Nacht. Im günstigen Fall bot der Beruf ihnen Gelegenheit, Gestaltungs- und Einflusswünsche zu befriedigen, gesellschaftliche Anerkennung zu erlangen, Kontakte und Freundschaften zu knüpfen, und war so die Quelle von Selbstbewusstsein und Glück.

Die Unausweichlichkeit der männlichen Berufsrolle hat den Vorzug, dass sie Fähigkeiten fördert und Kräfte mobilisiert. Die Höhe des Gehalts, die beruflichen Aufstiegschancen und der damit verbundene gesellschaftliche Status spielen in der Lebensplanung von Männern eine größere Rolle als bei Frauen. Fehlten die Voraussetzungen für ein befriedigendes Berufsleben jedoch, hatten Männer keine gesellschaftlich akzeptierte Alternative. Nicht einer geregelten Arbeit nachzugehen, bedeutete für sie geringes Ansehen und wenig Einkommen. Je nach Vermögensverhältnissen wurden Männer ohne Beruf abgestempelt zum »Playboy«, »Loser« oder Pantoffelhelden, dessen Frau die Hosen anhat, weil sie die Familie ernährt.

Der dauerhafte Leistungsdruck führte dazu, dass Männer oft ein »halbiertes«, privat oft ein »halbsozialisiertes« Leben führten. Männer riskierten, den Anschluss an die Familie, Frauen dagegen, den Anschluss an den Beruf zu verlieren, pointieren kritische Frauen- und Männerstimmen eine geschlechtsspezifische Prioritätensetzung, die auf beiden Seiten Defizite erzeugt. Die Verurteilung misslicher Arbeitsumstände, die Kräfte verschleißen, Verzicht erfordern und den Blick auf die nächste Stufe der Karriereleiter fixieren, geht bei Männern im Unterschied zu Frauen selten bis zur Verwerfung der Berufsrolle überhaupt. Während in früheren Generationen (gesunde) Männer klar die Rolle des Familienernährers einnahmen, brachen im Berufsleben der jetzigen Rentnergeneration solche Rollenmuster auf. Die Infragestellung ihrer beruflichen Vorrechte und Verpflichtungen löste vermutlich bei vielen Männern ähnlich ambivalente Gefühle aus, wie sie der 1936 geborene Psychoanalytiker Horst Petri schildert: Als Angehöriger einer Kriegsgeneration, die mit autoritären Leitbildern groß wurde, erlebte er die 68er-Bewegung einerseits als »Befreiung«, andererseits aber widersprach die Sehnsucht des zweifachen Vaters, mehr Freiraum für Partnerschaft(en) und Freundschaften zu haben, »den verinnerlichten Idealen von arbeitsam sein, zielstrebig, ehrgeizig, erfolgreich sein, kämpferisch sein«[5].

Die Akzeptanz eigener Grenzen und das Abwägen, ob sich das berufliche Engagement auszahlt, führen jedoch nicht selten dazu, dass auch Männer im fortgeschrittenen Alter Berufliches relativieren und sich darauf besinnen, was das Leben sonst noch bietet. Die Autoren Hans Georg Berg und Eva Renate Schmitt beschreiben die Entwicklung männlicher Identität in vier Phasen. Nach ihrer Analyse nimmt der hohe Stellenwert von Beruflichem im Laufe der Zeit ab, während private Beziehungen und Wohlbefinden wichtiger werden. Mit dem Vorbehalt, dass Verallgemeinerungen stets Ausnahmen implizieren, scheint mir das Vier-Stufen-Modell der Autoren durchaus zutreffend zu sein:

• **In der ersten Phase der Internalisierung** orientieren sich Männer eng an klassischen Rollenmustern. Vorausgesetzt, sie haben eine Arbeitsstelle, streben viele nach zunehmender beruflicher Verantwortung. Finanzielle Sicherheit, ein geregeltes Einkommen sind wichtig. Die traditionelle Arbeitsteilung zwischen Männern und Frauen wird trotz des gelegentlichen Leidens daran akzeptiert. Berufliche Anforderungen haben Vorrang vor Familienaufgaben, denn diese übernimmt die Frau. Zugespitzt: Männer sind Familienerhalter, Frauen Familiengestalter.

- **In der zweiten Phase der Differenzierung** findet eine Verunsicherung statt. Die Anstöße, herkömmliche Rollenmuster zu modifizieren, erfolgen durch äußere Umstände, weniger durch eine veränderte Einstellung. Beziehungen, auch Männerfreundschaften, werden zum wichtigen Thema. Die Bereitschaft, im Wettbewerb der Leistungsgesellschaft mitzumachen, sinkt.

- **In der dritten Phase der Neuorientierung** werden andere Beziehungsformen ausprobiert. Gefühle, der aufmerksamere Umgang mit dem Körper gewinnen an Bedeutung. Die partnerschaftliche Kooperation mit Frauen wird verstärkt geübt. Es gilt die Formel: »Weniger Mann, mehr Mensch.« Ein neuer Lebensstil wird gesucht. Der Verlust von gesellschaftlichen männlichen Vorrechten wird jedoch auch bedauert. Neues kann als bedrohlich empfunden werden.

- **In der vierten Phase der Komplexität** hat das Bedürfnis nach Anerkennung durch Machtspiele, Hahnenkämpfe, Selbstdarstellung abgenommen. Unterschiedliche Lebensformen werden zugelassen, auch in der Sexualität. Während der Beruf an Wichtigkeit verliert, gewinnt die Familie an Bedeutung. Die Entwicklung von Frauen und Männern gleicht sich an. Trotz bestehender Unterschiede gibt es oft auf einer tieferen seelischen Ebene Annäherungen.[6]

Der erste Tag im Ruhestand

»Meine Frühverrentung war das Ende einer Leidenszeit.« »Im letzten halben Jahr habe ich mich manchmal in den Dienst geschleppt, weil ich dachte: Wer weiß, was heute wieder für Klopse kommen.« Deprimierende Sätze, vor allem deshalb, weil sie so häufig fallen. Wie ein roter Faden zieht sich durch meine Interviews das Bedauern darüber, dass ein einstmals geliebter Beruf von einem unguten Ende überschattet wurde.

Fusionen, Umstrukturierungen, Konkurse, die kränkende Erfahrung, am Arbeitsplatz unerwünscht zu sein, sowie das Gefühl, mit den rasanten Umwälzungen nicht mehr mithalten zu können, sind neben gesundheitlichen Problemen Gründe, weshalb etwa 60 Prozent der 55- bis 65-jährigen Arbeitnehmer in den Vorruhestand gehen, die meisten unfreiwillig.[7] Auch aus Angst, dass sich Arbeitsbedingungen massiv verschlechtern könnten und die Konditionen für einen vorzeitigen Ausstieg später womöglich ungünstiger werden, ziehen viele es vor, künftig Rente statt Gehalt zu beziehen.

Für die meisten bringt die Frühverrentung spürbare finanzielle Einbußen. Im Jahre 2003 hatten Vorruheständler im Schnitt monatlich 174 Euro weniger im Portemonnaie als in ihrer letzten Gehaltsstufe.[8] Wie Umfragen ermittelten, wirkt es sich erheblich auf die Einstellung zum Ruhestand aus, unter welchen Umständen der Abschied aus dem Erwerbsleben erfolgt. Ob sich damit gute oder schlechte Erinnerungen verbinden, ob es ein freiwilliger oder unfreiwilliger Abschied war, beeinflusst noch mehr den Grad an Zufriedenheit im Ruhestand als die Frage, wie gern jemand seine Arbeit tat.[9]

Wer plötzlich dauerhaft arbeitslos wird, fühlt sich entwertet und verliert nicht selten das Vertrauen in sich selbst. Zu materiellen Sorgen kommt das Gefühl, versagt zu haben, das durch (vermeintlich) abfällige Bemerkungen der Umwelt oder des Partners noch verstärkt wird. Auch wenn Arbeitslosigkeit vor keiner Branche und keiner Etage mehr Halt macht, fühlen sich Betroffene oft stigmatisiert. Auf die Kündigung reagieren manche wie gelähmt. Andere lehnen sich gegen ihr Schicksal auf. Auf den Schock folgt häufig eine optimistische Phase mit der intensiven Suche nach einer neuen Anstellung. Schlagen die Bemühungen jedoch fehl, nistet sich allmählich die Überzeugung ein, die Situation aus eigener Kraft nicht mehr verändern zu können. Wut und Resignation wechseln einander ab.[10] Fatalistisch schicken sich einige in ihr Los. Nach einer Phase des Haderns richten sich andere in den Gegebenheiten ein.

Der jähe Abriss des Erwerbslebens erschwert es, sich im Ruhestand zurechtzufinden. Wie auch in anderen Lebensbereichen gelingt der Aufbruch zu Neuem am leichtesten, wenn Altes innerlich abgeschlossen ist. Andernfalls rumoren womöglich Gefühle des Scheiterns, oder man gibt sich Illusionen hin, was man noch alles geleistet hätte, wäre einem der Weg nicht abgeschnitten worden.

Bedenklich viele meiner Interviewpartner beklagen den rauen Wind, der in die Arbeitswelt einzieht. Einige fühlen sich im Vorruhestand wie Vertriebene. Andere äußern sich erleichtert, dass sie den verschärften Anforderungen entronnen sind. Die Erinnerung an eine schöne Abschiedsfeier setzt hinter Missliches oft einen versöhnlichen Schlusspunkt. Auch wenn die Ehrung als Ritual relativiert wird, klingt die persönliche Würdigung oft lange nach und wirkt sich auf die Einstellung zum Ruhestand positiv aus.

Wechselwirkung von Selbstbild und Fremdbild

Seit den 60er Jahren befassen sich Studien mit der Lebenszufriedenheit im Ruhestand – vor allem von Männern. Doch was die Berufsaufgabe für Frauen bedeutet, wird in Erhebungen weitgehend vernachlässigt.

Zum einen aus sachlichen Gründen, vermutet Ursula Lehr, Jahrgang 1930 und zweifache Mutter mit steiler Karriere: Von 1988 bis 1991 war sie Bundesministerin für Jugend, Familie, Frauen und Gesundheit; die emeritierte Professorin für Psychologie und Gerontologie ist Mitbegründerin des Deutschen Zentrums für Alternsforschung in Heidelberg. Die geringe Zahl der weiblichen Beschäftigten und die methodische Schwierigkeit, unter den individuell zugeschnittenen Erwerbsbiografien echte Vergleichsgruppen zu finden, veranlassten Forscher, Frauen auszusparen. Vor allem aber, argwöhnt Ursula Lehr zu Recht, wirke sich die Auffassung aus, die eigentliche Rolle der Frau sei die der Hausfrau und Mutter. Da Frauen nur vorübergehend dazuverdienten und gewohnt seien, zwei Berufe zu haben, falle es ihnen angeblich nicht schwer, nach ihrer Pensionierung zu ihrer eigentlichen Berufung, der der Hausfrau, zurückzukehren.[11]

Männer erlitten hingegen mit dem Übergang in den Ruhestand einen Rollenverlust. Dass sich alleinstehende Frauen in Umfragen zufriedener über die Pensionierung äußerten als Ehefrauen, werde, so Lehr, in der ideologisch verengten Sicht ignoriert. Weibliche Singles hätten mehr Sozialkontakte, mehr Freizeitaktivitäten aufgebaut, was Frauen in Beziehungen wegen ihrer Doppelbelastung durch Familie und Beruf häufig nicht möglich war.

In einer Untersuchung aus dem Jahr 1989 befragte die Alternsforscherin Annette Niederfranke Angestellte und Arbeiter, die von einer Vorruhestandsregelung von 1982 Gebrauch gemacht hatten, wie die freiwilligen Frührentner ihre Entscheidung rückblickend werteten. Die Vorruhestandsregelung stellte Männern der Jahrgänge 1925 bis 1938 frei, ihre Rente ohne Abschläge schon ab dem 58. Lebensjahr in Anspruch zu nehmen. Rund die Hälfte der Männer betrachtete das Gesetz in Übereinstimmung mit der offiziellen Regierungsbegründung als gerechten Ausgleich für ihre kriegsbeschädigte Jugend. Etwa ein Viertel fühlte sich zudem verpflichtet, ihren Arbeitsplatz für die nachrückende Generation zu räumen. 22 Prozent führten für ihre Entscheidung gesundheitliche Gründe an. Trotzdem empfanden 29 Prozent der Männer den Vorruhestand als sehr belastend. Im Nachhinein bedauerten sie, sich dem äußeren Druck bzw. Ansinnen gebeugt und sich deshalb nicht beruflich weiterentwickelt zu haben. Viele berichteten von Partnerschaftskonflikten, etliche fühlten sich von ihrem sozialen Umfeld allein gelassen. Nur 15 Prozent der Männer werteten die vorzeitige Verrentung als Gewinn. Als Gründe gaben sie ungute Erfahrungen am Arbeitsplatz und die Furcht vor zunehmender Technisierung an. Ihre Erwartung, endlich andere Vorhaben verwirklichen zu können, basierte auf dem grundsätzlichen Gefühl, gebraucht und akzeptiert zu werden und mit der Partnerin ein enges, liebevolles Verhältnis zu haben.

Die Mehrzahl (56 Prozent) jedoch kommentierte ihren Rentnerstatus mit zwiespältigen Gefühlen. Ihr Selbstbild sperrte sich gegen die Identifikation mit dem negativ besetzten Bild des Ruheständlers. Damit sie sich nicht in die unattraktive Schar einreihten, verfolgten viele außerhäusliche Interessen und suchten nach einer neuen Rolle in ihrer Familie. Niederfrankes Bilanz zufolge rief die neue Lebenssituation drei unterschiedliche Reaktionen hervor:

- Eine Gruppe wartete darauf, was von außen an sie herangetragen wurde.
- Die andere packte tatkräftig Neues an.
- Für die dritte Gruppe stellten innere Veränderungsprozesse die Weichen für Künftiges.[12]

Auch etliche meiner Interviewpartner(innen) bekunden, dass sie sich noch nicht mit dem Rentnerdasein identifizieren. Schlingernd zwischen dem Wunsch, die Beine hochzulegen, und dem Anspruch, die verbleibenden Jahre sinnvoll auszuschöpfen, blicken manche von außen auf sich und vergleichen sich witzelnd mit der grauen Masse der Ruheständler, in die sie – »Gott sei Dank!« – nicht so recht hineinpassen. Überwiegend Männer mit hoher beruflicher Qualifikation machen sich bewusst, dass sie sich einen Bärendienst erwiesen, versuchten sie, in ihrem Metier freiberuflich weiterzumachen. Denn sie haben ihren Zenit überschritten, könnten das Leistungsniveau nicht halten. »Beruflich hat man ja nicht unbedingt das gemacht, was einem gefällt, sondern das, was einem gelingt. Jetzt entdeckt man dagegen, dass das Können nicht unbedingt den Neigungen entspricht. Aber auch wenn das deckungsgleich war – das, was man vorher gemacht hat, fortzusetzen, ist unausweichlich mit der Erfahrung verbunden, dass man nachlässt und weniger Achtung bekommt«, schildert ein emeritierter Germanistikprofessor seine Suche nach einer reizvollen Tätigkeit, die mehr als ein Hobby wäre.

Richard Meinart: »Ich habe nicht loslassen müssen – ich habe mich abgewandt.« – Miriam Meinart: »Offen über Probleme zu sprechen, ist schwierig.«

Seit über drei Jahrzehnten wohnen Miriam und Richard Meinart in dem grünen Berliner Randbezirk. Die 64-jährige grazile Frau, die in der DDR in Kultureinrichtungen und nach der Wende in Werbeagenturen arbeitete, und der 81-jährige emeritierte Medienwissenschaftler lernten sich an der Fachschule für angewandte Kunst kennen, wo Miriam Meinart studierte und Richard Meinart lehrte. Das Ehepaar hat zwei erwachsene Kinder. Auch zu den beiden Kindern aus Richard Meinarts erster Ehe besteht ein regelmäßiger Kontakt.

Mit kurzen graublonden Haaren und einem Teint wie aus Porzellan sieht Miriam Meinart auf den ersten Blick bedeutend jünger aus. Sie überlässt es mir, wo wir in den gemütlich verwinkelten Räumen ihres kleinen Hauses sitzen wollen. Der Essplatz vor dem Fenster bietet den schönsten Blick in den großen verwunschenen Garten. Richard Meinart ist ein hagerer und ernster Mann, auch wenn er mehrmals kichert bei seinen Bemerkungen, wie »merkwürdig« im Leben manches sei. Dass wir die Interviews getrennt führen, entspricht dem Wunsch des Ehepaares. Diskret zieht sich Richard Meinart nach der Begrüßung zurück, kommt erst wieder ins Zimmer, als das Gespräch mit seiner Frau die Uhrzeit des täglichen Kaffeetrinkens zu überziehen droht. Auch Miriam Meinart ist darauf bedacht, ihrem Mann Gelegenheit zu geben, ungestört zu sprechen. Ehepaare getrennt zu interviewen, bringt im Gespräch mit dem zweiten Partner zwangsläufig ein Vorwissen mit sich. Doch auch ohne Miriam Meinarts Andeutung, dass der Übergang in den Ruhestand für ihren Mann nicht einfach war, fällt mir auf, wie gern Richard Meinart die Perspektive des distanzierten Analytikers einnimmt und mit »man«-Formulierungen häufig persönlichen Aussagen ausweicht. Es bedarf hartnäckiger Nachfragen, damit er das unverfängliche Terrain allgemeiner Betrachtungen verlässt.

Richard Meinart

Im Ruhestand ist es wichtig, dass man Erfolgserlebnisse hat, und seien sie noch so winzig. Auf welchem Gebiet, ist egal. Ein Bekannter von mir malt Ölbilder von Schiffen, jede Takelage ganz genau. Für mich ist es ein Erfolgserlebnis, wenn jemand uns besucht und ich frage: »Willst du mal 'ne Möhre kosten?« und der sagt: »So gut hat mir noch keine geschmeckt.« Manche Freunde meinen: »Wie kann dir das genügen? Das stellt doch gar keine geistigen Anforderungen.« Die Hauptsache ist jedoch, dass man ein Tätigkeitsfeld findet, das einen einigermaßen ausfüllt. Jetzt kann ich durch ökologischen Gemüseanbau meine Beziehung zur Natur verwirklichen und wende dabei die systematische Vorgehensweise an, die ich als Akademiker gelernt habe. Meine Tochter sagt: »Mein Vater bestellt seinen Garten wissenschaftlich.« Gerade versuche ich, eine winterharte Bananenstaude aus Japan zu ziehen.

Ruhestand ist ein gefährlicher Begriff. Ruhe heißt auch Untätigkeit, nicht gestört werden, Stillstand – das Gegenteil von Bewegung. Wenn jemand in diesen Zustand gerät, stirbt er geistig und seelisch langsam vor sich hin. Er will nichts mehr, er kann nichts mehr, er wird nicht mehr gebraucht. Man war ja im Arbeitsprozess nicht nur eingebettet, man hat auch etwas dargestellt. In meinem Bekanntenkreis sehe ich oft, welcher Motor das Bedürfnis ist, nicht bedeutungslos zu werden. Viele arbeiten in einer Partei, ragen dort heraus. Oder übernehmen den Vorsitz eines Vereins. Ich brauche das nicht. Nicht aus Bescheidenheit – sich nicht herausheben zu wollen, kann auch eine Art von Überheblichkeit sein. Das, was Understatement genannt wird, liegt mir sehr. Ich muss mich nicht wieder in einer Stellung positionieren, die ich früher gehabt habe.

Ich bin Diplom-Psychologe, war einer von sieben Assistenten an der Humboldt-Universität und gehöre zu den Privilegierten, die gern zur Arbeit gingen. Nach meiner Promotion konnte ich nicht die Universitätslaufbahn einschlagen, da ich nach dem Ungarn-Aufstand aus der SED ausgetreten bin, was in der DDR natürlich einen Karriereknick bedeutete. Ich wechselte zur Fachschule – im Westen heißt es Fachhochschule –

für angewandte Kunst. Mein Fach war Massenkommunikation und Medienlehre für Menschen, die später einmal in die Werbung gehen sollten. In meinen Vorlesungen hat es mir Spaß gemacht, den schmalen Grat zu finden zwischen wissenschaftlichen Standards und dem Bemühen, verständlich zu sein, Sympathie zu wecken für das Fach, auch für mich selbst. Ich habe viel gearbeitet, habe früher nie nein gesagt, wenn jemand etwas von mir wollte. Ich wäre dumm gewesen, wenn ich die einmaligen Berufschancen nach dem Krieg nicht genutzt hätte, und habe es nie bereut, auch wenn ich mich etwas krank gemacht habe. Als junger Mann bin ich manchmal auf der Straße stehen geblieben, weil ich Herzstechen hatte. Heute ist mir Bestätigung zunehmend unwichtig. In unserem Freundeskreis wissen wir alle, was wir voneinander zu halten haben.

Der Übergang von dem einen in das andere Leben birgt natürlich ein Krisenpotential. Bei mir waren die Umstände außerordentlich günstig. Ich hatte keinen abrupten Übergang, bin nicht von außen gezwungen worden, sondern habe entschieden: »Ich will nicht mehr machen, was ihr im Westen unter Werbung versteht.« Ich habe nicht loslassen müssen, sondern habe mich abgewandt. Anfangs hält man zwar noch den Kontakt zu Kollegen, aber die nächste Phase ist: »Hoffentlich störst du nicht. Wirst mal nicht zu lange bleiben.« Für mich waren die Menschen sozial wichtig, denen ich etwas beibringen sollte. Mit meinen Kollegen habe ich mich verstanden, aber der Kontakt ist eingeschlafen. Die Institution existiert nicht mehr, und ich bin kein kommunikativer Mensch. Wenn man beruflich seine ganze Kraft auf Menschen konzentriert, hat man privat nicht mehr das Bedürfnis, sich auszutauschen. Ich habe immer gesagt: »Der Clown will zu Hause nicht noch Witze erzählen.«

Seit ich im sogenannten Ruhestand bin, ist der Garten meine Hauptarbeit. Wenn eine Frau noch im Beruf und der Mann schon im Ruhestand ist, gibt es bei Männern zwei Reaktionen darauf: Die einen stört das, weil sie selbst keine Arbeit mehr haben; die anderen sind stolz auf ihre Frau. Ich neige zur zweiten

Gruppe. Dass jemand aus der Familie noch Kontakt zum Arbeitsleben hat, ist interessant, dadurch nimmt man selbst ein Stück teil. Und dass der Mann zu Hause genug zu essen bekommt, war auch gewährleistet, weil meine Frau keine festen Berufszeiten hatte.

Ich kann jetzt länger schlafen, das Gehetztwerden fällt weg. Dass man zusammen ausführlich frühstückt, ist im Ruhestand ein Riesengewinn. Mahlzeiten sind Gelegenheiten, wo wir zusammenkommen. Sonst aber ist das Altwerden ein kontinuierlicher Verlust – bis auf die kleinen Freuden, die man sich macht. Ich befasse mich noch mit beruflichen Randgebieten, hätte gern, dass jemand die gesprochene Sprache in der DDR untersucht, wie es Victor Klemperer mit der Sprache im Nationalsozialismus gemacht hat. Warum wurde der Trabi Trabi genannt?

Wenn meine Frau mal für eine Woche verreist, gerate ich merkwürdigerweise in ein Chaos: Dann gibt es keine ordentliche Mahlzeit, es wird alles im Stehen gemacht, es passiert, dass ich von der Zeitung esse, in der Einkäufe eingewickelt waren. Ich fühle mich überhaupt nicht wohl dabei, aber es fehlt mir dann jede Selbstdisziplin. Am ersten Tag sage ich noch: »Du wäschst sofort ab!« Am zweiten Tag steht das Geschirr schon bis abends rum. Und am dritten Tag lässt man alles stehen. Zwei Tage vor ihrer Rückkehr fange ich wie wild an, sauber zu machen. Ich lese auch nicht etwa ein gutes Buch, sondern schlage die Zeit tot, indem ich fernsehe und denke: »Wie lange dauert es denn noch, bis sie zurück ist?« Dann erst geht das normale Leben wieder weiter. Da merke ich, dass ich doch ein soziales Wesen bin. Die Zweisamkeit ist das mindeste, was man braucht.

Ich bin jetzt 81 Jahre alt. Man achtet gezwungenermaßen mehr auf seine Gesundheit. Wenn ich mich nackt im Spiegel sehe, denke ich: »So ein oller Knacker. Eigentlich bist du doch gar nicht das, was da so hingealtert ist.« Manchmal stelle ich mir den Tod vor, doch ich schiebe das meist weg. Dass alles für alle Zeiten zu Ende ist, finde ich quälend. Ich glaube nicht, dass die Seele weiterlebt, und finde keinen Trost darin, dass man sich in den Kindern fortpflanzt. Ich sage mir: »Denke nicht daran! Warum sollst du dir selbst einen beängstigenden Zustand schaffen?« Verständnisvoller werde ich nicht im Alter, ich rege mich mehr auf. Mich ärgert, dass vieles an der Oberfläche treibt. Vielleicht hatte ich früher keine Zeit dazu, so viel zu schimpfen.

Meine Sorgen um die Zukunft verlagere ich auf die Kinder und Enkel. Wir achten jedoch eisern darauf, dass wir uns nicht aufdrängen. Merkwürdigerweise finden es die Kinder sehr wichtig, dass sich bestimmte Familienrituale fortsetzen. Mit über 30 Jahren bestehen sie darauf, dass Weihnachten genau so gefeiert wird wie in ihrer Kindheit.

In ein paar Tagen hat meine Frau Geburtstag. Ich freue mich darauf, denn ich fühle mich wohl, wenn wir mit Freunden in geselliger Runde unter dem Nussbaum sitzen. Es gibt noch etwas, was mich freut: Wenn jemand meine wissenschaftliche Hilfe braucht und sagt: »Du kannst das doch.«

Miriam Meinart
Über das fortschreitende Alter zu sprechen, ist nicht besonders reizvoll. Wenn es gesundheitliche Probleme gibt, reden wir über einen Arztbesuch, sonst kommen Krankheit und Alter bei uns als Thema nicht vor. Insgesamt haben wir wenig Grund, uns zu beklagen. Natürlich sind einige gesellschaftliche Entwicklungen nicht so, wie wir uns das vorgestellt haben. Aber Richards Schimpfen sehe ich manchmal nur als Protest, dass wir nicht beeinflussen können, in welche Richtung sich vieles verändert. Im Grunde geht es uns richtig gut. Aber das sieht mein Mann etwas anders.

Als wir heirateten, hatten wir beide schon eine Ehe hinter uns. Ich bin in Brandenburg geboren und habe mit großer Energie betrieben, nach Berlin zu kommen. Nach der mittleren Reife studierte ich Werbeökonomie und arbeitete anschließend mit meinem Mann zusammen. Drei Jahre nach dem Studium wurde ich Redakteurin beim Werbefernsehen. Als meine Tochter unterwegs war, hörte ich dort auf, schrieb freiberuflich Werbetexte und Manuskripte für das Kinderradio. Von meinem Honorar hätte ich nicht leben können. Aber mein Mann verdiente genug, und ich hatte ein bisschen geerbt.

Als unser Sohn acht Jahre alt war, bekam ich auf Empfehlung einer Freundin das Angebot, für das Theater im Palast der Republik Öffentlichkeitsarbeit zu machen. Arbeit und Leben gingen für mich in dieser Zeit auf ideale Art und Weise zusammen. Dass das Theater nach der Wende schließen musste, war für mich ein großer Verlust. Mit 49 fing ich damals in einer großen Berliner Werbeagentur nochmals als Praktikantin an. Es hat mich ganz schön Überwindung gekostet. Ich bekam bald eine feste Anstellung und habe Veranstaltungen organisiert. Problematisch wurde es, als unser Chef sich von seiner Frau trennte, die mit in der Agentur arbeitete und meine direkte Vorgesetzte war. Ich erhielt eine Abfindung, aber ich bin mit einem seelischen Schaden da rausgegangen. Das unschöne Ende hat mich lange verfolgt.

Das war 1994, ich war schon 53. Über Kollegen bekam ich wieder eine Stelle. In Ost-Deutschland wurde ein Mietanpassungssystem eingeführt. Es sollte erreicht werden, dass die Leute das akzeptieren. Als es mit der dafür beauftragten Agentur bergab ging, wechselte ich in eine andere Agentur. Nachdem auch da nichts mehr zu tun war, habe ich nur noch freiberuflich gearbeitet.

Ich bekomme weiterhin kleine Aufträge für Presse- und Öffentlichkeitsarbeit. Ich freue mich, wenn eine Auftraggeberin auf einer Neujahrskarte ihre Hoffnung ausdrückt, dass wir die angenehme Zusammenarbeit fortsetzen, und bringe es nicht fertig, Aufträge abzulehnen.

Aber ich könnte mittlerweile auch ohne Arbeit leben. Immer wenn ich arbeitslos wurde, habe ich sofort Fortbildungskurse belegt. Ich habe einen Stammtisch für Frauen gegründet, mache Gymnastik, Yoga, Bauchtanz und lerne Italienisch. Der Alltag nimmt jedoch sehr viel Raum ein. Ich habe meinen Mann immer verwöhnt, bin sicher der Typ, der im Haushalt alles an sich zieht. Mein Mann ist kein Mensch, der dauernd lobt, trotzdem weiß ich, dass er meine Hausarbeit sieht und schätzt, zum Beispiel, dass ich jeden Tag koche. Das wäre für ihn eine ungeheure Last. Wenn ich abends etwas vorhabe, stelle ich ihm das Abendbrot hin.

Für meinen Mann war das Ende seiner Berufstätigkeit sicher ein größerer Einschnitt. In der DDR waren sie froh, dass er nicht mit 65 Jahren ausschied, denn es gab für seine Fachrichtung keinen Nachfolger. Früher hatte er mehr Arbeit, als er schaffen konnte. Nach seiner Pensionierung war er allein zu Hause, während ich mehr denn je arbeitete. Er hat zwar noch Vorlesungen in einer Weiterbildungseinrichtung gehalten, aber nach einem Jahr meldete der Inhaber Konkurs an, und mein Mann bekam kein Geld. Nach dieser Enttäuschung hat er sich aus seinem Beruf zurückgezogen. Ich hatte gehofft, dass er noch etwas schreibt, aber er wollte mit seinen Berufsthemen nichts mehr zu tun haben. Dass er mit dem Wechsel nicht klar kam, hat mich sehr belastet. Am schwierigsten war, dass es nicht möglich war, mit ihm offen über Probleme zu sprechen, die er mit Alkohol zu regeln versuchte.

Nach vier Jahren hatte er die Krise bewältigt. Ich war häufiger zu Hause, das hat seine Einsamkeit sicher gelindert. Und irgendwann wurde ihm klar, dass es so nicht weitergehen kann. Es hat sich auch positiv ausgewirkt, dass wir mehr miteinander machen. Wir gehen in Konzerte, bei Theateraufführungen wähle ich aus, was wir gemeinsam sehen oder wo ich lieber mit einer Freundin hingehe. Entweder, weil ich weiß, dass es meinem Mann nicht gefallen würde, oder weil man nur noch schlechte Plätze bekommt, was mit seiner Schwerhörigkeit nicht geht. Ein anderer Punkt, an dem sich unser Altersunterschied etwas unangenehm bemerkbar macht, ist: Mein Mann verreist überhaupt nicht mehr gern, schon gar nicht im Sommer. Er sagt großzügig: »Fahr ruhig!« Aber gemeinsam wäre es schöner.

Wir haben einen über Jahrzehnte gewachsenen Freundeskreis. Durch meine Arbeit in den Agenturen sind ein paar Menschen hinzugekommen, doch wenn man nicht mehr den Ansatzpunkt der gemeinsamen Arbeit hat, gehen die Wege meist wieder auseinander. Es gibt nicht die Selbstverständlichkeit wie in alten Freundschaften, nicht genügend persönliche

Berührungspunkte, zudem machen sich die unterschiedlichen Besitzverhältnisse bemerkbar. Irgendwann versandet der Kontakt. Ich bin auch nicht mehr so häufig im Westteil der Stadt, die Neugier lässt nach, es gibt keine Anlässe. Hinzu kommt, dass wir im Sommer viel im Garten sind.

Seit einiger Zeit lebt unser Sohn mit seiner Familie in der Nachbarschaft. Er hat unseren Hausschlüssel, wir haben seinen, aber ich gehe nicht rüber, ohne vorher anzurufen. Ich gebe mir Mühe, nicht die Mutter zu sein, die dreimal täglich im Türrahmen steht und fragt: »Was gibt es bei euch zu essen?« Jetzt, wo unsere Enkelin da ist, muss ich mich sehr beherrschen, denn wenn ich das Baby drei Tage nicht sehe, habe ich Entzugserscheinungen. Mein Sohn ist wie sein Vater in sich gekehrt und könnte es gut aushalten, dass wir mal zwei Wochen keinen Kontakt haben, meine Schwiegertochter kommt oft zum Kaffeetrinken. Mit ihr habe ich ein unkompliziertes, gutes Verhältnis. Sobald sie wieder zu arbeiten beginnt, geht unser Enkelkind in die Kita; ich werde sicher öfter einspringen. Im Moment kann ich von der Kleinen gar nicht genug haben. Wenn man nicht mehr für alles verantwortlich ist, guckt man staunend auf so ein kleines Wesen und genießt, wie es sich entwickelt.

Unsere Tochter wohnt auch in Berlin. Mit ihr berede ich alles, was mich betrifft. Ich bin allerdings vorsichtiger, was ihre Probleme angeht. Manchmal habe ich Sorge, dass sie als Schauspielerin zu viele Angebote ablehnt, aber ich weiß, dass sie sich durch unsere häufigen Nachfragen bedrängt fühlt. Natürlich sollen Kinder nicht unter Druck etwas machen, nur weil die Eltern das erwarten. Aber man fühlt sich für Kinder immer verantwortlich. Es ist schwierig, sie jetzt, wo sie erwachsen sind, loszulassen und sie nicht als ausschließlichen Lebensmittelpunkt zu sehen.

**Horst Bekstein: »Ich habe zu Hause die Decke angestarrt.« –
Elsa Bekstein: »Ich konnte ihn nicht ständig trösten.«**

*Wie ein Menetekel liegt die Mahnung des Hausverwalters auf
dem Tisch. Wovon sollen sie die erneut steigende Miete bezah-
len? Als ich Elsa und Horst Bekstein um ein Gespräch bitte,
weiß ich, dass die Situation des Ehepaares schwierig ist.
Schlank, sehr blond, und immer wie aus dem Ei gepellt, wenn
wir uns auf der Straße zufällig treffen, macht Elsa Bekstein
jedoch den Eindruck eines fröhlich zupackenden Menschen.
Auch Horst Bekstein, 13 Jahre älter als seine Frau, ist ein
freundlicher Mann. Rundlich, mit vollem Haar und leicht ge-
rötetem Gesicht, scheint der gebürtige Rheinländer eine Froh-
natur zu sein. Doch in den letzten Jahren sah ich den 64-Jähri-
gen häufig schon nachmittags in seiner Berliner Stammkneipe
sitzen.*

*Ihre Drei-Zimmer-Altbauwohnung blitzt vor Sauberkeit.
Schwere Gründerzeitmöbel. Auf der Vitrine, an den Wänden
nostalgisches Dekor. Zehn aufgestellte alte Puppen nehmen
die Ecke des kleinen Esszimmers ein. Dem Interview hatte das
Ehepaar vorbehaltlos zugestimmt, doch beim Thema Alkohol
weicht Horst Bekstein zunächst aus. Erst als Elsa Bekstein ihn
ermuntert, ehrlich zu sein, da das Tief doch überwunden sei,
schildert er sein Hadern mit seinem jäh abgerissenen Berufsleben.*

Horst Bekstein

Ich fühle mich nicht als Rentner, ich fühle mich als Arbeits-
loser. Wenn jetzt jemand anrufen und mir einen Job anbieten
würde, würde ich morgen früh anfangen. Aber ich werde von
der Gesellschaft nicht mehr gebraucht. Manchmal denke ich:
Ich könnte genauso gut sterben.

Ich habe 1954 nach der Volksschule eine Maurerlehre gemacht. Nach der Meisterprüfung studierte ich auf dem zweiten
Bildungsweg Bautechniker, wurde Hochbauingenieur, dann
Diplom-Ingenieur. In der Aufbauphase der 60er Jahre glaubte
man, unser Beruf sei krisenfest. Ingenieure gingen weg wie

warme Semmeln. Nun kann man in Deutschland mit Ingenieuren die Friedhöfe pflastern.

Meine erste Anstellung hatte ich in Konstanz. Acht Jahre lang machte ich Bauplanung. Ich war wer, konnte mitbestimmen und habe gut verdient. Als ich Elsa vor 22 Jahren kennen lernte, war meine erste Ehe bereits zerrüttet. Damals war ich Bauleiter in einer großen Firma. Es war ein schöner, aber auch aufreibender Job mit 60 bis 70 Wochenstunden. Ich hatte immer neue Firmenwagen, konnte fahren, wohin ich wollte, der Sprit war umsonst, im Monat hatte ich ein Fixum von 10 000 Mark brutto. Ich hatte oft in Berlin zu tun. Dann bin ich abends nach Steglitz gefahren und habe bei Elsa geklingelt.

Gekündigt wurde mir vor neun Jahren. Von einer Sitzung kommend, im fahrenden Auto, wurde mir vom Personalchef per Autotelefon meine Entlassung mitgeteilt. Ich war völlig perplex. Ich hatte immerhin zwölf Leute unter mir. In meinem Zeugnis stand dann, dass man sich in gegenseitigem Einverständnis getrennt habe. Ich hätte gegen meine Kündigung rechtlich vorgehen sollen, aber ich dachte: »Du gehst dem Ganzen aus dem Weg. In einer großen Stadt wie Berlin kriegst du sowieso gleich wieder Arbeit.« Das war ein Denkfehler.

Auf meine 28 Bewerbungen habe ich zwei Antwortschreiben erhalten. Für einen Kollegen, der Villen im Umland baute, habe ich zwei Jahre die Bauleitung übernommen. Dann musste er den Laden mangels Aufträgen dichtmachen. Ich war schon 58 und wusste, dass meine Chancen gering sind. Trotzdem klammerte ich mich an jeden Strohhalm. Ich habe mich sogar bei Lidl und Penny beworben. Die suchten jemanden, der für 400 Euro im Monat Regale einräumt. Zumindest haben die abgesagt. Die Enttäuschung hat sich mit der Zeit abgestumpft. Wir wussten: Es wird ja doch nichts.

Ich bin jetzt im 65. Lebensjahr. Der Zug ist abgefahren. Ich schlafe bis zehn, elf, manchmal auch länger. Wenn Elsa arbeitet, spüle ich das Geschirr, mache die Betten, kaufe ein, putze die Fensterrahmen. Eine Zeitlang habe ich meine Frau zu Fuß von der Arbeit abgeholt, bin drei Kilometer gelaufen. Wenn es

Fußball gibt, sehe ich mir das Spiel im Fernsehen an. In der Regel gehe ich nach der »Tagesschau« ins Bett und lese, am liebsten historische Romane. Ich hole mir die Bücher im Antiquariat, ein Euro das Stück. Gebrauchte Bücher zu kaufen, wäre mir früher nicht in den Sinn gekommen. Hobbys habe ich nicht, ich habe ja immer nur gearbeitet. Manchmal frage ich mich: Warum hast du dich beruflich so angestrengt? Du hättest auch dein ganzes Leben Maurer bleiben können. Meine Rente reicht nicht mal für Miete, Strom, Wasser, die GEZ und die *Hör zu*. Wir leben von dem, was Elsa verdient. Hätte man mir vor 20 Jahren gesagt, dass ich so absteige, hätte ich geantwortet: Du bist bekloppt! Ich habe doch immer gut eingezahlt. Aber mir fehlen eben zehn Jahre.

Zum Stammgast in der Eckkneipe wurde ich aus Langeweile. Ich bin kein Alkoholiker. Aber als ich arbeitslos wurde, musste ich unter Menschen kommen. Elsa ging arbeiten, und ich saß hier und habe die Decke angestarrt. Ich habe Gott und die Welt in Zweifel gezogen. Ich musste einfach raus. Und wenn man in der Kneipe sitzt, trinkt man. Um 14 Uhr macht sie auf. Wir sind dort eine lustige Clique. Wenn man einen in der Krone hat, ist das Leben einfacher: Man kann seinem Ärger Luft machen. Eine Zeitlang habe ich das System verflucht: die Kaltschnäuzigkeit, die Ellenbogengesellschaft. Wenn eine Nachzahlungsforderung kommt, kann ich nachts nicht schlafen. Vier, fünf Bier, das geht natürlich ins Geld. Seit zwei Jahren habe ich sehr reduziert. Ich trinke nur noch Radler, Bier mit Limonade. Mittwochs kostet das Glas einen Euro.

Hoffnungen für die Zukunft habe ich keine – außer der, dass es nicht noch schlechter wird. Wir haben kein Auto, in den Urlaub zu fahren, haben wir uns abgeschminkt. Aber wir haben eine angenehme Wohnung mit Balkon und gehen in unserem Viertel spazieren. Ab und zu fahren wir mit einem Freund ins Umland. Durch ihn kommen wir vor die Tore Berlins. Ich denke oft, ich könnte der Gesellschaft noch etwas nutzen. Es gibt doch das Grundrecht auf Arbeit. Aber ich werde nicht mehr gebraucht, bin völlig unwichtig in der Welt. Das Problem löst sich vielleicht von selbst. Wegen meines hohen

Blutdrucks muss ich Medikamente nehmen. Wir beide rauchen zu viel. Da ich 13 Jahre älter bin, werde ich bestimmt vor Elsa abtreten. Meine Lebensversicherung haben wir mit Verlust vorzeitig aufgelöst. Elsas Lebensversicherung ziehen wir durch, damit sie später eine kleine Sicherheit hat. Das Gute ist: Wir haben keine Schulden. Und uns gehen Gott sei Dank die Themen nicht aus. Wenn Elsa von der Arbeit kommt, freue ich mich. Wir reden viel miteinander: über Alltägliches, Politik oder was wir zum Essen einkaufen wollen. Wenn ich betrunken war, habe ich noch viel mehr geredet. Ich wusste am anderen Tag nur nicht mehr, was.

Elsa Bekstein

Nach der achten Klasse Volksschule wurde bei uns nicht gefragt: »Was willst du einmal werden?« sondern es hieß: Geld verdienen. Eine Berufsberaterin des Arbeitsamtes kam in die Schule und ließ uns halb aufgezeichnete Gegenstände vervollständigen. Nach ein paar weiteren Tests meinte sie: »Schneiderin wäre doch nicht schlecht.« Probeweise habe ich ein Puppenkleid genäht. Das machte mir Spaß, und ich dachte: Na, gut. Denn in den Milchladen nebenan, der mich nehmen wollte, mochte ich auf keinen Fall.

Nach meiner Lehre habe ich in der Fabrik im Akkord gearbeitet. Nach zwei Jahren konnte ich die Eintönigkeit und den Druck nicht mehr ertragen. Als ich volljährig wurde, zog ich von Würzburg nach Berlin und habe bei Woolworth in der Änderungsschneiderei gearbeitet. Jetzt, da ich älter bin, denke ich: Innenarchitektin wäre auch schön gewesen – wenn man mich gefördert hätte, was für uns vier Geschwister nicht möglich war. Bei Woolworth ging es mir jedoch gut. Ich konnte in einem Zimmerchen allein schalten und walten. Und durch meinen Beruf hatte ich stets ausgefallenere Kleider und Hosen als meine Freundinnen.

Horst habe ich durch meinen Cousin kennen gelernt, die beiden waren Kollegen. Als sie einen Auftrag in Berlin hatten, fragte mein Cousin: »Ich habe zwei Cousinen hier, sollen wir die einladen?« Es hat nicht gleich gefunkt. Wir sind zwar zusammen ausgegangen, aber für mich war er ein verheirateter Mann, also ein Hallodri. Ich habe nicht ungeduldig darauf gewartet, dass er sich meldet. Wenn er bei mir klingelte, brachte er jedes Mal eine Flasche Sekt mit. In meiner Kühlschranktür stand eine ganze Reihe »Fürst Metternich«. Das konnte ich mir damals nicht leisten. Als sein Auftrag in Berlin zu Ende ging, lud er mich in die Pizzeria ein und erzählte mir zum ersten Mal von seiner schlechten Ehe und dass seine Frau Alkoholikerin sei. An diesem Abend machte es bei mir bong. Ich war 32 und solo und dachte: Warum nicht er?

In unserer jetzigen blöden Situation ist es vielleicht ganz gut, dass ich keine Kinder bekommen konnte. Mit 20 wurden bei mir an beiden Eierstöcken große Zysten festgestellt. Mein Arzt meinte: »Raus damit!« Und ein Arzt war damals ein Heiliger. Erst machte es mir nicht so viel aus, später habe ich es bedauert.

Als wir heirateten, war Horsts Ziel: arbeiten, arbeiten, damit ich trotz unseres Altersunterschiedes mit ihm in Rente gehen kann und wir es uns dann schön machen. Im Urlaub sind wir nicht verreist. Ich habe immer noch den Satz im Ohr: »Das ist gut für die Rente!« Hätten wir das Geld nur damals verjubelt. Wegen Horsts Stelle haben wir unsere Berliner Wohnung aufgegeben, in die wir 30 000 Mark gesteckt hatten, und sind nach Bayern gezogen. Horst bekam bald wieder Aufträge in anderen Städten, war nur am Wochenende zu Hause, und ich saß in Würzburg. Damit wir überhaupt was voneinander hatten, bin ich oft mit auf die Baustellen gefahren. In Würzburg hatte ich nur meine Familie. Und ich fand keine Stelle. Damals hätte ich sogar im Milchladen gearbeitet, um Abwechslung zu haben. Nach drei Jahren haben wir uns geeinigt, wir gehen zurück nach Berlin. In dieser Umzugszeit wurde Horst gekündigt.

Von da an ging's bergab. Jetzt gehe ich arbeiten, und Horst sitzt zu Hause. Das kränkt natürlich seine männliche Eitelkeit. Er wollte mich ja ernähren, mir Gott und die Welt zeigen, wenn er in Rente ist. Heute werfe ich mir vor, dass ich ihm abriet, als er den Chef anrufen wollte, um die Gründe seiner Entlassung zu erfahren. Später erfuhren wir, dass der Bruder des Personalchefs Horsts Stelle bekommen hat. Sechs Wochen nach unserem Umzug habe ich eine Stelle in einem Kaufhaus als Absteckerin gefunden. Es gab schon damals keine festen Verträge mehr. Aber ich habe Glück, kann drei bis fünf Tage in der Woche arbeiten.

Es gab eine Phase, da hat Horst den ganzen Tag im Bett gelegen. Ich wollte ihm helfen, wurde aber zurückgestoßen: »Lass mich in Ruhe! Wer interessiert sich denn noch für mich?« Es ging so weit, dass er Selbstmordgedanken geäußert hat – bis zu dem Tag, als ich die Balkontür aufgerissen und geschrien habe: »Dann spring!« Ich konnte ihn nicht ständig trösten. Wenn du einen Mann hast, der immer stark war und plötzlich in Tränen ausbricht, bist du auch mit den Nerven runter. Früher, wenn wir zusammen mal was getrunken haben, waren wir lustig, jetzt wird Horst aggressiv. Als eine Bekannte von uns mit ihrem Laden umzog, hat Horst mit angepackt, in dieser Woche war er wie ausgewechselt.

Horst und ich sind aus der schlimmsten Krise raus. Er hat sich ein bisschen geändert, geht endlich zum Arzt. Zweimal habe ich daran gedacht, mich zu trennen. Wenn Geld da gewesen wäre, hätte ich es vielleicht gemacht. Aber wie soll man allein zurechtkommen? Durch die Arbeit war ich auch abgelenkt. Auf dem Weg zur Arbeit und nach Hause sind meine Gedanken jedoch dauernd um die Frage gekreist: Was macht er heute? Passiert etwas? Ich war froh, wenn ich weg konnte, andererseits merkte ich, dass es Horst besser geht, wenn ich da bin. Ich ziehe ihn mit. Wir gehen zusammen einkaufen, machen dieses und jenes. Und als Frau steigt man ja eher auf die Leiter und fängt an zu putzen. Aber hausfrauliche Arbeiten liegen Horst nicht so. Mein Vater meinte, Horst könne doch Modellflugzeuge bauen. Doch wo sollen wir die denn hinhängen? Und das kostet auch Geld.

Früher haben wir am Wochenende immer etwas unternommen. Nach dem Mauerfall waren wir im Osten, haben in Berlin alles angeguckt. Im Sommer sind wir wieder häufiger im Schwimmbad, sonst gehen wir selten weg. Ich würde gern mal ins Kino, auch ein Musical wäre schön. Ich hätte jedoch ein schlechtes Gewissen meiner Schwester gegenüber, die als alleinerziehende Mutter ein schweres Leben hat. Vor acht Jahren wurde bei ihr Multiple Sklerose festgestellt. Von September bis Ostern spare ich alle Fünfeuroscheine, damit ich ihr und meiner Nichte etwas bieten kann – und wir erleben dadurch auch etwas: So waren wir mit ihr in einer »Miniaturwelten«-Ausstellung oder auf dem Fernsehturm am Alexanderplatz. Meine Eltern in Würzburg habe ich lange nicht besucht, die Bahnfahrt ist zu teuer. Jetzt haben beide schwere Arthrose, sie kommen überhaupt nicht mehr vor die Tür. Freundinnen habe ich nicht. Einmal im Jahr treffe ich ehemalige Kolleginnen von Woolworth. Die Männer kommen mit. Wir waren ein fröhlicher Trupp, haben mehr gearbeitet und gefeiert als die jungen Kolleginnen.

Heute kümmert sich jeder nur um seinen Kram. Über unsere Löhne dürfen wir nicht sprechen, das wäre ein Kündigungsgrund. Die Entwicklung im Beruf macht mir etwas Angst. Neulich war eine Demonstration gegen Hartz IV. Horst sagte: »Wieso soll ich teilnehmen? Es betrifft mich ja nicht.« Ich sagte: »Aber vielleicht mal mich.«

Alter Hase oder altes Eisen?

Lebenserwartung und Lebensarbeitszeit
früher und heute

Deutschland schrumpft und ergraut. Politik und Medien schlagen Alarm. In seinem Bestseller »Das Methusalem-Komplott« warnt Frank Schirrmacher, Herausgeber der *Frankfurter Allgemeinen Zeitung*, vor den Folgen eines demografischen Doppeltrends, der in der Menschheitsgeschichte einmalig ist: Während die Zahl der Rentner ständig steigt, sinkt die Geburtenrate. Die Verschiebung der Altersstruktur, prophezeit der 1959 geborene Schirrmacher, hebele unser Sozialsystem aus und führe zu erbitterten Verteilungskämpfen, da immer weniger Junge immer mehr Alte ernähren müssten. Unbestritten ist: Die Zahl der versorgungsberechtigten Älteren wird bis zur Jahrhundertmitte explosionsartig zunehmen, die durchschnittliche Lebenserwartung von Frauen auf 81, von Männern auf 75 Jahre steigen. Gleichzeitig wird die Gruppe der Jüngeren durch den Geburtenrückgang implosionsartig abnehmen. »Die Alterung kommt wie ein Gletscher auf uns zu, langsam, aber mit Macht«, kommentiert Axel Börsch-Supan, Leiter des Mannheimer Forschungsinstituts Ökonomie und demografischer Wandel, den Traum und Alptraum eines langen Erdendaseins, das keiner anderen Generation zuvor in dieser Fülle beschieden war.[13]

In der zweiten Hälfte des 16. Jahrhunderts erreichten Männer, die ihren 14. Geburtstag erlebt hatten, gerade mal ein Durchschnittsalter von 57 Jahren; Frauen aufgrund der hohen Sterblichkeit im Kindbett nur ein Alter von 38 Jahren. Zwischen dem 16. und 18. Jahrhundert pendelte sich – abhängig von Epidemien – das durchschnittliche Lebensalter zwischen 50 und 60 Jahren ein. Um die 50 ist Rembrandts Mutter, als er 1628 ihr Brustbild, das Porträt einer Greisin, schuf. Erst seit dem 19. Jahrhundert erhöhten die Pockenimpfung, später die verbesserte Geburtsvorsorge und günstigere Lebensbedingungen die Lebenserwartung. Im Jahre 2000 sind von den 82,3 Millionen Einwohnern Deutschlands fast ein Viertel älter als 60 Jahre.[14]

Wie Ursula Lehr herausgefunden hat, geht das Altern eines Volkes mit einem veränderten Lebenszyklus einher: Früher geschlechtsreif und gesünder als ihre Ahnen, verweilen Menschen heute biologisch immer länger auf den oberen Stufen der Lebenstreppe. Ihre Arbeitsphase hingegen verkürzt sich. Während um 1900 der Berufsbeginn zwischen 16 und 17 Jahren lag, und diejenigen, die das Glück hatten, ein Alter von 70 Jahren zu erreichen (nur zwei Prozent der Bevölkerung), etwa 45 Jahre lang in die Rentenkasse einzahlten, liegt heute der durchschnittliche Berufsbeginn bei einem Alter von 25 Jahren. Gleichzeitig hat sich das Berufsende immer weiter nach vorn verlagert.[15]

Abgesicherter Ruhestand: eine Erfindung der Neuzeit

Bis ins 19. Jahrhundert arbeitete die Mehrheit der Bevölkerung so lange, wie die Kräfte reichten. Ohne gesetzliche Regelung blieb der Zeitpunkt des Nicht-mehr-Könnens der Natur überlassen. Eine pyramidal angelegte Treppe, auf der die Lebensstufen bis zum 50. Lebensjahr aufwärts und dann wieder abwärts führen, veranschaulicht die damalige Vorstellung eines gottgewollten Kreislaufes, in den der Mensch hineingeboren wird. Den Lebensunterhalt sicherten bis ins hohe Alter Arbeit, Kinder, Familie und Besitz.

Die Altersversorgung Stehender Heere führte Mitte des 17. Jahrhunderts in Europa zur Einführung der ersten Pensionssysteme, die sich im 18. Jahrhundert auch auf die staatliche Verwaltung ausdehnten. Die Landesherren zahlten Militär und Staatsdienern nach eigenem Ermessen eine Pension. Aus dem Gnadenakt wurde ein Gewohnheitsrecht, aus dem Gewohnheitsrecht erwuchs ein rechtsverbindlicher Anspruch.

Von der Privatwirtschaft wurde das Modell staatlicher Pensionen übernommen und nach und nach auf Angestellte und Arbeiter ausgeweitet. Im Rahmen der Bismarckschen Sozialgesetzgebung wurde 1891 erstmals die Rentenversicherung eingeführt. Damit machte Otto von Bismarck die Versorgung im Alter zur Aufgabe des Staates. Bei mindestens 40 Arbeitsjahren gab es einen Rentenanspruch ab dem 70. Lebensjahr. 1916 wurde das Rentenanspruchsalter auf 65 Jahre gesenkt, ein Alter, das damals nur 4,4 Prozent der Bevölkerung erreichten, wobei Privatbeamte, Selbständige und Handlungsgehilfen von Versicherungspflicht und Rentenanspruch ausgenommen waren. Mit der Reichsversicherungsordnung von 1911 wurden auch Familienangehörige in die Rentenversicherung einbezogen.[16]

Zum Überleben allerdings reichten die Invaliditäts- und Altersrenten zunächst bei weitem nicht aus. Bis Anfang des 20. Jahrhunderts waren zwei Drittel der über 65-Jährigen und 40 Prozent aller über 70-Jährigen erwerbstätig. 1925 stand noch die Hälfte der über 65-Jährigen in Lohn und Brot.[17]

Unser heutiges Umlageverfahren, das darauf beruht, dass die erwerbstätige Generation für die nicht mehr erwerbstätige aufkommt, löste ein Rentensystem ab, das Rentenansprüche aus den jeweiligen individuell eingezahlten Beiträgen ableitete. Der Schwachpunkt des sogenannten Anwartschaftsdeckungsverfahren (oder Kapitaldeckungsverfahren) zeigte sich in der Weltwirtschaftskrise Anfang der 30er Jahre: Infolge der Inflation verloren viele Ältere ihre Rücklagen, binnen kurzem war das Vermögen der Deutschen Rentenbank zusammengeschmolzen. Enorme Ausgaben für Invaliden- und Witwenrente belasteten zusätzlich die Rentenkassen. Gleichwohl blieben im Nationalsozialismus die Grundzüge der gesetzlichen Rentenversicherung unangetastet. Typisch für die Zeit zwischen den beiden Weltkriegen war eine gemischte Altersabsicherung: Nebenerwerb, Ersparnisse, soweit noch vorhanden, Gartenbau und finanzielle Beihilfe der Kinder stockten die betriebliche Altersversorgung und Sozialrente auf. Erst, nachdem in Deutschland 1957 die »dynamische Rente« eingeführt, das heißt, die Rente an die allgemeine Lohnentwicklung und an die Höhe des individuellen Einkommens gekoppelt wurde, sicherte die Rente für die Mehrzahl der Beitragszahler den Lebensabend. 1968 wurde das Anwartschaftsdeckungsverfahren umgestellt auf das Umlageverfahren, seither soll der Generationenvertrag die Altersversorgung gewährleisten.[18]

1973 wurde die flexible Altersgrenze ab dem 63. Lebensjahr eingeführt, 1984 die Vorruhestandsregelung, nach der bei gekürzten Bezügen die mögliche Verrentung auf das 58. Lebensjahr gesenkt wurde. Eine, wie sich zeigte, verheerend kurzsichtige Arbeitsmarktpolitik, von der sich der Gesetzgeber Neueinstellungen junger Arbeitnehmer versprach. Bis 1988 befristet, wurde das Vorruhestandsgesetz 1989 durch das Modell der Altersteilzeit abgelöst. Es ermöglicht älteren Arbeitnehmern, die wöchentliche Arbeitszeit nach Vollendung des 58. Lebensjahres zu halbieren, was einem gleitenden Übergang in den Ruhestand gleichkommt. Eine wachsende Zahl Arbeitnehmer scheidet freiwillig oder unter Druck aus dem Erwerbsleben aus. Der Drei-Generationen-Vertrag, den Bismarck als Alterssicherung einführte, gerät damit in eine alarmierende Schieflage und wird zu einem Fünf-Generationen-Vertrag: Die Generation der Erwerbstätigen hat für die Noch-Nicht-Erwerbstätigen, die durch das späte Berufseintrittsalter inzwischen zwei Generationen umfassen, und für zwei Generationen im Rentenalter zu sorgen. Im Schnitt sind Deutsche derzeit 18 Jahre im bezahlten Ruhestand, doppelt so lange wie vor 40 Jahren. Nur 39 Prozent der 55- bis 64-Jährigen haben derzeit in Deutschland noch einen festen Arbeitsplatz.[19]

Die Vorruhestandsregelung sei der größte Fehler während seiner Kanzlerschaft gewesen, räumt Helmut Kohl heute ein. Die volkswirtschaftliche Belastung muss vor allem die junge berufstätige Generation ausbaden. Sie sind Erben einer enormen Hypothek. Denn wenn die Sekretärin für immer den Schreibtisch räumt und der Zugschaffner seine letzte Dienstfahrt antritt, hat sie fast noch ein Drittel und er über ein Viertel des Lebens vor sich.

Achim H.: »Kämpfen will ich nicht mehr.« –
Godela H.: »Plötzlich muss man das Auto selbst in die Waschanlage fahren.«

Rosenstöcke säumen den Kiesweg, knorrige Obstbäume spenden Schatten. Trotz der sommerlichen Temperatur begrüßt mich Achim H. in Schlips und Jackett, in der Brusttasche ein Einstecktuch. Galant küsst mir der seit zwei Jahren im Vorruhestand lebende ehemalige Banker die Hand. Mein Besuch fällt mitten in den Umbau ihres Hauses. Während Achim H. Kaffee holt, begrüßt mich seine schlanke, blonde Frau. Achim H. ist ein freundlicher, überaus höflicher Mann und stimmt wie seine Frau meiner Bitte zu, dass wir die Interviews einzeln führen. Für beide ist es die zweite Ehe. Godela H.s zwei Töchter zogen vor kurzem aus, Achim H.s drei erwachsene Kinder gehen schon seit langem eigene Wege. Im Laufe unseres Gesprächs weicht die fröhliche Auskunftsbereitschaft des 58-Jährigen einer fast melancholischen Nachdenklichkeit. Mit wachsender Distanz schildert Achim H. sein »Vorleben«, eine Bezeichnung, die sowohl seine erste Ehe als auch seine Berufstätigkeit umfasst.

Für das anschließende Gespräch mit Godela H. ist die Zeit begrenzt, da das Ehepaar abends Besuch erwartet. Bis zum Eintreffen des ersten Gastes widmet sich die 57-Jährige wachsam meinen Fragen. Zwischen Offenheit und Preisgabe offenbar genau unterscheidend, strahlt Godela H. warmherzige Impulsivität, aber auch hanseatische Selbstkontrolle aus.

Achim H.
Wenn ich sage, ich bin Pensionär, rufe ich meist erstaunte Reaktionen hervor: »In Ihrem Alter?« Man glaubt es mir nicht.

Von klein auf stand für mich fest: Ich werde Offizier wie mein Urgroßvater, Großvater und mein Vater, der im Krieg gefallen ist. Meine Mutter hat viel von dem, was sie in ihrem Mann sah, in mich hineingelegt. Ich war ihr Männlein, ihr kleiner Soldat. Kurz vor ihrem frühen Tod hörte sie zum ersten Mal den Großen Zapfenstreich auf einer Schallplatte. Das Erlebnis, wie sie sterbend beim Zapfenstreich noch einmal aufblühte, hat mich sehr beeindruckt. Ein Onkel, der selbst leidenschaftlich General war, warnte mich: »Als Idealist wirst du in der Bundeswehr scheitern.« Er befahl mir geradezu, nicht diese Laufbahn einzuschlagen.

Mein Beruf als Banker begann mir Spaß zu machen, als ich im Kreditgeschäft anfing. Ich wollte nicht am Schreibtisch sitzen, sondern Akquisition betreiben. 15 Jahre war ich ständig unterwegs, kam nur am Wochenende nach Hause. Als ich Ende der 70er Jahre in Hamburg eine leitende Stellung bekam, freuten meine erste Frau und ich uns sehr darauf, ein geordnetes Leben zu führen. Doch ich arbeitete wieder rund um die Uhr. Wenn ein Kunde anrief, war ich immer präsent, obwohl ja nun ich die Termine bestimmen konnte. Ab einem gewissen Zeitpunkt bekam unsere Ehe einen Knacks, den wir nicht mehr kitten konnten. Berufliche Krisen hatte ich bis dahin bewältigt, indem ich mir sagte: »Helm auf und stürmen!« Privat ist das sehr viel schwieriger. Heute erkenne ich: Ich war in meinem Fahrwasser, bekam den Dreh nicht hin. In meiner ersten Ehe war meine Frau zu Hause die Bestimmende. Ich habe meist nachgegeben – Berufliches ausgenommen, da war eine Grenze, denn das war mein Eigenleben. Meine erste Frau würde vermutlich sagen, sie habe für die Familie alles aufgegeben. Aber ich bin mir ziemlich sicher, dass wir beide den Anspruch hatten: Wenn Kinder kommen, ändert sich das Leben meiner Frau zugunsten der Familie.

Als ich nach der Scheidung unsere drei Kinder mehrere Jahre lang allein erzog, machte ich allerdings eine interessante Erfahrung: Plötzlich wurde möglich, was meine Frau von mir erwartet hatte. Ich frühstückte mit den Kindern, wir aßen zusammen Mittag, und ich war pünktlich zum Abendbrot zu Hause. Dazwischen nahm ich alle meine Termine wahr. Damals erkannte ich, dass wir Kerle uns das Leben sehr einfach machen. Es gibt alle möglichen Argumente, weshalb wir auf Familienbelange wenig Rücksicht nehmen: Karrierebewusstsein, Berufszwänge, Konkurrenzdruck. Wenn man ehrlich ist, ist der Hauptgrund

Bequemlichkeit. Weil zu Hause alles seinen geordneten Gang geht, können wir Männer uns im Beruf ausleben.

Nach der Wende hatte ich das Glück, die Landesbank Sachsen-Anhalt mit aufzubauen. Die zehn Jahre in Ostdeutschland waren in meinem Berufsleben der absolute Höhepunkt. Als verantwortlicher Leiter musste ich zwei völlig unterschiedliche Mentalitäten zusammenführen. Die Aufgabe, unter wirtschaftlichen Aspekten Arbeitsplätze zu retten, hat mich mitgerissen. Natürlich war es auch reizvoll, Macht zu haben. Ich sagte mir jedoch immer: »Du musst in den Spiegel gucken können und gewiss sein, dass du den Menschen siehst, der du sein willst.« Privat lege ich auf Statussymbole keinen Wert. Ich gehörte nie Clubs an, in denen man Großköpfe kennen lernen und Netzwerke knüpfen kann. Geschäftsleute, die mir unsympathisch waren, haben unsere Haustürschwelle nicht übertreten.

Während der Aufbauphase in Schwerin lebten meine zweite Frau und ich von Montag bis Freitag getrennt. Wir haben vor zwölf Jahren geheiratet, liebten uns schon als Kinder heiß und innig und stellten nach unserer beider Scheidung fest, dass wir uns immer noch nett finden. Meine Frau hat vier Jahre nach unserer Heirat zu arbeiten aufgehört. Es ist schön, wenn die Ehefrau ihren Mann zu beruflichen Anlässen begleiten kann.

Meine letzten beiden Berufsjahre waren eine Qual. Ich war sehr erleichtert, als ich vor zwei Jahren, mit 56, aufhören konnte. Ich hatte einen sehr jungen Vorstand bekommen, der mich immer mehr schnitt und mich dann in eine andere Stadt versetzte, in eine Abteilung, wo ich hundertfünfzigprozentig überflüssig war. Ich fuhr jeden Morgen kurz vor sieben mit dem Zug nach Hannover, fuhr jeden Abend zurück – und das in reiner Sinnlosigkeit. Täglich im Büro zu sein, um zehn Minuten, oder wenn ich Glück hatte, mal eine halbe Stunde zu arbeiten, ansonsten rumzusitzen, Zeitung zu lesen, mich am Computer etwas fit zu machen, das hat mich an den Rand des Infarktes gebracht. Als dann ein gutes Abfindungsangebot kam, habe ich freudig meinen Hut genommen. Nach meiner Pensionierung wurde ich angesprochen, ob ich nicht eine be-

ratende Tätigkeit übernehmen will. Ich sagte: »Nicht ums Ver-
recken.«

Ich hatte keine Pläne, außer dem Wunsch, mich intensiver
mit meiner Familiengeschichte zu beschäftigen. Und ich will im
Herbst an der Uni Geschichte und Theologie belegen. Es war
für mich immer ein Manko, vielleicht sogar ein Komplex, dass
ich kein Abitur und nicht studiert habe. Da ich wusste, wie
mein Tagesrhythmus ist, hatte ich relativ schnell festen Boden unter den Füssen. Ich stehe um sieben Uhr als Erster auf,
trinke halb acht meinen Kaffee und lese Zeitung. Nach dem
gemeinsamen Frühstück mit meiner Frau um neun sitze ich
am Schreibtisch. Ich lasse mich allerdings schnell ablenken,
da ich ein neugieriger Mensch bin. Als ein Bekannter erzählte,
dass er in seine Heimat Afghanistan fahre, beschloss ich sofort: »Da komme ich mit!« Wir waren nur drei Wochen unterwegs, aber die Vor- und Nachbereitung, diese unendlichen Ein-
drücke, haben mich ein halbes Jahr beschäftigt. Das war mir
wichtiger, als in meinen Familienannalen zu wühlen oder
Staub zu wischen.

Gelegentlich habe ich vor mir selbst ein schlechtes Gewissen,
weil ich vollmundig sage: »Ich will studieren« – und es bislang
immer noch nicht gemacht habe. Ich lasse mich treiben und
nehme sofort jede Chance wahr, Neues zu erleben. Das passt
eigentlich nicht zu meiner Grundhaltung. Es sieht aus, als
ob ich mich drücke. Das heißt nicht, dass ich meine Zeit ver-
geude. Was ich mache, muss für mich einen Sinn haben, zu
etwas führen, und sei es, dass ich ein fremdes Land kennen
lerne. Aber ich habe kein Pflichtenkorsett mehr. Das, was ich
noch gestern als wichtig angesehen habe, kann hinten antreten zugunsten einer Sache, die mich heute viel mehr reizt. Im
Frühjahr war ich in Kapstadt, letztes Jahr haben meine Frau
und ich einen Freund in Kanada besucht. Wenn uns etwas in
den Kopf kommt, dann legen wir ab und machen das. Oder
einer von uns beiden macht das.

Solange ich im Berufsleben war, sind wir gar nicht auf die
Idee gekommen, getrennt zu verreisen. Ich hatte den Anspruch:
Die wenige Zeit, die man hat, muss doch für Gemeinsames

genutzt werden. Der Grund, weshalb wir jetzt weniger zusammen machen, ist dieses Grundgefühl von Freiheit. Nicht mehr in der Mühle zu sein, hat bei mir Skrupel beseitigt. Meine Frau hatte ja immer eine Freiheit, um die ich sie mitunter beneidet habe. Weil ich selbst nicht mehr so blockiert bin, kann ich nun auch besser mit ihrer Unabhängigkeit umgehen. Wenn sie sagt: »So, ich gehe jetzt ins Kino«, sage ich: »Ja, geh ins Kino.« Die Freiheit ist das Schönste an meinem Status.

Ich achte allerdings sehr darauf, dass ich mich in meinem persönlichen Auftreten nicht verändere. Ich werde zwar etwas mitleidig belächelt, wenn ich hier mit Schlips und Kragen sitze, als würde ich gerade aus der Bank kommen, aber ich will in den Spiegel gucken und sagen: »Ja, ich bin es noch.« Eine Jeans habe ich mir zum ersten Mal gekauft, als ich nach Afghanistan fuhr. Zu verschlampen, finde ich furchtbar. In meinem Arbeitszimmer muss alles ordentlich sein. Das hat mein Leben 40 Jahre lang bestimmt, und das will ich beibehalten. Ich bügele meine Sachen, nähe Knöpfe an, putze Schuhe, fühle mich für den Müll verantwortlich. Das wurde mir schon als Kind anerzogen. Auch bevor ich pensioniert wurde, haben meine Frau und ich am Wochenende oft gemeinsam gekocht. Einer hat den Hut auf, der andere ist Handlanger. Neuralgische Punkte gibt es nur, wenn es um die Kinder meiner Frau geht. Wir haben unterschiedliche Vorstellungen, welche Umgangsformen akzeptabel sind und welche nicht. Mein Traum, dass wir eine Familie werden, hat sich leider nicht erfüllt.

Mit dem Wechsel in den Ruhestand ist mir erst richtig bewusst geworden, dass ich im letzten Drittel meines Lebens bin. Ängste sind damit jedoch nicht verbunden. Es ist eher der Wunsch, bisher Versäumtes nachzuholen. Mich erschreckt, wenn ich Menschen begegne, die plötzlich sehr schnell altern, weil sie in ihrem Denken unbeweglich werden. Für mich ist jemand steinalt, der nicht mehr lernen will, mit dem Computer umzugehen.

Viele Menschen sehen mich als Strahlemann. Wenn ich grübele, tiefsinnig werde, gucke ich jedoch auf ein Leben zurück, dass ich nicht als erstrebenswert ansehe. Ich habe oft kämpfen müssen, konnte mich selten zurücklehnen. In meinen letzten Berufsjahren habe ich es vermisst, meine Leistungskraft zu spüren, weil es keine Möglichkeit gab, sie einzusetzen. Kämpfen will ich nun nicht mehr. Ich bin müde. Deshalb nehme ich mir auch nicht vor, unter Einsatz aller Kräfte dies und das noch zu erreichen. Ich hatte in meinem Leben lange Phasen, in denen ich unglücklich war. Das blockiert die Sicht nach vorn. Dennoch: Richtig glücklich möchte ich lieber nicht sein, denn wenn man glücklich ist, läuft man Gefahr, enttäuscht zu werden. Ich lese viel, wir gehen ins Theater, haben Spaß an Musik. Wenn ich mir Aufgaben setze, die Familienchronik, vielleicht ein Buch, habe ich kurzfristig eine Perspektive. Gegenüber dem, was mir bedeutungsvoll erscheint, bin ich jedoch viel gelassener geworden. Wenn ich etwas nicht hinbekomme, dann ist es halt so.

Godela H.
Dem Ruhestand meines Mannes habe ich völlig vorurteilsfrei entgegengesehen. Ich habe vorher nicht einmal gedacht: »Um Gottes willen, jetzt ist er immer da.« Unser Haus ist groß genug, wir treten uns nicht auf die Füße. Die Komplikationen ergaben sich erst, als wir begannen, 24 Stunden zusammen zu leben. Wir führten bis dahin eine Wochenend-Ehe, und ich hatte mein Leben darauf eingestellt. Daran zu denken, dass mein Mann zu Hause wartet, wenn ich bei Freunden hängen bleibe, musste ich erst lernen. Und ich musste üben zu sagen: »Ich möchte heute Abend weggehen. Auch ohne dich.«

Ich halte die Pensionierung eigentlich für eine Chance. Man ist alt genug, um auf Erfahrungen zurückblicken zu können, und gleichzeitig auch noch jung genug, um zu sagen: »Ich weiß jetzt, was ich machen, bewegen könnte. Und nun mal los!«

Die Umgestaltung fing erst einmal räumlich an. Mein Mann hatte bei uns zu Hause einen Schreibtisch, aber kein eigenes Zimmer. Als er noch arbeitete, war er hier quasi zu Gast, und ich war Gast in seiner Dienstwohnung. Nach seiner Pensionierung fand ich es sehr wichtig, dass er einen schönen Arbeitsraum für sich und seine Sachen hat. Er schlug vor, sich im

Souterrain einzurichten. Ich sagte: »Das kommt nicht in Frage, du wirst keine Kellerassel!«

Als ich vier Jahre nach unserer Heirat meine Stelle aufgab, machte mir die Umstellung sehr zu schaffen, obwohl der Abschied einfach war: Ich hatte kurz hintereinander fünf verschiedene Chefs gehabt und freute mich darauf, das zu tun, was alle Frauen um mich herum auch machten, nämlich Kinder erziehen und Haushalt führen. Doch es dauerte zwei Jahre, bis ich meinen Lebensrhythmus gefunden hatte. Vorher waren meine Tage eingeteilt: Ich bin morgens ins Büro gegangen, musste für die Kinder vorsorgen. Und plötzlich war es schon ein Akt, die Waschmaschine zu füllen. Alles im Haushalt wurde viel wichtiger. Der nächste Umschwung kam, als mein Mann seine Dienstwohnung aufgab und morgens nach Hannover fuhr. Plötzlich war mein Abend ausgefüllt mit Gemeinsamkeiten.

Zur Zeit sind wir mit dem Umbau beschäftigt. Das macht mir Spaß, weil wir etwas zusammen tun. In anderen Bereichen sind wir sehr unterschiedlich. Ich bin manchmal erstaunt, wie weit unsere Wertvorstellungen auseinanderliegen, wundere mich über Achims starres Korsett. Das hat er im Beruf immer gehabt. Ich habe aber nicht vermutet, dass es im Privatleben auch so ist, merke es erst, seit wir wesentlich mehr miteinander tun. Als ich irgendwann mitbekam, dass er beruflich gar nicht so glücklich war, wie ich es mir vorgestellt hatte, konnte ich es gar nicht fassen. Ich hatte angenommen, dass man in solcher Position viel zufriedener ist. Sein Vorruhestand ist von daher ein Segen. Allerdings glaube ich, dass es meinem Mann schon etwas zu schaffen macht, nicht mehr kraft des Amtes Bedeutung zu haben, sondern ausschließlich kraft seiner Person. Man gibt die Sekretärin und den Chauffeur ja ungern ab, muss das Auto nun selbst in die Waschanlage fahren. Vorher war immer jemand da, der ihn an Termine erinnert hat und ihm gezeigt hat, wie der Computer geht. Anfangs war ich bockig und sagte: »Ich will nicht deine Sekretärin sein.« Aber das habe ich mir abgeschminkt. Es macht zu viel Ärger, wenn man Termine doppelt belegt oder etwas vergisst. Wir haben jetzt einen gemeinsamen Kalender neben dem Telefon, in den trage ich alles ein.

Die Herausforderung des Ruhestandes ist, sich selbst Strukturen zu schaffen, an denen man sich festhalten kann. Geregelte Mahlzeiten habe ich auch mit den Kindern als Belastung empfunden und kämpfe ein bisschen darum, dann zu essen, wenn es am besten passt. Wichtig ist, das man täglich einen Fixpunkt hat, an dem man die getrennten Aktivitäten zusammen führt. Oder man unternimmt einen Tag in der Woche etwas gemeinsam.

Für mich muss jetzt unbedingt wieder etwas Neues kommen. Ich habe mich für den Vorstand einer Kulturstiftung gemeldet. Mein Mann ermutigt mich: »Ja, mach das doch.« Wenn der Partner dahinter steht, verstärkt das enorm den eigenen Antrieb. Früher hat mein Mann mehr aus seinem Beruf berichtet, heute erzähle sicher ich mehr. Ich reite, habe einen riesigen Freundeskreis, lese viel auf Englisch und lerne jeden Tag Vokabeln, weil ich die Sprache fließend sprechen will. Da muss man sich zusammenreißen, denn morgen und übermorgen ist ja auch noch ein Tag. Und ich habe eine alte Mutter, die 100 Kilometer entfernt wohnt, und die ich einmal in der Woche besuche. Seit ich nicht mehr berufstätig bin, habe ich auch Zeit, jungen Frauen zu helfen, die, so wie ich früher, mit Kleinkindern berufstätig sein müssen oder plötzlich krank werden. Ich kann ad hoc entscheiden: »Ich komme.« Oder: »Wir nehmen deine Kinder.« Als ich nach der Scheidung mit meinen Kindern allein dastand, habe ich mir oft gewünscht: »Kann mir nicht mal einer freiwillig helfen?« Eine Freundin hat mir dann das Geschenk gemacht, mich zu Hause zu vertreten. Damals nahm ich mir vor: »Wenn ich mal in der Lage bin, mache ich das auch.« Soweit ich es mitbekomme, findet mein Mann es auch schön, wenn Kinder bei uns zu Besuch sind.

Mein Zukunftswunsch? Ich will offen, beweglich bleiben. Wir leben in diesem Stadtteil ja in einem *closed shop*. Es entsetzt mich, wie arriviert und etabliert die Leute oft sind. Man geht nur dort und dort hin, muss in diesem oder jenem Club sein, Bridge spielen, man fährt seit Jahren in dasselbe Hotel. Es hat mich immer abgeschreckt, nicht mehr neugierig zu sein, sondern zu glauben: »Ich weiß jetzt, wie das Leben ist.« Ich weiß es vielleicht besser als mit 20. Aber zu meinen, das und das ist so, finde ich schrecklich. Es gibt das Bühnenstück von Sartre »*Les jeux sont faits*«, da bekommen die Toten noch einmal die Möglichkeit, um der Liebe willen ihr Leben zu gestalten. Wir waren zwar nicht tot, aber ich denke, mein Mann und ich haben vor zwölf Jahren die große Chance bekommen, im reifen Alter zu sagen: »Das Wagnis einer neuen Beziehung gehen wir noch mal ein.«

Ein dreiviertel Jahr später besuche ich Godela und Achim H. erneut. »Ich weiß gar nicht mehr, wo ich gearbeitet habe. Das ist so weit weg. Es ist eine Befreiung«, berichtet Achim H. Er habe inzwischen sein Vorhaben verwirklicht und höre gemeinsam mit einem Freund eine Vorlesung über die Weimarer Republik. Auch Godela H. hat ihren Vorsatz eingelöst und arbeitet im Vorstand eines Kulturvereins, ein wenig ernüchtert, was die Effizienz »unprofessioneller Arbeit« betrifft. Die einschneidende Veränderung sei der Tod ihrer Mutter gewesen. Nicht zuletzt durch diesen Abschied, bei dem ihr Mann sie seelisch und praktisch unterstützte, hätten sich die Anfangsschwierigkeiten des Ruhestandes geglättet: »Es übt sich: Der eine macht es so, der andere so. Es ist eine größere Leichtigkeit eingetreten. Wir sind durch den Tod meiner Mutter enger zusammengerückt. Jemanden zu haben, der einen begleitet, tröstet und organisatorische Probleme löst, ist sehr beruhigend. Ich habe erfahren, dass ich nicht allein bin.«

Zyklen des Abschiednehmens müssen durchlebt werden

Barbara Langmaack, Unternehmens- und Lebensberaterin, Hamburg

- **Erste Phase: Nicht wahrhaben wollen**
  Wer unfreiwillig in den Ruhestand geschickt wird, wird sich der Folgen des »Rausschmisses« oft erst allmählich bewusst. Auf den Schock stellt sich häufig zunächst Empfindungslosigkeit ein. Das Gefühl der Unwirklichkeit (»es betrifft mich eigentlich gar nicht«) gewinnt die Oberhand. Es beruht zum Teil auf einer innerlichen Abwehr. Die Verdrängung von bedrohlichen Ereignissen schützt Menschen vor starken Gefühlen, denen sie noch nicht gewachsen sind, und vor Reaktionen, die ihnen schaden könnten. Negative Gefühle werden in einer Art Blackbox eingefangen. Wie der Körper nach einem schweren Unfall, muss auch die Seele nach dem Verlust des Arbeitsplatzes langsam wieder heilen.
- **Zweite Phase: Jetzt ist die Wut dran**
  Die Erstarrung löst sich. Wut und Ärger, aber auch Ängste übernehmen die Herrschaft. Die Frage nach den Ursachen des vorzeitigen beruflichen Ausscheidens taucht auf. Der Zorn richtet sich zum einen gegen den Arbeitgeber. Es werden noch einmal imaginäre Gespräche mit den Vorgesetzten geführt, in denen sie all das zu hören bekommen, was »schon längst einmal gesagt werden sollte«. Aber auch Selbstzweifel beginnen sich zu melden: »War ich nicht gut genug?«, »Habe ich Informationen überhört oder mich nicht genügend weitergebildet?« Jetzt ist es wichtig, sich Zeit zu nehmen, um realistische Antworten zu finden und die Selbstvorwürfe abzuschließen.
- **Dritte Phase: Suchen – Trennen – Aussortieren**
  Von heute auf morgen kann der Verlust des Arbeitsplatzes nicht überwunden werden – geliebt oder ungeliebt, er war ein wichtiger Teil des Lebens. Die Bewältigung dieses Ver-

lustes ist ein langsamer Prozess. Manchmal taucht noch die Sehnsucht nach Verlorenem auf: Man spricht von »wir« und meint die ehemalige Firma; berufliche Kontakte werden reaktiviert. So rückwärtsgewandt das Suchverhalten auch erscheint, es ist wichtig für den endgültigen Schritt der Trennung. Denn nun wird einem bewusst: Man findet nicht mehr das, was man haben möchte. Für den endgültigen Abschied aus dem Berufsleben kann es hilfreich sein, nicht mehr benötigte Arbeitsmaterialien auszusortieren.

- **Vierte Phase: Zögernd die Fühler ausstrecken**
Auch wenn vielleicht Trauer, Wut und Schmerz noch nicht völlig überwunden sind, wird nun die neue Lebenssituation akzeptiert. Man schaut wieder nach vorn. Es stellen sich die Fragen: Was will ich künftig machen? Habe ich ein neues Ziel? Wenn ja, auf welchem Weg will ich es erreichen? Was ist der erste konkrete Schritt?
Hilfreich für die Suche nach neuen Zielen können folgende Fragen sein: Was aus meiner Berufswelt möchte ich, wenn möglich, weiterführen oder sogar ausbauen? Wo bietet sich dafür ein Wirkungsfeld an? Auf welchem Gebiet will ich mich ausbilden oder qualifizieren, um ein Hobby oder gar einen neuen Beruf daraus zu machen?[20]

Sich neu begegnen

Erst der Job – dann die Familie?

Die Erfindung der Hausfrau

»Der Mann muss hinaus / ins feindliche Leben, / muss wirken und streben / [...] Und drinnen waltet / die züchtige Hausfrau, / die Mutter der Kinder.« Friedrich von Schillers »Lied von der Glocke« feiert die biedermeierliche Idylle, in der Mann und Frau ihrer gottgegebenen Berufung nachkommen: er draußen, sie drinnen. Diese Trennung von weiblicher und männlicher Welt ist jedoch erst mit Beginn der Industrialisierung entstanden, für das Gros der Bevölkerung galt bis dahin eine andere familiäre Ordnung. Bis ins 18. Jahrhundert waren Wohn- und Arbeitsplatz am selben Ort, zum Wirkungskreis der Frauen gehörten nicht nur Kinder, Küche, Kirche, sondern sie waren wie die Männer in Arbeiten auf dem Feld und die Versorgung des Viehs eingebunden. In Handwerkerfamilien teilten sich Männer und Frauen Warenproduktion, Verkauf und Lehrlingsbetreuung.

Mit Beginn der kapitalistischen Wirtschaftsordnung löste sich die häusliche Wirtschaftsgemeinschaft weitgehend auf. Männer wurden zu lohnabhängigen Arbeitnehmern, neue Leitbilder typisch »männlicher« und »weiblicher« Tätigkeiten entstanden. Die Bestimmung der Frauen ist fortan die Sorge um das Familienwohl, ihr abgestecktes Reich der Haushalt. »Hausfrauenarbeit« im heutigen Sinne war zu Schillers Zeiten kein gebräuchliches Wort. Entweder umfassten die weiblichen Pflichten Haus und Hof, oder die Hausherrin konnte Putzen, Waschen, Kochen dem Gesinde übertragen. Sie wachte über die häusliche Wirtschaftsführung und widmete sich repräsentativen Aufgaben.

Da es für Frauen keine gesellschaftliche Alternative zur Ehe gab, war es für sie das höchste Ziel, unter die Haube zu kommen. Ledige Frauen, die für ihr eigenes Auskommen sorgen mussten, hatten kaum berufliche Wahlmöglichkeiten. Ende des 19. Jahrhunderts verdienten drei Viertel der unverheirateten Frauen ihren Lebensunterhalt als mithelfende Familienangehörige, als Magd, Dienstmädchen oder Arbeiterinnen. Nur im Kloster bestand die Chance, Broterwerb mit geistigen, künstlerischen Tätigkeiten zu verbinden.

Die registrierte Erwerbstätigkeit von Ehefrauen lag Ende des 19. Jahrhunderts bei etwa sieben Prozent. Davon arbeiteten 85 Prozent im Familienbetrieb mit, etwa ein Prozent als Fabrik- oder Heimarbeiterinnen.[21] Zu Beginn des 20. Jahrhunderts entstanden die ersten Frauenberufe im sozialen Bereich. Ihre Geschichte ist eng verknüpft mit der bürgerlichen Frauenbewegung. Ledige Frauen konnten Lehrerinnen werden, nach ihrer Heirat wurden sie jedoch in der Regel entlassen. 1901 öffneten sich die Pforten der Alma mater auch für Frauen, fünf Jahre, nachdem in Berlin die ersten Abiturientinnen die Prüfung ablegten. Bei der Zulassung von Frauen zum Hochschulstudium bildete Deutschland in Europa das Schlusslicht.

Erst gegen Ende der Weimarer Republik hatte sich die Frauenerwerbsarbeit durchgesetzt. Durch das Anwachsen der Städte, den Modernisierungsschub der »Goldenen Zwanziger«, erschlossen sich zunehmend Tätigkeitsfelder, die für Frauen als besonders geeignet galten. 35 Prozent der Frauen gingen nun z.B. als »Tippsen«, Telefonistinnen und Kaufhausverkäuferinnen einer bezahlten Arbeit nach.

Die hohe Arbeitslosigkeit nach der Weltwirtschaftskrise 1929 traf Frauen besonders. »Die Frau muss aus dem Produktionsprozess verjagt werden. Man muss ihr im Dritten Reich beibringen, mit dem Gelde, was der Mann nach Hause bringt, auszukommen«, agitierte der NS-Politiker Gregor Strasser.[22] 1933 leitete eine Anti-Doppelverdiener-Kampagne der NS-Innenpolitik Maßnahmen ein, um verheiratete Frauen dazu zu bewegen, ihren Arbeitsplatz zu räumen, kurz darauf brauchte der NS-Staat sie dringend zur Aufrüstung. Überall dort, wo Männer fehlten, wurden Frauen nun zu tapferen Arbeits- und Kampfgefährtinnen erklärt. Als Trümmerfrauen schließlich beseitigten sie maßgeblich die Kriegsschäden.

Die Frau sei ihrem Manne untertan?
Ehe im Wandel

Lange war die Ehe ein Zweckbündnis, das für Adel und Bürgertum wirtschaftliche und politische Vorteile brachte. Für Bauern und Handwerker war sie eine Arbeitsgemeinschaft zur Sicherung der Lebensgrundlage. Im 15. Jahrhundert wurde die Ehe zum Sakrament und galt als unauflöslich. Eine Zivilehe erkannte die katholischen Kirche nicht an. Die Reformation Anfang des 16. Jahrhunderts lehnte den Sakramentscharakter der Ehe ab. Grundlage für evangelische Christen ist bis heute Luthers »Traubüchlein« von 1529, darin gilt die Ehe als »weltlicher Stand«, dem der Pastor seinen Segen erteilt. Voraussetzung für die kirchliche Trauung ist die gesetzlich geschlossene Ehe. Die Scheidung wird zugelassen, und Geschiedene können erneut kirchlich getraut werden.

Mit den großen Gesetzeswerken im 18. und frühen 20. Jahrhundert wie dem Allgemeinen Landrecht für die preußischen Staaten (1794) und dem Bürgerlichen Gesetzbuch (1900) machte der Staat aus der Ehe ein Vertragsverhältnis der Gatten. Doch die Ehefrau musste dem Familienoberhaupt weiterhin gehorchen. Der Mann konnte über alle gemeinschaftlichen Angelegenheiten allein entscheiden, bei der Haushaltsführung Anweisungen erteilen, seiner Frau die Schlüsselgewalt entziehen und ein eventuell bestehendes Dienst- oder Arbeitsverhältnis der Ehefrau kündigen. Auch in der Kindererziehung behielt er das letzte Wort. Das von der Frau in die Ehe gebrachte Vermögen verwaltete er.

1958 wurden Ehepartner zwar laut Gesetz in Familienangelegenheiten gleichberechtigt. So durfte die Frau nunmehr ihren Mädchennamen als Namenszusatz behalten, die Ehegatten wurden einander gegenseitig zum Unterhalt verpflichtet, den Haushalt konnte die Frau in eigener Verantwortung führen und hatte zugleich auch das Recht zur Ausübung einer Erwerbstätigkeit. Dennoch brauchte die Ehefrau hierfür noch immer die Einwilligung des Ehemannes. Er konnte weiterhin ihren Arbeitsvertrag kündigen, falls ihre Ehe- und Familienpflichten darunter litten. Erst seit 1977 wird es Eheleuten gleichberechtigt überlassen, wie sie Beruf und Familienaufgaben unter sich aufteilen. Theoretisch obliegt es der Ehefrau zu entscheiden, ob sie erwerbstätig sein möchte oder nicht.

Werktätige Muttis im Osten, Hausfrauen im Westen

Mit der Gründung der Bundesrepublik Deutschland und der DDR wurde die Rolle der Frau neu bestimmt, wobei die Ehe-Leitbilder stark differierten. In der DDR wurde von Beginn an die Berufstätigkeit der Frau propagiert und gefördert. Grundlage für die Gleichberechtigung der Frauen war ihre Eingliederung in die Produktion, da der Staat dringend weibliche Arbeitskräfte benötigte. Rund 90 Prozent aller arbeitsfähigen Frauen gingen in den 80er Jahren einer bezahlten Beschäftigung nach, davon knapp 27 Prozent in Teilzeitarbeit.[23]

In der Bundesrepublik hingegen knüpften die ersten konservativen christlichen Regierungen an das bürgerliche Familienleitbild an und erklärten die nicht berufstätige Hausfrau und Mutter zur Norm. Aufgrund fehlender Arbeitskräfte in der Wirtschaftswunderzeit der 50er Jahre wurden Frauen gleichwohl auch in der BRD umworben. Gemessen an der DDR waren die staatlichen Leistungen für berufstätige Mütter jedoch gering. Nach der Babypause fanden deshalb Frauen oft den beruflichen Anschluss nicht mehr oder strebten ihn erst gar nicht an.

Während in der DDR der Schwangerschaftsurlaub 26 Wochen betrug und Mütter für ein zweites und weitere Kinder ein ganzes Jahr von der Arbeit freigestellt werden konnten, betrug der Schwangerschaftsurlaub im Westen nur 14 Wochen (heute umfasst er 20 Wochen). Erkrankte ein Kind, konnten Mütter bzw. Väter in der BRD pro Kind fünf (heute je nach Branche vier oder fünf, maximal zehn Tage), in der DDR hingegen 20 Tage mit Lohnfortzahlung zu Hause bleiben. Günstige Ehe-Kredite und die Chance, als verheiratetes Paar eher eine eigene

Wohnung zu bekommen, trugen dazu bei, dass Paare in der DDR jünger heirateten und früher Eltern wurden.

Doch obwohl Frauen ihr eigenes Einkommen hatten, lebten auch in der DDR Paare zu Hause nach konservativen Rollenmustern. Frauen verrichteten zwei Drittel der Hausarbeit[24], wobei meist die Hilfe der Kinder als selbstverständlich vorausgesetzt wurde. Dennoch mangelte es nicht an pädagogischem Ansporn: Das in der DDR bekannte Kinderlied »Der kleine Klaus erzählt« appelliert an Kinder, Mutti, die »als Abteilungsleiter ihren Mann« steht, zu helfen und erst dann zu spielen, wenn zu Hause »alles blitzt«.

Für die BRD lässt ein Vergleich männlicher und weiblicher Beschäftigter für den Zeitraum von 1975 bis 1988 auf den ersten Blick die Frauen als Nutznießerinnen der Arbeitsmarktentwicklung erscheinen. So stieg der Anteil weiblicher Arbeitskräfte von 37 Prozent (1975) auf 40 Prozent (1988), während die Zahl männlicher Beschäftigter sank. Der Grund: Vor allem Frauen nutzten zunehmend die Möglichkeit der Teilzeitbeschäftigung. 97 Prozent aller Teilzeitbeschäftigten in den 80er Jahren sind Frauen, die meisten sind verheiratet und haben mehr als ein Kind. Für sie ist diese Arbeitsform häufig die einzige Möglichkeit, Familie und Beruf zu vereinbaren. Da Karrieren jedoch nach 17 Uhr entschieden werden, zeitliche Flexibilität und Überstunden kosten, bietet Teilzeitarbeit kaum berufliche Aufstiegsmöglichkeiten.

Auch die typischen weiblichen Berufsbereiche zeigen, wie es um die Chancengleichheit steht. 1988 wurden in der BRD fast ein Drittel der weiblichen Auszubildenden in nur vier Berufen ausgebildet: Friseurin, Einzelhandelskauffrau/Verkäuferin, Bürokauffrau und Arzthelferin. Frauen zugeschriebene Kompetenzen wie Pflegen, Bedienen, Verwalten prädestinieren sie für meist untergeordnete Tätigkeiten. Zahlenmäßig profitieren Frauen von der wachsenden Anzahl an Arbeitsplätzen im Dienstleistungssektor, doch auch dort werden sie meist auf weniger qualifizierte Einsatzbereiche verwiesen. Insgesamt bekommen sie sehr viel seltener die Chance, eine berufliche Tätigkeit auszuüben, die ihrer Ausbildungsqualifikation entspricht.

Selbst bei der Einstufung in gleiche Leistungsgruppen verdienen Frauen oft weniger als Männer und haben ein höheres Risiko, den Arbeitsplatz zu verlieren.[25] Anders als in der DDR, wo der Staat auf qualifizierte Frauen nicht verzichten konnte, bilden in der BRD weibliche Arbeitskräfte eine industrielle »Reservearmee«. Abhängig von der Konjunkturlage wird Frauen nahe gelegt, sich im Beruf zu behaupten oder sich vorrangig ihrer »natürlichen« Bestimmung als Hausfrau und Mutter zu widmen.

Während in der BRD viele Frauen als ungelernte oder angelernte Arbeitskräfte dazuverdienen, hatten Mitte der 80er Jahre in der DDR 60 Prozent aller weiblichen Beschäftigten einen Abschluss als Facharbeiterin oder Meisterin, 17 Prozent ein Fach-, sechs Prozent ein Hochschulstudium absolviert. Das Prinzip »gleicher Lohn für gleiche Arbeit« war zwar rechtsverbindlich, Verdienste in Bereichen mit hohem Frauenanteil – wie Handel, Post- und Fernmeldewesen – lagen jedoch deutlich unter dem Durchschnitt. Drei Viertel der Hochschulabsolventinnen konzentrierten sich auf die sogenannten nicht produzierenden Bereiche. Auch wenn die rein männlichen Berufsbezeichnungen im Sprachgebrauch der DDR den hohen Anteil von Frauen nicht ohne weiteres erkennen ließen, so waren doch 70 Prozent aller Lehrer, die Hälfte aller Ärzte und Zahnärzte, etwa 65 Prozent der Apotheker und 45 Prozent der Richter in der DDR weiblich. Frauen drangen somit in akademische Berufsbereiche ein, die in der BRD größtenteils männliches Terrain sind. Doch auch im Arbeiter- und Bauernstaat galt: Je höher die Position, desto seltener wurde sie von einer Frau besetzt.[26]

Prägende Rollenmuster

»Mein Mann sagte: Die Frau gehört ins Haus.« So eindeutig wie eine meiner Gesprächspartnerinnen formulieren die wenigsten ein konservatives Rollenmodell. Nach einer Familienpause blieben die meisten westdeutschen Frauen, die ich interviewte, beruflich am Ball. Doch obwohl etliche eine vergleichbare Ausbildungsqualifikation wie ihr Partner haben, überrundete keine beruflich ihren Mann. Ob mit oder ohne Kinder, in diesem Lebensbereich ließen alle westdeutschen Frauen ihrem Partner den Vortritt.

Während Frauen mitunter bedauerten, dass sie sich an konventionellen Rollenmustern stärker ausgerichtet haben, als sie es rückblickend tun würden, relativierten Männer im Nachhinein oft den Stellenwert, den der Beruf einst für sie hatte. Die Ausführlichkeit, mit der sich Männer im Gespräch dem Thema Beruf, Frauen dagegen dem Thema Familie widmen, spiegelt gleichwohl eine sehr unterschiedliche Prioritätensetzung wider. Was die berufliche Tätigkeit meiner Gesprächspartnerinnen umfasst(e), erfuhr ich von ihnen oft erst, wenn ich nachhakte. Männer dagegen holten bei der Erläuterung ihres Berufes bis hin zu fachlichen Details weit aus.

»Männer nehmen tendenziell die Ernährerrolle vorweg, Frauen tendenziell die Mutterrolle«[27], bringt der Journalist Thomas Gesterkamp, Jahrgang 1957 und Vater einer Tochter, das innerliche Folgen eines bewährten Musters auf den Punkt. Für den Notfall soll eine Frau zwar auf eigenen Füßen stehen, doch Mann und Kinder dürfen nicht zu kurz kommen. Selten wird so der berufliche Ehrgeiz der Ehefrau den ihres Mannes überschatten.

Resignierend nehmen andere Paare den unterschiedlichen Höhenverlauf männlicher und weiblicher Erwerbsbiografien vorweg und passen ihre Ehe dem Arbeitsmarkt, auf dem Männer die besseren Karten haben, an. Da das Durchschnittseinkommen berufstätiger Frauen noch immer deutlich unter dem von Männern liegt, bleiben nach der Gründung einer Familie in der Regel doch die Mütter daheim.[28]

Trotz ihrer Absicht, gemeinsam Familie und Beruf unter einen Hut zu bringen, kapitulieren nicht wenige Paare vor den organisatorischen Schwierigkeiten. Nicht länger willens, den Preis permanenter Überanstrengung zu zahlen und verlässliche Absprachen auszufechten, reduzieren Frauen schließlich ihre Erwerbsarbeit oder kündigen ihre Stelle ganz. Mitunter sind es auch Ortswechsel der Karriere des Mannes zuliebe, die Frauen und Männer in die konservative Rollenteilung zwingen. So berichtet der Kommandeur der Führungsakademie der Bundeswehr Rudolf Lange beispielgebend für viele: »Früher bedeutete für mich Gemeinschaft in der Ehe, wenn alles so gemacht wurde, wie ich es wollte.« Beeinflusst von der Emanzipationsbewegung, habe er dann das Studium und die Berufstätigkeit seiner Frau, »wann immer es ging«, unterstützt. »Allerdings erschwerte mein Beruf als Marineoffizier [...] automatisch das Realisieren ihrer Eigenständigkeit. Immer wenn sie sich als Lehrerin in einem Kollegium Platz geschaffen hatte und anerkannt war, wurden wir wieder versetzt [...]. Da gab es kein langes Nachdenken, wenn abgewogen werden musste«[29], erklärt Lange, Jahrgang 1941, weshalb letztlich doch er den Kurs seiner Ehe bestimmte.

Weibliche Erwerbstätigkeit – ja, vorausgesetzt, sie kollidiert nicht mit dem Beruf des Ehemanns. Auf dieses Ergebnis kommt auch eine Untersuchung, in der die renommierte Soziologin Helge Pross die ehelichen Leitbilder der Kriegs- und Nachkriegsgeneration erforscht hat. In der 1978 publizierten Studie »Die Männer« fragte sie Männer zwischen 20 und 50 Jahren, eine Altersgruppe also, die heute zum großen Teil in Rente ist, welche Auswirkung die Kritik an traditionellen Rollenbildern auf ihr persönliches Handeln hat. Im Klima gesellschaftlicher Umbrüche verabschiedeten sich zwar viele Männer von konservativen Glaubenssätzen: Die Mehrheit befürwortete die Öffnung männlicher Berufsbereiche, äußerte keine Vorbehalte gegenüber Frauen in Führungspositionen, konnte eine weibliche Vorgesetzte verkraften und sich schon damals eine Regierungschefin vorstellen – eine Ehe oder Partnerschaft, in der die Frau mehr verdient und eine höhere berufliche Position einnimmt, lehnte jedoch eben so eine Mehrheit ab. Jeder zweite Mann hoffte, dass seine Frau ihn bei seinem beruflichen Fortkommen unterstützen würde.

Entsprechend fielen auch die Wünsche an die Wesenszüge der idealen Partnerin aus: Drei Viertel der Männer erwarteten, dass sie eine gute Hausfrau ist und zwei Drittel, dass sie mütterliche Eigenschaften besitzt. Viele Männer bekundeten, ihre Frau solle selbständig sein. Unter Selbständigkeit aber verstanden sie meist keine finanzielle Unabhängigkeit, sondern das erwünschte selbständige Managen von Familienaufgaben. 58 Prozent der Männer maß den Leistungen einer Hausfrau und Mutter größere gesellschaftliche Bedeutung bei als der Arbeit von Frauen in der Berufswelt. Aktuelle Studien ergeben kein grundsätzlich neues Bild. Der Aussage »für eine Frau ist es wichtiger, ihrem Mann zu helfen als selbst Karriere zu machen« stimmen ungefähr ein Drittel zu, Frauen und Männer in Ost und West zu fast gleichen Teilen.[30] Die Einstellung zu weiblicher Berufstätigkeit weicht in Ost und West allerdings erheblich voneinander ab, wobei die Fragestellung bereits einen konservativen Ansatz enthält, die Zustimmung zu männlicher Erwerbsarbeit wurde nämlich bisher nicht ermittelt.

Während 81 Prozent der Männer und 85 Prozent der Frauen in Ostdeutschland weibliche Erwerbsarbeit positiv bewerten, wird sie in Westdeutschland von 46 Prozent der Männer und 60 Prozent der Frauen gutgeheißen. 59 Prozent der Ostdeutschen meinen, dass auch Mütter mit Kindern und Kleinkindern erwerbstätig sein sollten. Im Westen befürchtet eine Mehrheit von 71 Prozent negative Konsequenzen. Nur berufstätige Mütter und junge Erwachsene unter 30 bekunden modernere Auffassungen als in einer Umfrage zehn Jahre zuvor. Von den über 65-Jährigen halten 72 Prozent im Westen und 41 Prozent im Osten die klassische Rollenteilung für den besten Ehe-Garanten.

Seit Mitte der 90er Jahre verzeichnen Gesellschaftsforscher wieder eine Hinwendung zu traditionellen Werten. In Zeiten der Arbeitslosigkeit steht vor allem die Vollzeitbeschäftigung von Frauen zur Disposition, geraten Mütter auf dem Arbeitsmarkt ins Hintertreffen, da Kinder als Hindernis gelten. Für Männer ist der Status Vater hingegen von Vorteil. »Männer auf Jobsuche, die sich als ›verheiratet‹ vorstellen, kriegen Pluspunkte. Das signalisiert: Ich habe eine Familie zu ernähren, also bin ich hochmotiviert – und zu Hause sorgt meine Frau für das wohlige, die Arbeitskraft erhaltende Nest«, pointiert Thomas Gesterkamp diese Situation.[31]

Dass Männer jeden Alters in Umfragen mehrheitlich angeben, Frau und Kinder seien für sie das Wichtigste, und dann erst folge der Beruf, steht für sie nicht im Widerspruch zu ihrem Verhalten.[32] Denn Männer drücken aus ihrer Sicht Sorge und Liebe für die Familie auch wesentlich dadurch aus, dass sie Geld verdienen.

Nun im Ruhestand bemühen sich viele meiner Gesprächspartner, ihrer Frau den Rücken frei zu halten, damit sie beruflich noch ein wenig aufholen oder sich entspannen kann. Andere äußern Gewissensbisse, weil Berufliches für sie immer Vorrang hatte. Nicht wenige machen sich jetzt die kleinen Fluchten bewusst, die es ihnen in der Vergangenheit ermöglichten, den anstrengenden Familienalltag ihrer Frau zu überlassen. Zweifel, ob die Teilzeitarbeit oder Berufsunterbrechung ihrer Frau unbedingt erforderlich gewesen sei, äußert jedoch keiner.

Manche Frauen kritisieren die Diskrepanz zwischen verbalen Bekundungen und Alltagshandeln ihrer Männer. Frauen, die ich allein sprach, machen in dieser Hinsicht ihrem Unmut deutlicher Luft, problematisieren jedoch auch ihre eigene Unentschiedenheit. »Man kann überall etwas auf die Beine stellen. Aber ich habe mich manchmal gefragt: Wer bin ich eigentlich? Was will ich wirklich?«, schildert Etta Decker, eine meiner Interviewpartnerinnen, ihr Jonglieren zwischen Beruf und Familie. Meister darin, verschiedene Lebensstränge zusammenzuflechten, finden Frauen zwar oft eine bessere Lebensbalance, verlernen aber häufig auch, Prioritäten für sich selbst zu setzen, da, wie viele sagen, »sowieso immer etwas dazwischen kommt«. Ungeübt, eigene Pläne zu schmieden und diese auch umzusetzen, verzetteln sie sich schließlich im Ruhestand im uferlosen Haushalt und in all den kleinen Gefälligkeiten, die mehr von Frauen als von Männern erwartet werden. Nur wenige Frauen packen die Gelegenheiten der nun größeren Freiheit beim Schopf und steuern nochmals berufliche Ziele an.

Wie die meisten der männlichen Gesprächspartner die aufgeteilten Zuständigkeiten als richtige Lösung für ihre Ehe be-

trachten, so sieht es auch die Mehrzahl meiner Interviewpartnerinnen nicht als Fehlentscheidung an, dass sie sich mehr um
Familienbelange kümmerten. Viele betonen, dass sie die Gestaltung ihres privaten Lebens auch genossen haben.

In einer Befragung von rund 500 Frauen der Jahrgänge
1939/1940 stellt die amerikanische Sozialpsychologin und Alternsforscherin Deborah Carr ebenfalls eine große Zufriedenheit fest. Zwei Drittel der Frauen sagten, beruflich zwar weniger als die Töchtergeneration erreicht zu haben, aber dennoch
nicht mit ihnen tauschen zu wollen, da sie sich in ihrem Familienleben erfolgreicher als ihre Töchter fühlten.[33] Die meisten
Frauen stellten ihre Wahl als ohnehin unausweichlich dar –
möglicherweise auch, um sich nicht mit verpassten Chancen
auseinander setzen zu müssen. Je nach Blickwinkel kann man
es als klug oder angepasst betrachten, dass sie nicht die Probe
aufs Exempel machten, wie viel berufliche Gleichberechtigung
ihre Ehe verträgt. Das Risiko ist groß. Denn sowohl Männer
als auch Frauen reagieren auf weibliche Karrieren oft, indem
sie erfolgreichen Frauen Sympathie entziehen. Je mehr eine
Frau ihrem Partner bezüglich Einkommen oder Bildung überlegen ist, desto kürzer halte die Beziehung, vermeldet die Zeit-
schrift *Psychologie Heute* drei Jahrzehnte nach der Untersuchung von Helge Pross.[34]

Aber auch Frauen, die sich diese Zerreißprobe ersparen,
zahlen ihren Preis, der sich konkret in Euro und Cent nieder-
schlägt: Da westdeutsche Frauen kürzere Zeit berufstätig waren und zudem weniger als Männer verdienen, ist ihre Rente
im Schnitt um 50 Prozent geringer als die von Männern und
reicht oft für den Lebensbedarf nicht aus.[35]

Dass die ältere Frauengeneration wirtschaftliche Entscheidungen häufig dem Ehemann überlässt, könnte man als Selbst-
schutz verstehen. Ihre jahrzehntelange Sorge für andere wurde
nie messbar entlohnt. Damit ihre Leistungsbilanz auch ohne
finanzielle Honorierung zufriedenstellend ausfällt, zählen für
viele Frauen – verständlicherweise – andere Werte.

Etta Decker: »Er machte Karriere. Ich machte beruflich das, was ging.«

Mehrere Jahre hatte ich Etta Decker aus den Augen verloren. Als wir uns zufällig wieder begegnen, wird sofort die Erinnerung an ihre sprühende Unbefangenheit wach, mit der die einstige Endvierzigerin in einer Journalistinnenrunde berichtete, sie sei vor kurzem nach Hamburg gezogen und mache noch ein Germanistikstudium. Bei unserem Wiedersehen erzählt Etta von ihren freiberuflichen Projekten im Kunst- und Literaturbereich und erwähnt, wie dankbar sie sei, durch die gute Pension ihres Mannes finanzielle Sicherheit zu haben. Sonst allerdings sei sein Vorruhestand ein schwieriges Kapitel.

Wie frisch geweißt glänzt die Fassade des stuckverzierten Gründerzeithauses, in dem Etta und Robert Decker eine große Wohnung haben. Bekannte seien über ihren Einrichtungsstil oft überrascht, meint die dunkelblonde, etwas pummelige 58-Jährige, bevor sie mit dem Kommentar, sie habe ihren Mann an diesem Abend »fortgeschickt«, in der Küche verschwindet. In der Tat bekunden die Möbel im englischen Tudorstil und die ausgefallenen Kunstobjekte an den Wänden einen eigenwilligen Geschmack, der solide Bürgerlichkeit und zugleich Experimentierfreudigkeit ausdrückt. Aufgekratzt schildert Etta Decker ihren biografischen Zickzackkurs, der nach ihrem Dafürhalten nicht untypisch sei für den Spagat von Frauen zwischen widersprüchlichen Wünschen.

Der Ruhestand meines Mannes vor gut zwei Jahren kam für uns ganz plötzlich. Da war er 57. Als Finanzmanager rückt ein Mann in diesem Alter in den Vorstand eines Konzerns auf. Durch firmeninterne Geschichten wurde er jedoch ein Bauernopfer. Aber er hat einen traumhaft guten Ausstiegsvertrag bekommen und konnte nach dem ersten Schock sagen: »Ich bin heilfroh.« Wie sah denn sein Leben aus? Er ging morgens ins Büro, kam um 21 Uhr nach Hause, aß Abendbrot, und dann lagen schon wieder stapelweise Akten da. Durch immer neue Fusionen und Umstrukturierungen wurde die Arbeit ständig mehr. Die hohe Abfindung war auch eine nachträgliche Anerkennung für das, was er beruflich geleistet hat. Als Robert merkte, wir landen nicht in der Armut, war eine enorme Last von ihm genommen.

In den ersten Monaten lag Robert bis mittags im Bett. Ich dachte: »Nach so vielen Jahren im Geschirr darf er endlich mal frei entscheiden, wann er aufsteht.« Nur, irgendwie kollidierte dies mit meinem Tagesablauf. Wenn er im Bademantel zum Frühstück kam, kochte ich. Ihn störte, dass es nach Mittagessen roch. Wir leben nicht beengt, ich kann meine Zimmertür zumachen. Doch wenn ich weiß, Robert stiefelt in der Wohnung umher, kann ich mich am Schreibtisch nicht konzentrieren. Jede Kleinigkeit ist für ihn ein Anlass, mir etwas mitzuteilen, und wenn es nur ist: »Was meinst du, was ich bei diesem Wetter anziehen soll?« Wenn ich sage, unterbrich mich nicht dauernd, fragt er: »Kann man gar nichts mehr besprechen?« Als er noch arbeitete, sagte er oft: »Weißt du, wovon ich träume? Den ganzen Tag zu lesen, was ich möchte.« Aber er ist auf Pflichterfüllung geeicht, nach dem Lustprinzip zu leben ist ihm völlig fremd. All die Jahre hat er tagsüber Pflichtlektüre abgearbeitet, konnte nur nachts zum reinen Vergnügen lesen. Erst seit er an der Uni Gasthörer ist, gönnt er es sich, schon nachmittags Bücher zu lesen. Die Universitätsbibliothek ist zu seinem Ersatzbüro geworden. Der Anstoß zum Studium kam von mir. Das wischt er allerdings beiseite: »Na ja, du hast mir da mal was hingelegt …« Weil Robert mich ständig vereinnahmen will, habe ich im Verzeichnis der Uni alle Vorlesungen markiert, die für ihn interessant sein könnten. Er hat nun eine Aufgabe, die ihn erfüllt, und das hat positiven Einfluss auf unser Zusammenleben.

Etwas, was uns zeit unserer Ehe verbindet, ist das Segeln auf unserer Yacht. Auf so engem Raum mehrere Wochen miteinander auszukommen, scheint für viele Menschen eine Hürde zu sein. Wir verstehen uns auf diesen Segeltouren am besten. Die Stimmung ist entspannt und heiter.

In unserer Ehe war es immer so, dass mein Mann mehr als ich gemeinsame Unternehmungen anstrebte, vorausgesetzt, sie entsprachen seinen Neigungen. So gerne ich mit ihm segele oder Städtereisen mache, ich bin auch gern allein verreist. Das war mein Familienurlaub: nicht mit der Familie, sondern von der Familie. In meiner Berufslaufbahn jedoch war die Familie für mich immer vorrangig. 27 Ehejahre hat mein Mann sich voll auf seinen Job konzentriert. Und ich habe beruflich das gemacht, was neben der Familie ging. Als wir heirateten, habe ich das nicht mit dem Vorbehalt getan, »mal gucken, ob's klappt«, sondern ich wollte, dass es klappt, und habe meinen Teil dazu beigetragen. Nach unserer Hochzeit sind wir nach England gezogen, und ich habe eine Stelle an einer deutsch-sprachigen Schule in London akquiriert. Die konnte ich aber nicht antreten, weil ich gleich schwanger wurde. Ich hatte in Deutschland mein Umfeld verlassen, meine Lehrerstelle, die mir viel Spaß gemacht hat, und saß nun allein zu Hause, weil mein Mann ständig unterwegs war. Und das Baby schrie fast ein Jahr lang von morgens bis abends. Keiner konnte sagen, warum. Der Schreispuk war nach einem Jahr verschwunden, aber es dauerte lange, bis ich mich erholte.

Ich habe dann Englischkurse absolviert, damit ich nach unserer Rückkehr in Deutschland auch Englisch unterrichten kann. Doch als es so weit war, saßen viele Lehrer in Bremen auf der Straße. Ich gab Privatstunden, betrieb einen Second-hand-Laden, da ich früher mal als Modeeinkäuferin gearbeitet und auf diesem Gebiet Erfahrungen hatte. Alles, was ich machte, richtete ich so ein, dass mein Klammerkind möglichst viel mit mir zusammen sein konnte.

Kurz vor meiner Anstellung für die Leitung des neu zu grün-denden Kulturbahnhofs in Bremen wurde mein Mann nach Hamburg versetzt. Diese Arbeit wäre mein Traum gewesen. Trotzdem bin ich mitgegangen. Man kann sich fragen: »Warum passen sich Frauen so an?« Ich finde: Wenn man will, kann man überall was auf die Beine stellen. Ich habe nie kapituliert, habe immer Eigenes verfolgt. Aber ich habe mich manchmal gefragt: »Wer bin ich eigentlich? Was will ich wirklich?«

Wenn Robert heute klagt, dass ich zu wenig Zeit für ihn habe, sage ich: »Du hast dich früher kein bisschen darum gekümmert, was ich mache.« Ich habe immer wieder sinnvolle Beschäftigungen gefunden und Freundinnen, mit denen ich mich aussprechen konnte, hatte es daher nicht nötig, meinem Mann viel zu erzählen. Aber ich verüble ihm, dass er als promovierter Betriebswirtschaftler mir bei meiner Geschäftsgründung nicht die kleinste Hilfestellung gegeben und erst nach sieben Jahren einen Fuß in meinen Laden gesetzt hat. Und auch, als ich in Hamburg noch einmal ein komplettes Studium draufsattelte, weil ich meine journalistische Tätigkeit erweitern wollte, hat er mir in keinem Punkt geholfen. Einerseits findet mein Mann es inspirierend, wenn ich mit neuen Ideen komme, meine eigene Welt habe. Andererseits hat er Angst, dass ich zu stark bin, wertete das, was ich erreicht habe, oft ab. Er mokierte sich auch immer ein bisschen über mein Studium – und ist als Gasthörer nun ausgerechnet bei dem Professor gelandet, bei dem ich Examen gemacht habe.

Seit Robert zu Hause ist, ist manches ein verdammter Kampf. Wir haben beide unseren Trott, aber ich finde, er wird innerlich immer unbeweglicher. Früher hatte er auch eine gewisse Rigidität, es gab jedoch eine andere Stimme in ihm, die sagte: »Ich habe mein Weibi, mal sehen, was das anzubieten hat.« Jetzt lehnt Robert ständig ab, er hält immer mehr an Gewohntem fest, seine Interessen sind fast alle rückwärts gerichtet. Und er wird spürbar langsamer. Bis mein Mann fertig ist, habe ich die Spülmaschine ausgeräumt, war mit dem Hund um den Block und muss trotzdem noch warten. Es hat keinen Sinn, ihn ständig anzutreiben. Ich möchte ja auch so sein dürfen wie ich bin. Aber manchmal denke ich, ich platze und lege zum Ausgleich noch einen Gang höher ein.

Als Robert noch nicht zur Uni ging, warf er mir vor, ich würde im Haushalt nichts abgeben. Aber warum soll mein Mann nebenher trotten, wenn ich einkaufen gehe? Und allein einkaufen kann er nicht, weil er nicht kocht. Er hat keinen Überblick über Mengen, hat das nie geübt. Ich könnte natürlich eine Liste schreiben. Aber dann weiß er nicht: Sieht dieser Fisch gut aus? Und kann er notfalls ein anderes Gemüse nehmen? Er hat in diesem Bereich überhaupt keine Phantasie.

Glücklicherweise kann Robert sich darüber lustig machen. Als er anfangs oft gefragt wurde: »Was machst du denn jetzt?«, war seine Antwort: »Ich übernehme unser Brotmanagement.«

Letztes Jahr ist Robert allein in den Skiurlaub gefahren. Ich mag nicht in die Berge und habe ihm noch nie vorgehalten: »Ach, du fährst schon wieder weg?« Aber das stört ihn gerade. Manchmal nimmt er unsere erwachsene Tochter mit. Sie ist eine intelligente, junge Frau mit dem Witz ihres Vaters, doch obwohl sie nach dem Abitur erfolgreich als Bürokauffrau in einer Reederei arbeitet, will oder kann sie nicht erwachsen werden. Manchmal sucht sie unsere Nähe, dann grenzt sie sich wieder extrem ab. Robert flucht über sie und schimpft, er habe sie abgehakt, da sie so wenig seinen Vorstellungen entspreche. Dann wieder verwöhnt er sie mit Geschenken. Mit seiner Inkonsequenz komme ich schwer zurecht. Es verbittert mich, dass er unsere Tochter nicht wirklich anerkennt. Doch ich merke, ich werde in vielen Dingen auch nicht verständnisvoller. Vor einigen Jahren glaubte ich, ich würde mit zunehmendem Alter toleranter. Meine Toleranz hat sich jedoch wohl nur verschoben. Früher hatte ich eine größere Leichtigkeit, weil ich mir vieles gar nicht so zu Herzen nahm. Heute bin ich dünnhäutiger. Andererseits kann ich über Dinge lächeln, die ich früher schrecklich fand.

Vor einem Jahr bekam ich die Diagnose Krebs. Wie es aussieht, bin ich geheilt. Doch das Restrisiko sitzt mir wie eine Krake im Genick. Sterben, Tod sind sehr viel näher gerückt. Ich denke, ich wäre unendlich traurig, wenn mein Mann vor mir sterben würde. Auch wenn wir uns unentwegt streiten, möchte ich ihn nicht missen. Aber nach einer langen Phase der Trauer würde ich ohne ihn wahrscheinlich auch etwas freier leben. Es gibt das Schauspiel »Ich bin nicht Rappaport«. Darin geht es um zwei Freunde, deren unverbrüchliche Freundschaft darin besteht, sich mit kleinen Bissigkeiten fertig zu machen. Obwohl es zwei Männer sind, werden eigentlich Szenen einer Ehe aufgeführt, die mich an uns erinnern.

Im Spiegel sehe ich die Spuren des Alters. Ich habe aber nicht das Gefühl, ab jetzt geht es nur noch bergab, sondern bilde mir ein, ich kann noch was zuwege bringen. Eine Freundin meinte neulich, sie empfände mich wie eine dieser Tellerdreherinnen im Varieté, die alle Teller gleichzeitig in Schwung hält: Ich gestalte für eine Gruppe interessierter Laien Führungen zu moderner Kunst, wir machen Exkursionen, gehen ins Theater, ich organisiere Stadtrundgänge, bin ehrenamtliche Sprecherin eines Regionalverbandes. Zurzeit mache ich noch eine Fortbildung für junge Menschen im Kulturbereich. Ich bin stolz, dass man mich trotz meines Alters genommen hat. Und seit meinem Studium arbeite ich mit Studenten und Studentinnen an einem gemeinsamen Roman. Altersmäßig bin ich eigentlich wie ihre Mutti dazwischen, aber so behandeln sie mich nicht. Schreiben ist für mich zu 90 Prozent Quälerei, zu zehn Prozent ein Höhenflug – und die zehn Prozent machen mich glücklich. Vielleicht ist es bloß eine hilfreiche Lebenslüge, aber ich sage mir: »Ich habe so viele Erfahrungen gesammelt, die will ich bündeln. Woll'n mal sehen, ob nicht noch irgendetwas dabei herauskommt.«

»It's good to have a husband.
But never for lunch.«

Konfliktzone Haushalt

Legendär ist Loriots Film »Pappa ante portas«, in dem Heinrich Lohse als nunmehr reiner Privatmensch den Haushalt optimiert, unbeirrt davon, dass seine Rationalisierungsmaßnahmen nicht auf Gegenliebe stoßen. Viele meiner Gesprächspaare zitieren diese Komödie und ziehen Parallelen zu eigenem Verhalten. Doch die amüsierte Selbsterkenntnis merzt den Loriot-Faktor offenbar nicht aus.

»Die Haushaltsführung widerspricht einem total, wenn man den ganzen Tag zu Hause ist und sieht, wie viel Zeit das kostet. Ich habe keine Lust, mich für ein Stück Butter anzustellen. Ich wüsste schon, wie man das rationalisieren kann. Aber was bringt das? Mache ich etwas schneller als meine Frau, kriege ich wahrscheinlich zu hören: ›Das ist nicht ordentlich!‹ Brauche ich mehr Zeit, heißt es: ›Das habe ich immer gesagt‹«, erklärt ein 61-Jähriger im Vorruhestand, warum er nach einigen Anläufen, sich nützlich zu machen, nun wieder seiner Frau das häusliche Terrain überlässt. Nachdem sie mehrmals seine Handgriffe monierte, weigere er sich inzwischen, auch nur den Geschirrspüler auszuräumen. »Ich meine das gar nicht als Kritik. Aber ein Mann, der immer alles vorgesetzt bekam, weiß eben nicht, wie ein Haushalt so läuft, dass jede Tätigkeit nur für den Moment ist. Wenn ich Fenster putze, fragt er: ›Warum? Guck mal, da ist eine Regenwolke.‹ Oder ich sauge, und er meint: ›Wenn Besuch kommt, wird es doch sowieso wieder dreckig‹«, beschreibt seine Ehefrau das Problem.

Mitunter wird so der Alltag zu zweit zum explosiven Minenfeld. 20, 30 Ehejahre und länger hatten sich von Montag bis Freitag allmorgendlich die Wege getrennt. Durch Gewohnheiten und Rollenmuster waren die Aufgaben festgelegt, verteilt, eingespielt. Nun muss vieles neu ausgehandelt werden.

Wie nie zuvor prallen weibliche und männliche Maßstäbe von Ordnung und Sauberkeit aufeinander, reibt sich männlicher Pragmatismus am weiblichen Wunsch, das Heim zu schmücken. Auseinandersetzungen drehen sich um die unausgesprochenen Fragen: Wer ist kompetenter? Welche Rechte auf ein Machtwort leiten sich daraus ab, dass in der Regel hauptsächlich der Ehemann die Brötchen verdiente, während die Ehefrau für Privates verantwortlich war?

Verglichen mit Erwerbstätigen, wenden Rentner mehr Zeit für Wohnung, Wäsche und Einkaufen auf. »In den ersten Wochen nach meiner Verrentung habe ich sämtliche Schränke durchgeguckt. Mein Mann befürchtete schon, dass ich zum Putzteufel werde.« Oder: »Ich muss aufpassen, dass ich nicht immer pingeliger werde« – so schildern ehemals berufstätige Frauen die Verlagerung ihres Tatendrangs und Ehrgeizes auf häusliche Verschönerungsaktionen, während Männer ihre überschüssige Kraft gern in grundlegende, einmalige Änderungen stecken. Dass Frauen angebotene Entlastungen nicht annehmen oder sogar mit Widerstand quittieren, ruft nicht nur bei ihrem Partner Frust hervor. Besser, er mischt sich nicht mehr ein! Frauen selbst kommentieren kritisch ihre Neigung, ihren Mann zum ewigen Praktikanten des Privaten zu degradieren.

Auch wenn die Wohnungen meiner Gesprächspaare meist eine weibliche Hand verraten (insgeheim staunte ich über die Bereitschaft von Männern, sich zwischen all dem Dekorativen ständig behutsam zu bewegen), die polemische Zuspitzung »Frauen machen sauber, Männer machen Schmutz« stimmt in der Regel nicht mehr, wenn Männer im Ruhestand sind. Selbst Männer, die zuvor im Haushalt zwei linke Hände hatten, beginnen nun zu kochen, greifen zum Staubsauger und offenbar am liebsten zum Bügeleisen. Doch an der Diskussion des Wie und Wann entzünden sich Konflikte. Grundsätzlich zur Mithilfe bereit, beklagen nicht wenige Männer, dass sie sich von den Ansprüchen und Anweisungen ihrer Frau bevormundet und gegängelt fühlen. Frauen hingegen ärgert es, dass das vordem selbstverständliche Maß an Ordnung und Sauberkeit in

Frage gestellt wird, wenn ihr Partner erlebt, wie viel Sisyphus-arbeit das gepflegte Heim erfordert.[36]

Dass die Weichen für den jetzt ausbrechenden Konflikt meist schon früh gestellt werden, illustriert eine 1994 veröffentlichte Untersuchung aus Frankreich: Über einen Zeitraum von zwei Jahren nahm der Soziologe Jean-Claude Kaufmann den Alltag von Paaren im Alter zwischen 19 und 55 Jahren, die erst seit wenigen Jahren zusammenleben, unter die Lupe und konzentrierte sich dabei auf ihren Umgang mit der Wäsche. Der Fokus auf einen exemplarischen Haushaltsbereich gebe Aufschluss, welche Bedeutung dem gemeinsamen Nest und geschlechtlichen Rollenmustern zukomme, begründet der empirische Alltagsforscher seinen Ansatz. Das Ergebnis: Frauen neigten beim Zusammenziehen dazu, einem »Haushaltsfimmel« nachzugeben, den sie später oft bereuen. Sie stellten Standards auf, zögen Aufgaben an sich, als hätte, so Kaufmann, »das Puppenmütterchen in ihnen nur darauf gewartet, endlich loslegen zu dürfen«. Im Umgang mit der Wäsche entfalteten sie eine Leidenschaft, die man nur als hartnäckiges Relikt aus vergangenen Zeiten verstehen könne: Generationen von Hausfrauen waren stolz auf ihren Wäscheschatz, »der weiß, geordnet und mit Bändchen verziert im Kasten ruhte. Solche Verpflichtungen, aber auch Freuden sterben nicht aus«, bemerkt Kaufmann. Männern fehle das, was man das »Haushaltsgen« nennen könne. Sie ordneten sich den Frauen unter, würden zu bloßen Befehlsempfängern. Andererseits, verteidigt Kaufmann seine Geschlechtsgenossen, leisteten Männer Erhebliches auf dem Gebiet technischer Reparaturen, Installationen und ganzer Wohnungsumbauten »und beteiligen sich so auf ihre, auch traditionsverhaftete Weise, am Nestbau«[37].

Allen Bestrebungen zum Trotz, anerzogene Geschlechterunterschiede überwinden zu wollen, zu Hause werden eben diese produziert, resümiert Kaufmann. Die oft abwegigen praktischen Begründungen (»Er kann mit dem Bügeleisen nicht umgehen!«) zeigten, wie eng scheinbar sachliche Argumente mit emotionalen Anliegen (der von ihr gebügelte Wäscheberg als *ihr* sichtbarer Arbeitserfolg) verflochten sind.

»Es entwickelte sich zum kleinen Krieg«, schildert Maren Huff den Machtkampf, als ihr Mann pensioniert wurde und sie das große Haus gegen eine Drei-Zimmer-Wohnung tauschten. Sogar um die Bepflanzung des Balkonkastens sei ein Streit entbrannt. Nun habe sie den Balkonkasten aufgeteilt. »Seine Hälfte ist kahl und meine bepflanzt.« Als ich das Ehepaar ein paar Wochen später erneut besuche, bietet der Balkonkasten ein fast einheitliches Bild, nur auf der rechten Seite ist das Grün ein bisschen höher und dichter. In der Zeit, als sie noch berufstätig und er schon pensioniert war, habe sie sich oft überrumpelt gefühlt von Wolfgangs eigenmächtigen Entscheidungen: »Wenn ich nach Hause kam, hatte er wieder etwas umgeräumt, und ich habe es jedes Mal zurückgestellt. Eine Schlacht habe ich verloren: Der untere Teil unseres Geschirrschrankes ist jetzt für seine CDs reserviert.«

Egal, was der Stein des Anstoßes ist, wie in jedem Streit geht es im Kern um noch ganz andere Fragen. Der Haushalt offeriert ein weitläufiges Gelände, um zu klären: Wer setzt sich durch? Wie viel Rücksicht nimmt mein Partner auf meine Wünsche? Kann er sich in mich hineinfühlen?

Hoffnungslos ist die Lage nicht, wie das Beispiel einer 59-jährigen Berlinerin zeigt, die vor elf Monaten aufhörte zu arbeiten. Obwohl ihr jüngerer Mann seine Arbeit weitgehend nach Hause verlagert hat, seien sie sich bisher nicht ernsthaft in die Quere gekommen. »Wir streiten uns eigentlich nicht. Wenn ich verärgert bin, sagt mein Mann nicht: ›Warum du schon wieder meckern musst!‹, sondern wir sprechen über den Grund. Wichtig ist, dass man die Enttäuschung des anderen ernst nimmt. Meist geht es ja gar nicht so sehr um den Anlass, sondern um die Haltung.«

Beziehungen zu Nachbarn, Kollegen, Verwandten

Obwohl Männer und Frauen angeben, dass Freunde für sie wichtig sind, haben sie – zumindest laut Statistik – im Durchschnitt erstaunlich wenige. In einer Erhebung von 1989 äußerten 20 Prozent aller befragten Erwachsenen, keine Freunde zu haben, 50 Prozent hatten zwischen ein bis vier Freundschaften, 19 Prozent mindestens fünf und maximal neun Freunde, etwa 11 Prozent hatten zehn oder mehr Freunde. Die wichtigsten Bezugspersonen sind jedoch Verwandte. Sie werden bei Familienfesten oder zu Weihnachten bevorzugt eingeladen. Die verwandtschaftliche Bindung zeigt sich vor allem in gegenseitiger Hilfe. Als Beistand bei psychischen Problemen gelten sie allerdings eher als ungeeignet, dafür gewähren sie Unterstützung im Krankheitsfall.[38]

Während Frauen in ihrem Wohnumfeld Kontakte knüpfen, um sich gegenseitig den Alltag zu erleichtern und die häusliche Isolation aufzubrechen, und sie zudem häufig mit ein paar ausgewählten Kolleginnen ein persönliches Verhältnis aufbauen, scheint zwischen Männern oft kein Funke überzuspringen. Im Klima von Büros, Konferenzen und Werkhallen gedeihen selten Männerfreundschaften. Auch beim gemeinsamen Pendeln mit Kollegen im Intercity oder auf Geschäftsreisen blieb die Unterscheidung zwischen Privatem und Beruflichem strikt gewahrt, bekunden viele Gesprächspartner. Nun, da im Ruhestand Einfluss und Position entfallen, zeigt sich mitunter deutlich, wie oberflächlich und zweckgerichtet die kollegiale Verbundenheit war. »Ich glaube, Männer reagieren oft auf zweifache Weise. Nach außen: ›Ach, das war sowieso lästig. Da musste man immer rumstehen und Small Talk machen.‹ Die innere Reaktion aber ist: ›Schade, ich bin nicht mehr so gefragt‹«, deutet Barbara Langmaack die Fassade souveräner Gelassenheit, hinter der manche Männer ihre Verletzung verstecken.

Auch die ständige Anwesenheit des Partners und eventuell der Umzug in eine kleinere Wohnung führen mitunter dazu, dass sich Kontakte verlieren. »Früher habe ich öfter Freundinnen eingeladen, heute kaum noch. Mein Mann ist sehr lärmempfindlich. Wenn wir schwatzen und lachen, spüre ich durch die Wände förmlich sein Missfallen. Es klingt gemein, aber es stört einfach, dass er nebenan sitzt«, schildert eine 64-jährige pensionierte Lehrerin einen besonders bei Frauen anklingenden Konflikt. Der Partner scheint nur »dosiert« in den eigenen Kreis hineinzupassen oder entzieht sich selbst der Eingemeindung.

Mitunter reagiert er auch mit Eifersucht auf das private Netzwerk. Seit ihr 81-jähriger Mann in Rente sei, nehme seine Angst, zu kurz zu kommen, schon mal tyrannische Züge an, erzählt eine 72-Jährige: »Er will mich für sich haben. Ich bin auch schon angerufen worden von ihm: Wann kommst du endlich nach Hause? Er klagt, unsere Enkelinnen kämen nur zu mir, und unsere beiden Kinder würden nur mit mir telefonieren. Wenn ich vorschlage, sie anzurufen, antwortet er: ›Die sind ja doch nicht da.‹«

Manchmal dient die Ungeselligkeit des Partners vermutlich auch der eigenen Entlastung: Unattraktive Einladungen können leichter abgesagt werden, wenn man als Entschuldigung anführt, den ruhebedürftigen Partner nicht allein daheim lassen zu wollen. Vor allem Frauen äußern sich jedoch oft bedrückt über die fehlenden Freundschaften ihres Mannes und dessen halbherzige Anläufe, seine Isolation aufzuheben. Enttäuscht, dass auf ihre Vorschläge, er könne doch die Initiative ergreifen, nur wenig Echo erfolgt, nehmen einige Frauen das soziale Leben ihres Mannes selbst in die Hand und organisieren für ihn neue Kontakte. Doch die Anschubhilfe erweist sich meist als wenig erfolgreich. Hartnäckig entziehen sich einige Männer der Fürsorge, andere sind froh, dass die Rührigkeit ihrer Frau für zwei reicht, und belassen es trotz ihrer überschüssigen Zeit dabei, dass ihre Frau für alles Private zuständig ist.

In beruflich höheren Etagen bestimmt oft die Position des Mannes den sozialen Umgang. Seine Stellung fungiert für manche Ehefrauen als Türöffner. Dass ihr gesellschaftliches Prestige nach der Pensionierung ihres Mannes sinkt, führt Frauen mitunter kränkend vor Augen, wie wenig das Interesse ihrer eigenen Person galt. Schlimmstenfalls verübeln sie ihrem Partner die Degradierung. Ohne die Entourage der VIPs schrumpft er in ihren Augen auf enttäuschendes Normalmaß.

Trennen sich Paare oder stirbt ein Partner, werden ehemalige Gattinnen vom gemeinsamen Freundes- und Bekanntenkreis schneller aussortiert als geschiedene Männer oder Witwer. »Ich störe jetzt die Tischordnung« – diese schmerzliche Erfahrung machen alleinstehende Frauen häufiger.

Auch Nachbarschaften werden am intensivsten von Paaren gepflegt. Während Treffen mit ehemaligen Kollegen häufig über kurz oder lang versanden und im fortschreitenden Alter Freundschaften stärker dem Gesichtspunkt unterzogen werden, wie viel Mühe es beiderseits macht, sich zu sehen, intensiviert sich nach der Pensionierung häufig der Kontakt zu Nachbarn. Sie haben den Vorteil des kurzen Weges; kleine Handreichungen erleichtern den Alltag. Je älter man wird, desto wichtiger ist es, dass jemand im Notfall einspringen kann.

Für Ledige sind Freunde bis ins hohe Alter die wichtigsten Bezugspartner. Der enge Kontakt zu den Eltern wird nach deren Tod oft durch den Kontakt zu Verwandten, vor allem zu Geschwistern, ersetzt. Studien- und Arbeitskollegen, Bekannte und Nachbarn bleiben Randfiguren.[39] Jedoch allenfalls zehn Prozent der über 65-jährigen alleinstehenden Männer und Frauen leben einsam und isoliert.[40]

Gustav Scheve: »Ein Rest Selbstbestimmung muss sein.« – Charlotte Scheve: »Wenn ich einen Plan habe, will ich den auch durchziehen.«

Das erste Gespräch führe ich mit dem 67-jährigen ehemaligen Verlagslektor allein, da seine Frau noch zwei Stunden Geigenunterricht gibt. Zum Abschied vom Berufsleben haben ihm seine Kollegen einen Liegestuhl geschenkt, er habe ihn jedoch als gutgemeinte Ruhigstellung betrachtet und noch kaum benutzt, erzählt Gustav Scheve, ein Mann mit lichtem Haarkranz und einem sensiblen, fast mimosenhaft empfindsamen Gesicht. Charlotte Scheve sieht müde aus, als wir abends zu dritt das Gespräch fortsetzen. Groß, im knöchellangen Folklorekleid, das dunkle Haar zusammengebunden, ist die 62-jährige Musikerin eine auffallende, etwas entrückt wirkende Frau.

Mein Vorhaben, sie noch einmal allein zu sprechen, gebe ich angesichts ihres vollbesetzten Terminkalenders auf.

Etliche Zeit nach unserem Gespräch informiert mich Gustav Scheve über den Fortgang seines Projektes, schriftliche Selbstporträts seiner ehemaligen Klassenkameraden zu sammeln: »Scherzhaft wirft mir meine Frau Rückwärtsgewandtheit vor und unterstelle ich ihr Geschichtsvergessenheit.«

Gustav Scheve

Mein Abschied vom Verlag war nüchtern. Man hat mich herauskomplimentiert. McKinsey hatte festgestellt, dass zehn Prozent der Mitarbeiter eingespart werden müssten. Und da ich schon 63 war, wurde mir gesagt: »Bei Ihnen tut es ja nicht weh. Sie haben vielleicht ein paar Prozent weniger Rente, aber das merken Sie gar nicht.« Als ich mich sträubte, hieß es: »Dann muss Ihr Kollege gehen, der drei Kinder hat.« Das konnte ich nicht verantworten. Dass sie glaubten, auf mich vorzeitig verzichten zu können, hat natürlich mein Ego gekränkt. Deshalb habe ich eine offizielle Abschiedsfeier abgelehnt. Am 1. Dezember 1999 bin ich zum letzten Mal in meinem Büro gewesen. Wir haben diesen Tag dann privat bei uns zu Hause gefeiert mit den Kollegen, die mir in meinen fast 40 Lektorenjahren persönlich nahe standen. Ich denke gern an das Datum. Denn als der letzte Besucher gerade gegangen war, klingelte es, und unser Sohn stand vor der Tür. Er war für diesen Tag extra aus Amerika gekommen.

Ich habe danach ernsthaft begonnen, noch einmal zu studieren. Zwei Semester lang habe ich Seminare besucht. Das ging auch prima, obwohl ich merkte, wie viel mehr Zeit als früher es braucht, systematisch zu lernen. Ich habe Linguistik gewählt, weil ich wenigstens nachträglich gern ein theoretisches Fundament für mein Sprachempfinden gehabt hätte. In meinem Beruf konnte ich immer nur sagen: »So klingt es gut. So geht es nicht.« Aber ich konnte das nicht wissenschaftlich begründen. Der Plan, nochmals zu studieren, war jedoch eine Illusion. In ein Studium muss man sich richtig reinknien. Erstens hätte ich dann als nunmehr freier Lektor nichts hinzuverdienen können. Und ein Zweitstudium ist teuer. So viel Geld will ich nicht für mich beanspruchen. Zweitens ließ es sich nicht mit meiner Familie vereinbaren. Wenn es hieß: »Du könntest ja vielleicht die Enkel hüten«, und ich sagte, »aber bei mir hat gerade das Semester angefangen«, bekam ich Schuldgefühle. Natürlich dachten auch alle: »Wieso will er mit Mitte 60 noch studieren?«

Der dritte und wichtigste Grund ist: Ich möchte meiner Frau ermöglichen, sich mehr als früher beruflich zu entfalten. Sie ist ausgebildete Konzertgeigerin und so begabt, dass sie nach der Hochschule sicher sofort eine gute Orchesterstelle bekommen hätte. Weil Orchestermusiker bis tief in die Nacht unterwegs sind, hat meine Frau der Kinder zuliebe auf eine feste Stelle verzichtet und freiberuflich gearbeitet. Damit ich mittags zu Hause sein konnte, wenn die Kinder aus der Schule kamen, und nicht erst abends erfuhr, wie es war, haben wir ein Haus in Fußnähe des Verlages gekauft. Ich fand es immer ungerecht, wenn Männer ins Büro entschwanden und die Frauen zu Hause alles allein bewältigen mussten. Ich weiß, wie anstrengend das ist. Ich konnte im Büro zur Sekretärin sagen: »Es passt jetzt gar nicht. Ich möchte eine Stunde ungestört sein.« Mit Kindern ist man pausenlos fremdbestimmt, ist seelisch viel mehr involviert. Natürlich trug ich die Verantwortung für den Familienunterhalt. Ich durfte nichts riskieren. Das drückt gewaltig. Aber ich konnte mich jahrzehntelang beruflich gut entfalten – meine Frau nicht. Darum fände ich es völlig unfair, wenn sie jetzt gebremst würde.

Charlotte hat vor vier Jahren noch zusätzlich Barockgeige gelernt und spielt an mindestens vier Abenden in der Woche. Sie ist auf ihre alten Tage noch richtig erfolgreich, ist die Zierde und das Zugpferd in jedem Orchester. Die Leute wollen sie haben, sie hören. Also bin ich eine Art Hausmann. Dieser Wechsel ist mir anfangs nicht leicht gefallen. Wenn man in den Ruhestand geht, meinen viele, die große Freiheit beginnt: »Du kannst ja jetzt machen, was du willst.« Ich antworte: »Das kann ich natürlich nicht. Ich lebe doch als Teil unserer Dyade.«

In den letzten Jahren sind die Frage, wie viel Freiheit einer dem andern lässt, und das Thema »sich durchsetzen« für mich sehr wichtig geworden. Das große Erlebnis ist ja, dass Männer nach der Pensionierung plötzlich tagaus, tagein in der häuslichen Sphäre der Frauen leben. Männer haben oft Angst davor und finden sich da nicht richtig rein. Sie fühlen sich inkompetent, impotent. In seiner beruflich aktiven Zeit war ein Mann mindestens drei Viertel des Tages außer Haus, und plötzlich ist er zu hundert Prozent in der Welt, dem Haus, dem Garten seiner Frau. Zur selben Zeit verliert der Mann seinen beruflichen Status. Er sitzt nicht mehr an seinen gewohnten Hebeln der Macht. Und dann ist da auch noch jemand zu Hause, der mit sämtlichen Maschinen umgehen kann. Die beherrscht meine Frau besser – nach ihren Regeln. Ich würde vieles im Haus ganz anders organisieren.

Früher, als ich ins Büro ging, habe ich selber bestimmen können, was ich mache, wann und in welchem Tempo. Ich war autonom. Ich kann es nicht leiden, wenn man mir Vorschläge macht, um die ich nicht gebeten habe. Meine Frau findet, ich lese zu viel Zeitung. Sie findet das sinnlos. Wenn sie sagt: »Sauge mal das Haus durch«, dann mache ich das ohne Widerrede. Allerdings teile ich mir das so ein, wie ich es will. Ich möchte nicht vorgeschrieben bekommen: »Aber jetzt!« Ich will nicht infantilisiert werden. Ein Rest Selbstbestimmung muss sein. Deshalb fragt sie mich wahrscheinlich manchmal gar nicht erst, sondern quält sich selber. Und dann sitze ich da mit schlechtem Gewissen und spüre ihren Unmut. Ich könnte natürlich den Schluss daraus ziehen, dass ich von mir aus zum Staubsauger greife. Ich habe jedoch einen anderen Schmutzpegel als sie. Mich stören andere Dinge. Eine Küche mit schmutzigem Geschirr ist für mich ein Abgrund. Das muss sofort beseitigt werden. Seit ich in Rente bin, mache ich nach dem Essen die Küche sauber – während mich Krümelkram auf dem Boden nicht stört. Ich könnte mir sagen: »Das betrachtet Charlotte jetzt schon als grenzwertig. Also, Staubsauger her!« Aber das ist natürlich eine Form der Anpassung, die für mich zu weit geht.

Wenn jemand erklärt, man muss sich eben durchsetzen, und ich frage: »Wie meinst du das? Sich durchsetzen, heißt doch: seinen eigenen gegen den Willen des anderen durchsetzen, also, jemandem etwas aufzwingen«, sind manche erstaunt und sagen: »Nee, so meine ich das natürlich nicht.« Aber da gibt es eigentlich nichts zu rütteln: Sich durchsetzen heißt: Macht ausüben zum eigenen Vorteil. Ein Beispiel ist unser Hund. Ich fühle mich eingeengt durch den Hund. Ich kenne etliche Männer, die tolerieren den Hund ihrer Frau, aber sie empfinden ihn als Freiheitsberaubung. Ein bisschen geht es mir auch so. Wir sind durch den Hund gebunden, können ihn nicht länger als fünf Stunden allein lassen. Aber meine Frau verkümmert, wenn sie keinen Hund hat. Das habe ich erlebt und deshalb selbst dafür gesorgt, dass sie diesen Hund, unseren siebten, hat. Charlottes Liebe zu dem Tier zählt viel mehr als mein bisschen Verzicht. Darauf zu drängen, ihn abzuschaffen, ginge nur durch Krieg. Das ist es mir nicht wert.

Ich bin heute nachdenklicher als früher, was Machtausübung anrichtet. In jungen Jahren habe ich meine berufliche Macht sicher auch genossen. Die meisten Autoren wissen: Wenn ich am Lektor nicht vorbeikomme, hat mein Manuskript keine Chance. Als junger Mensch habe ich draufgehauen, wenn ich überzeugt war, das taugt nichts. Je älter ich wurde, desto schonender habe ich Ablehnungen formuliert.

Ich habe meinen Beruf sehr gemocht. Ich wurde für etwas bezahlt, was ich sowieso gern tue, nämlich lesen und mir über Texte ein Urteil bilden. Die Gespräche mit Kollegen im Büro, auf dem Flur vermisse ich sehr. Nach meiner Pensionierung ging ich anfangs jede Woche in den Verlag. Inzwischen gehe ich nur noch einmal im Monat hin. Wenn ich etwas zu besprechen habe, mache ich es möglichst kurz. Ich will anderen nicht die Zeit stehlen. Im Vorbeigehen, am Kaffeeautomaten ergibt sich manchmal ein Gespräch. Es gibt auch Kollegen, die sagen: »Kommen Sie doch rein!« Und dann machen sie die Tür zu, und es wird geklatscht. Leider ist der Kontakt zu den meisten meiner früheren Kollegen eingeschlafen. Einige wohnen weit weg. Ich bin familiär eingebunden, meine Kollegen sind fast alle geschieden, weil man in diesem Beruf eigentlich ständig arbeiten kann, und es dann auch tut. Irgendwann fällt der Satz: »Bist du mit dem Verlag verheiratet oder mit mir?« Wenn der Mann auch noch im Urlaub im Strandkorb Manuskripte redigiert, packen Frauen schließlich die Koffer. Ich war da eine Ausnahme.

Einsam unter meiner Lampe 450 Manuskriptseiten vor mir zu haben, ist für mich auch heute eine Form von Glück. Ich sitze etwa sechs Stunden täglich am Schreibtisch. Beim Rasenmähen oder solchen Dingen denke ich immer nur: »Was könnte ich jetzt da oben machen?« Ich weiß, das lange Sitzen am Schreibtisch ist ungesund. Hin und wieder überlege ich schon: Wie wäre denn ein Leben, das mehr nach außen gerichtet ist?

Es gibt auch Nachmittage, die verdaddele ich, zum Beispiel wenn unsere Enkel da sind. Ich lasse mich ablenken, aber sogenannte Hobbys habe ich nicht. Hobbys dienen zur Unterhaltung, zum Zeitvertreib. Und ich habe keine Zeit zu vertreiben. Ich habe das Gefühl von Getriebensein, weil die verbleibende Lebensspanne ja sehr überschaubar ist. Ich gestehe mir die durchschnittliche Lebenserwartung für Männer zu, die liegt ungefähr bei 75 – kommt mir heute ziemlich begrenzt vor. Wenn man sich sagt, in acht Jahren ist hier alles aus, vorbei, dunkel, stellt sich schon die Frage: »Machst du denn genug aus deinem Leben?« Ich bin noch nicht so weit, dass ich sage: »He, Junge, spielt doch gar keine Rolle. Enjoy life, solange du noch lebst.«

Ich habe immer noch Ziele, ein Biografieprojekt, das ich verwirklichen will. Ich habe mich gefragt: Wie kam es eigentlich, dass ich diesen Beruf gewählt habe? Ich hatte das Glück, dass ich von der Sexta bis zum Abitur einen ausgezeichneten Deutschlehrer hatte. Dessen Leben habe ich nachgeforscht, und dabei wurde mir bewusst, was für ein breites Spektrum an Literatur dieser Lehrer uns nahegebracht hat. Unsere Klasse trifft sich seit dem Abitur jedes Jahr. Ich habe meine Klassenkameraden aufgefordert, von sich zu erzählen, und recherchiere außerdem die Biografien aller unserer Lehrer, um daraus einen Privatdruck zu machen. Ich stellte fest, dass ich fast nichts von meinen Klassenkameraden wusste. Nun bahnen sich neue Freundschaften an.

Charlotte fällt es schwer zu akzeptieren, dass ich in meinem Arbeitszimmer nicht gestört werden will. Sie drängt auch darauf, ich solle es doch verschönern. Ich möchte aber kein elegantes Arbeitszimmer, sondern eine Werkstatt.

Seit ich in Rente bin, verbringen wir natürlich mehr Zeit zusammen. Wir gehen mit dem Hund spazieren und täglich schwimmen. Abends setzen wir uns mit einem Glas Wein zusammen und reden. Unsere Hauptthemen sind die Kinder, manchmal auch berufliche Dinge. Wir haben nicht viele deckungsgleiche Interessen. Reisen sind wegen des Geldes und des Hundes problematisch. Wir gehen fast nie gemeinsam ins Theater, kaum ins Kino, selten in Konzerte. Musik hilft mir nicht, die Welt zu verstehen. Aber ich habe es stets sehr geschätzt, dass meine Frau ein völlig anderer Mensch ist. Sie hat eine große Fähigkeit, Schönheit, Besonderes zu sehen und zu entdecken. Sie hat diesen Schönheitssinn auch in unsere Kinder gelegt. Ich habe eine viel düsterere Weltsicht, bin moralistischer. Eine Zeit lang habe ich gemalt, aber meine Bilder so gut wie nie jemandem gezeigt. Dass sie jetzt in unserem Haus hängen, ist auf meine Frau zurückzuführen.

Übers Alter reden wir täglich. Dass ich eines Tages vielleicht allein übrig bleibe, will ich mir gar nicht vorstellen. Es gilt in der Familie als ausgemacht: Papa wird vor Mama sterben. Ich rechne damit, die Statistik spricht dafür, es kann jedoch auch anders kommen. Das Altwerden beobachtet man natürlich bei anderen Menschen klarer als bei sich selbst. Aber es gibt immer wieder Zwischenfälle, an denen man merkt, dass plötzlich das Wörtchen »noch« eine prekäre Bedeutung bekommt. Ich kenne viele, die dem Alter sozusagen auf der Lauer liegen. Es gibt die optimistischen und die pessimistischen. Ich halte es mit dem Chansonnier Maurice Chevalier. Er wurde gefragt, wie er mit dem Alter fertig werde und antwortete: »Very well, considering the alternative« – sehr gut, wenn man die Alternative berücksichtigt. Ich finde, man muss alles mobilisieren, um im

Alter nicht nur Verlust, Verfall, Untergang zu sehen. Mein Vater ist gefallen, da war er zwei Jahre jünger als mein Sohn jetzt. Auch unter diesem Aspekt bin ich dagegen, Alter als ständigen Verlust zu sehen. Es geht uns gut. Das muss man nutzen. An diesem Thema reiben Charlotte und ich uns oft. Sie sieht am Alter das Negative. Wenn sie den Schlüssel verlegt hat, sagt sie: »Alzheimer!« Ich sage ihr: »Du hast auch früher ständig was gesucht.« Natürlich, sie hat Arthrose, Gelenkschmerzen, ihre Geige wird dem mal zum Opfer fallen. Damit muss man eben leben. Als geborener Pessimist nehme ich das Alter leichter an, stelle mich stoischer auf den Verfall ein.

Bald wird unser Haus für uns zu groß und die Treppen werden zu beschwerlich sein. Falls mein Schwiegersohn hier eine Stelle bekommt, wird vielleicht unsere Tochter mit ihrer Familie in dieses Haus einziehen, und wir werden hinten auf dem Grundstück so etwas wie ein Altenteil für uns bauen. Unsere Tochter könnte wieder berufstätig werden, die Kinder könnten nach der Schule zu uns kommen. Unsere Tochter wird natürlich die Hauptlast tragen, wenn wir mal so richtig alt sind. Sie fühlt sich sicher verantwortlich, aber wir werden schriftlich fixieren, dass sie uns ins Heim gibt, wenn wir Alzheimer bekommen.

Noch bin ich gesund und habe etliche Zukunftspläne. Sie müssen jedoch nicht unbedingt verwirklicht werden. Wenn man nicht mehr die Berufsroutine hat, stellt sich ja oft heraus, dass man gar nicht so schöpferisch ist.

Charlotte Scheve

Es tat mir weh, dass Gustav aufhören musste. Ich fand es eine fürchterliche Ungerechtigkeit. Aber ich denke, sein Leben könnte jetzt leichter sein. Er kann sich den Dingen widmen, die er gerne tut, und das lesen, was er möchte. Doch eigentlich ist er genauso unter Druck wie früher. Gustav hat immer Projekte. Und es ist manchmal nicht klar, ob sie klappen. Ich habe es immer gern gehabt, wenn er zu Hause ist, mir war es nie wichtig, dass ich mein eigenes Reich habe. Ich könnte im Haus ständig umziehen, alles umkrempeln, möchte möglichst keine

Gleichmäßigkeit. Mir gefällt es auch jetzt, dass Gustav da ist. Was mich allerdings aufregt, ist der Zustand seines Arbeitszimmers. Das ist noch viel schlimmer geworden, da er nun alles ohne Sekretärin selbst verwaltet. Er findet jedoch, dass ich in seinem Zimmer nichts zu suchen habe, und ist oft wütend, wenn ich einfach hereinplatze. Er will seinen Raum, seine Freiheit verteidigen. Das hatten wir früher nicht. Für mich ist nicht meins meins. Ich hatte nie ein eigenes Zimmer. Ich würde sein Zimmer gern streichen, einen Bodenbelag reinlegen, einen modernen Schreibtisch kaufen. Er lässt es mutwillig verlottern, hat wohl den Überblick nicht mehr.

Auf gewisse Dinge reagiere ich allergischer. Wir streiten uns häufiger, immer wieder wegen der gleichen Dinge. Gustav hat sich verändert, weil er keine Kollegen mehr hat, mit denen er auch mal lachen kann. Wir beide lachen gemeinsam nicht so viel. Ich jammere, stöhne oft, weil so viel im Haus zu machen ist. Zu dem, was ich will – vor allem zum Geigen – komme ich nicht. Und dann kriegt er das ab. Jetzt muss er ja auch vieles, was ich nicht mehr kann, übernehmen. Wegen meiner Handgelenke kann ich nicht mehr so viel schleppen. Marmeladengläser öffnen, Rasenmähen, die Tücken des Computers: Dauernd nerve ich ihn mit solchen Sachen. Wenn ich einen Plan habe, will ich ihn auch durchziehen. Er sagt: »Hat doch Zeit«, ich solle mich nicht damit belasten. Aber dann bleibt es liegen, und ich werde grantig. Da bin ich ständig im Konflikt: Ich möchte, dass er die Dinge macht, die ich jetzt körperlich nicht mehr so gut kann. Andererseits will ich es auch wieder nicht, weil ich weiß, er hat was anderes zu tun. Und das ist doch viel wichtiger als der blöde Haushalt. Gustav übernimmt zudem ja den ganzen bürokratischen Schreibkram, um den ich mich nicht kümmere. Deshalb denke ich: Ich muss die primitiven Sachen schon selbst hinkriegen – oder lernen, sie links liegen zu lassen. Aber das kann ich nicht so gut. Mein Mann kriegt jetzt viel mehr von meinem Ärger ab und mit. Das beste Mittel dagegen ist mein Beruf. Wenn ich von Proben wiederkomme und in einem Konzert gespielt habe, bin ich den Druck los und ein anderer Mensch.

Unser Sohn lebt mit seiner Familie in den USA. Ich fahre demnächst hin, muss ihn endlich mal wieder sehen, anfassen. Mit meiner Tochter, die in der Nähe wohnt, telefoniere ich täglich. Gustav wartet, bis sie anruft. Ich rufe selbst an. Oft will ich gar nichts Konkretes mit ihr bereden, sondern nur hören, wie die Stimmung ist, was sie vorhat, wie die Kinderchen waren. Ich höre einfach gern ihre Stimme, möchte ausdrücken: »Ich denk' an dich.« Manchmal telefonieren wir eine ganze Stunde. Aber ich mache parallel immer noch etwas anderes. Gustav könnte das nicht aushalten. Wenn er wüsste, dass jemand gleichzeitig abwäscht, würde er auflegen. Das empfindet er als Missachtung. Aber wenn's eilig ist, putze ich beim Telefonieren mit unserer Tochter manchmal sogar die Zähne. Oder man kocht und redet dabei. Meine Tochter macht das auch, weil man sonst zu wenig Zeit hat.

Dass ich schon Großmutter bin, kann ich mir allerdings nicht vorstellen. Ich bin in meine Generation gefühlsmäßig nicht integriert, manchmal erschrecke ich über die erloschenen Gesichter Gleichaltriger. Ich würde gern mit meinem Mann fremde Länder erforschen, gemeinsam durch Frankreich oder Spanien juckeln und dann auf Campingplätzen wohnen. Und ich stelle mir vor, dass wir den Garten zusammen pflegen, wenn die Kräfte einmal weniger werden.

Wenn man nicht mehr arbeitet, darf man ja endlich den Tag so gestalten wie man möchte. Ich würde vermissen, dass man keine Außenkontakte mehr hat. Ich sehe es ja bei meinem Mann: Vom Verlag kommt keiner vorbei. Meine Schüler, die drei Ensembles, in denen ich spiele, machen mein Leben erst richtig lebendig. Für mich wird es schon ein Einbruch sein, wenn ich nicht mehr öffentlich geigen kann. Ich werde die Geige dann wahrscheinlich in die Ecke stellen. Wenn es nicht mehr gut ist, mache ich mit dem Geigen Schluss. Ich werde meine, unsere Freundschaften wieder aktivieren, für die wir jetzt zu wenig Zeit haben. Darauf freue ich mich.

Karen Quandt: »Wir treffen uns auf einem immer niedrigeren Level.«

Drei Tage Berlin, in ihrer Ehe die erste Reise allein. Brennend vor Neugier erobert sich Karen Quandt die fremde Stadt. Begeistert bringt sie von ihren Streifzügen immer neue Kleinigkeiten mit, die wie die Farben ihrer Kleidung das künstlerische Naturell der hübschen, dunkelhaarigen, 48-jährigen Juristin erkennen lassen. Einige Wochen nach unserem Gespräch hat Karen Quandt ihren Wunsch verwirklicht, nach der Pensionierung ihres Mannes beruflich voll einzusteigen. In einer E-Mail schreibt sie mir, dass sie mit einer Kollegin eine Anwaltskanzlei eröffnet habe, und fügt hinzu: »Zu Hause ist es etwas schwierig. Mein Mann hat zwar eingesehen, dass ich diese Tätigkeit nicht wieder aufgeben möchte, ist aber nicht sehr kooperativ. Er findet nicht den Draht zu den Kindern, obwohl es seine große Chance wäre, ihnen näher zu kommen. Er scheint sehr unglücklich, dass ihm jetzt alle Felle davonschwimmen: Frau geht arbeiten, und mit den Kindern klappt es auch nicht. Aber vielleicht spielt es sich ja noch ein, zumal ich nach der Einarbeitungsphase reduzieren möchte auf drei bis vier Tage pro Woche. Die Kinder freuen sich zwar mit mir, aber sie zeigen mir auch, wie sehr sie mich für Gespräche brauchen.«

Wir sind seit 22 Jahren verheiratet, und mein Mann war nie zu Hause. Jetzt habe ich den umgekehrten Fall: Mein Mann ist immer zu Hause und will, dass ich mich auf ihn einstelle. Er erwartet, dass ich ständig da bin. Ob ich in meinem Zimmer sitze oder im Haus dieses oder jenes mache, ist zweitrangig. 22 Jahre habe ich meinem Mann den Rücken frei gehalten, nun möchte ich mich beruflich entwickeln. Aber er verweigert jede Unterstützung. Manchmal frage ich mich: »Habe ich ihn früher falsch gesehen, oder hat er sich im Alter so verändert?«

Wir haben uns beim Skilaufen kennen gelernt. Ich verliebte mich in Christians Spontaneität, in seine Flexibilität. Mit ihm konnte man Pferde stehlen. Dass er 19 Jahre älter ist, war für mich damals kein Thema. Bedenken hatte ich nur wegen seiner drei Kinder, die bei seiner geschiedenen Frau lebten. Traute ich mir zu, notfalls die Mutter zu ersetzen? Ursprünglich hatte ich vor, meine Referendarszeit in München zu verbringen. Ich zog dann in die Kleinstadt, in der Christian als Chefarzt arbeitete, weil ich entschied: Der Mann ist mir jetzt wichtiger. Das war schon der erste Schritt, meine Pläne nach ihm zu richten.

1984, zwei Jahre nach unserer Hochzeit, wurde unser erster Sohn geboren. Ich habe freiberuflich gearbeitet, soweit es mit einem Säugling vereinbar war. 1989 zogen wir in den 6000-Seelen-Ort, in dem wir jetzt leben. Mein Mann war immerhin schon 53, und wir hofften, sein Stellenwechsel böte die Möglichkeit, dass er mehr Ruhe und Zeit für die Familie hat. Die Arbeit in der Klinik wurde jedoch immer mehr. Da wir noch zwei Kinder bekamen, vor 14 Jahren einen Sohn, ein Jahr später eine Tochter, und wir ein Haus bauten, habe ich erst sporadisch Notarsvertretungen übernommen, als unsere Jüngste aus dem Gröbsten raus war. Damals war ich der Meinung: »Ich habe nicht Kinder, um sie von anderen großziehen zu lassen.« Und mein Mann war sowieso vehement dagegen, dass ich arbeite. Er sagte: »Mein Einkommen reicht.« Er sah meine Arbeit unter dem Aspekt des Gehalts und nicht unter dem Gesichtspunkt beruflicher Befriedigung. Auch in unserem kleinstädtischen Umfeld hieß es: »Du hast Kinder, hast es doch nicht nötig, Geld zu verdienen.« Ich habe oft gesagt: »Andere Frauen gönnen sich diesen und jenen Luxus. Ich gönne mir den Luxus, berufstätig zu sein.« Unser Leben war im Prinzip völlig auf Christians Dienstplan abgestellt, und so habe ich mich damit getröstet, dass ich mich ja beruflich weiterentwickeln kann, wenn die Umstände es erlauben.

Als sein Ruhestand näher rückte, versuchte ich, mit ihm über seine Zukunftsvorstellungen zu reden. Mit dem Älterwerden der Kinder hatte ich meine Notarsvertretungen sukzessive gesteigert. Da mein Mann nach dem Dienst erschöpft war, begann ich, allein mit Freundinnen wegzugehen. Wenn er frei hatte, unternahmen wir immer etwas mit der gesamten Familie. Ich habe oft gesagt: »Wir sind nicht nur Eltern, sondern auch ein Paar.« Aber er meinte, er käme sich alt vor, wenn die

Kinder nicht dabei sind. An Christians letztem Arbeitstag freute ich mich auf zweierlei: Dass wir nun gemeinsam mehr unternehmen und dass er mich zu Hause entlasten würde, damit ich verstärkt berufstätig sein kann. Auch mein Mann war froh, nicht mehr so eingespannt zu sein. Aber ich glaube, er hatte auch Angst, mit Dingen konfrontiert zu werden, mit denen er vorher nichts zu tun hatte. Den Alltag mit drei Kindern kannte er ja gar nicht. Er hat nie gesehen, welchen Spagat ich machen musste, damit alles geregelt war, wenn er nach Hause kam. Neulich sagte er: »Im Krankenhaus ging's mir besser. Zu Hause ist so viel Hektik, so viel Trubel.«

Auch für mich ist der Alltag anstrengender geworden. Wenn ich vom Einkaufen komme, fragt er: »Wo warst du so lange?« Neulich habe ich mit den Kindern ein Konto eröffnet. Wir standen in einer Schlange, und er meinte: »Eine Stunde lang? Das kann doch gar nicht sein!«

Manchmal reagiere ich auf seine Kontrolle, seine Vorwürfe mit Wut. Mein Mann ist kein Machtmensch, niemand, der von oben herab befiehlt. Als Chefarzt war er jedoch immer weisungsbefugt. Die Mitarbeiter haben das getan, was er angeordnet oder mit ihnen besprochen hat. Diese Autorität hat er in der Familie nicht. Wenn den Kindern etwas nicht passt, geben sie Contra. Es fällt ihm schwer, sich mit ihren eigenständigen Ansichten auseinanderzusetzen. Unser ältester Sohn ist vor drei Jahren ausgezogen, einen Monat, so fällt mir gerade auf, nachdem mein Mann in Rente ging. In der Pubertät wurde unser Sohn sehr schwierig. Er hat gekifft, hielt sich zu Hause an keine Regeln. Mein Mann hat ihn ganz schnell abgeschrieben. Er hat nicht sein Verhalten verurteilt, sondern ihn als ganze Person verdammt und ihm vorgehalten: »Aus dir wird sowieso nichts mehr. Du bist für mich erledigt.« Das waren schreckliche Sätze. Ich habe versucht, nach beiden Seiten zu relativieren, gegenzusteuern. In dieser Zeit haben wir uns weit auseinandergelebt. Früher war Christian ein sehr liebevoller Vater. Merkwürdigerweise hat er sich von den Kindern zurückgezogen. Auch von deren Seite gibt es Vorbehalte. Sie wollen nicht, dass ihr Vater zu schulischen Veranstaltungen mitgeht. Sie stehen nicht drüber, wenn Klassenkameraden fragen: »Ist das dein Opa?« Ich glaube aber, es ist nicht nur Angst vor der Reaktion ihrer Mitschüler. Sie können mit ihrem Vater nicht mehr so viel anfangen. Er interessiert sich nicht für das, was sie tun, und ist entsetzt, wenn sie in ihre Hosen Löcher schneiden.

Manchmal empfinde ich Mitleid. Ich denke, mein Mann kann nicht über seinen Schatten springen. Er kann aus seinen Denk- und Handlungsstrukturen nicht mehr raus. Eine Ärztin sagte mir, seine Stimmungsschwankungen, seine Apathie, seine depressiven Phasen hingen auch mit seiner Diabetes zusammen. Erschwerend kommt hinzu: Er hört nicht mehr so gut. Für Krankheit, Gebrechen kann niemand was. Aber ich verübele meinem Mann, dass er die Diabetes nicht richtig behandeln lässt, und denke: »Kann er nicht – oder will er nicht hören?« Bei unangenehmen Fragen schaltet er sein Hörgerät mitunter einfach ab. In sein Alter kann ich mich zwar nicht hineinversetzen, doch ich sehe bei anderen, dass man durchaus noch Neugierde, Initiative entwickeln kann, und frage mich: »Ist er schon so erloschen? Oder hat zwischen uns ein Machtkampf begonnen mit der Frage: Wer gewinnt?« Mein Mann möchte, dass sich alles im häuslichen Umfeld abspielt. Aber ich will, mit Rücksicht auf die Kinder, vorankommen. Ich lasse mich nicht bremsen.

Wie Christians Tagesablauf aussieht, kann ich eigentlich gar nicht sagen. Sechs Mal im Monat arbeitet er weiterhin als Notarzt. Sonst steht er später auf als wir, frühstückt, liest Zeitung, geht in den Garten, beschäftigt sich mit seiner Uhrensammlung, kriegt den Vormittag irgendwie rum. Es ist seltsam: In seinen Sachen hat er oft großes Chaos, aber wenn von mir etwas herumliegt, beseitigt er das sofort. Abends guckt er häufig fern. Er hat im Prinzip viele Talente, und ich nahm an, er würde diese Begabungen ausbauen. Er kann gut töpfern, ist handwerklich sehr geschickt, hat für die Kinder ein Puppenhaus und einen Bauernhof gebaut. Und er spielt Gambe. Als ich zufälligerweise von einem älteren Herrn erfuhr, der auch Gambe spielt, habe ich den Kontakt hergestellt, ihn zum Essen eingeladen. Auch da wollte mein Mann mich regelmäßig dabeihaben. Zu meinem Bedauern schlief die Verbindung bald ein. Auf gesellschaftliche Beziehungen und Freundschaften hat Christian immer wenig Wert gelegt. Ich habe den Eindruck, aus Protest gegen meine vielen Kontakte blockt er nun alle ab. Was immer ich vorschlage, stößt auf Ablehnung: »Brauche ich nicht. Interessiert mich nicht.« Früher habe ich um des lieben Friedens willen ebenfalls verzichtet. Ich dachte: »Er muss sich auch irgendwann erholen.« Heute verzichte ich nicht mehr, beziehe ihn immer seltener mit ein. Je mehr Angebote ich mache, desto stärker wird seine Trotzreaktion: »Was du willst, mache ich schon gar nicht.«

Aus seiner Sicht bin ich ständig unterwegs. Einmal im Monat verkaufe ich ehrenamtlich in einem Dritte-Welt-Laden, ich bin im Kirchenvorstand, im Vorstand der Jugendakademie und überlege, wie ich als Anwältin wieder Fuß fassen kann. Christian ist natürlich auch unzufrieden, aber er verweigert sich jedem Gespräch. Er sagt: »Ich weiß schon, worauf das hinausläuft: Du willst dich trennen.« Wir reden nur noch über Alltagsdinge. Ich habe das Gefühl, wir sind am Ende einer Schiene. Unsere Gemeinsamkeiten verlieren sich. Ab und zu gibt es ein paar Highlights, wo man Hoffnung schöpft. Aber es ist ein kontinuierlicher Abwärtstrend mit gelegentlichem Stillstand; wir treffen uns auf einem immer niedrigeren Level. Neulich habe ich einen Psychologen konsultiert. Der riet mir: »Versuchen Sie einmal ein Reframing: Legen Sie eine Woche fest, in der Sie keine Termine haben und stellen Sie sich ganz auf Ihren Mann ein. Vielleicht redet er dann einmal über seine Gefühle.«

Zu meinem Erstaunen ist Christian kürzlich allein verreist. Er war im Zentralmassiv in Frankreich, um Fossilien zu suchen, hat einen Monat allein in einem Häuschen verbracht. Ich habe ihm einen Brief geschrieben, in dem ich ihm von einem Konzert erzählte: »Ich hätte mir gewünscht, Dich dabei zu haben. Aber ich weiß gar nicht, ob es Dir gefallen hätte. Ich weiß eigentlich überhaupt nicht mehr, woran Du Freude hast. Du wünschst Dir nichts zum Geburtstag. Ich habe den Eindruck, Dein Lebensmotto ist: Es darf von allem etwas weniger sein.« Heute würde ich meiner Tochter abraten, einen so viel älteren Mann zu heiraten. Meine Eltern haben mich auch gewarnt. Aber wenn man verliebt ist, sieht man Trennendes nicht. Alter könnte ja auch Gewinn bedeuten: Erfahrung, Weisheit, Sicherheit. Man könnte sich auf das konzentrieren, was man ein Leben lang nicht machen konnte. Dass mein Mann vier Wochen allein zurechtkam, hat mich sehr ermutigt. Vielleicht können wir getrennte Wohnungen nehmen, damit wir die Konflikte entzerren und uns besser begegnen. Es sind ja bei uns keine anderen Partner im Spiel. Unsere Lebenspläne, Lebenswirklichkeiten sind nur so verschieden, dass es nicht mehr harmoniert.

Ein dreiviertel Jahr später teilt Karen Quandt mir mit, dass sie mit den Kindern ausgezogen sei. Ihr Mann ertrage den täglichen Lärmpegel einer Familie nicht. Ihren Vorschlag, dass er für sich eine kleine Zweitwohnung mietet, habe er abgelehnt.

Das Empty-Nest-Syndrom

Das Verhältnis zu erwachsenen Kindern

Für viele Eltern ist der Auszug der Kinder mit ambivalenten Gefühlen verbunden. Je nachdem, wie harmonisch oder konfliktreich die letzte Phase des gemeinsamen Familienlebens war, überwiegen Erleichterung oder Wehmut, dass ein Lebenskapitel unwiderruflich zu Ende geht. Dass Kinder auf eigenen Füßen stehen, wird von vielen Eltern als der normale Lauf der Dinge begrüßt. Andere bedauern die räumliche Entfernung. Wiederum andere versuchen, die Selbständigkeit ihrer Kinder zu verhindern, indem sie Druck ausüben oder Lockangebote machen. Einerseits froh über die Eigenständigkeit ihrer Kinder, andererseits traurig, sie aus der Obhut zu entlassen, ringen Eltern häufig mit dem Widerstreit von Gefühl und Vernunft. Keine Frage, dass die nächste Generation ihr eigenes Leben führen soll und muss. Doch was füllt die Lücke, die ihr Auszug hinterlässt?

Obwohl die Statistik mich darauf eingestimmt hatte, wie eng die Beziehung zwischen den Generationen bleibt, und ich selbst zu den Müttern gehöre, deren Sehnsuchtspegel nach zwei Wochen Funkstille nahezu stündlich steigt, hörte ich erstaunt zu, wenn Eltern von der engen Verbindung zu ihren erwachsenen Kindern und den vielen gemeinsamen Unternehmungen auch mit deren Familien erzählten.

Unabhängig davon, was man unter Liebe versteht und wie Zusammengehörigkeit gestaltet wird, von einer Krise, gar Auflösung der Familie kann keine Rede sein. Kinder bleiben lebenslang die beständigsten und einflussreichsten Bezugspersonen. Weder der Partner noch die Partnerin haben im Lebensverlauf eine so überragende Bedeutung wie die eigenen Kinder, konstatieren Fachleute. In dem Maße, wie sich der Austausch mit den eigenen greisen Eltern lockert, werden Kinder zu wichtigen Gesprächspartnern. Die Befürchtung von Eltern, dass Kinder sich nach dem Auszug spürbar abnabeln und allenfalls ab und zu zu Hause Pflichtbesuche machen, entspricht nicht der durchschnittlichen Erfahrung. Meist schwächt sich die enge Verbindung zwischen Eltern und Kindern nur unwesentlich ab, eher macht räumliche Distanz Platz für innere Nähe. Während sich Intimität zwischen Partnern darauf gründet, dass man gemeinsame Erfahrungen teilt, kann sich nach Auskunft von Familienexperten ein entspanntes und vertrauensvolles Verhältnis zwischen Eltern und Kindern oft erst entwickeln, wenn die Generationen nicht mehr zusammenwohnen.[41]

Der Anteil der Ruheständler, die die Gemeinsamkeit mit Kindern und Enkelkindern als Schlüsselerlebnis betonen, habe sich in den letzten 15 Jahren verdreifacht, so der Gesellschafts- und Freizeitforscher Horst Opaschowski. Entgegen allen Krisendiagnosen der Familie nehme im subjektiven Empfinden die Bedeutung der Familie zu, vor allem im Alter und vor allem für Männer. Der Kontakt zu Kindern und Enkeln gebe Ruheständlern das Gefühl, gebraucht zu werden, bringe Abwechslung in ihr Leben, vermittele Sicherheit und Rückhalt. In Zeiten des immer schnelleren technologischen und sozialen Wandels werde die Familie als letzter Hort der Geborgenheit empfunden. Die Rückbesinnung auf die Familie sei mitunter auch Zuflucht zu einem, wie es Opaschowski treffend formuliert, »Naherholungsort, in dem Menschen noch Zeit haben und sich Zeit schenken«[42].

Doch Forscher ermittelten auch, dass Eltern oft von engeren Beziehungen zu ihren Kindern berichten, als es umgekehrt der Fall ist. Eltern neigten dazu, die generationsüberbrückenden Gemeinsamkeiten und damit die Kontinuität hervorzuheben, wohingegen die junge Generation auf ihre Eigenständigkeit poche. In einer Umfrage von 1994 gab die Hälfte der Eltern an, ihre erwachsenen Kinder in »persönlich wichtige Dinge« einzubeziehen, aber nur ein Drittel der Kinder würde sich in dringenden Angelegenheiten an ihre Eltern wenden.[43]

Wie intensiv der Kontakt zu den Schwiegerkindern ist, hängt von der Zustimmung zu der Ehe der Kinder ab. Die Zufriedenheit über das Verhältnis zu den Kindern ist in den neuen Bundesländern höher als in den alten, was Forscher mit den unterschiedlich hohen Erwartungen an den Werdegang der Kinder und den Umgang miteinander erklären. Bildung hat keinen Einfluss auf die Kontakthäufigkeit, wohl aber prägt die Qualität der eigenen Kindheit das Verhältnis zur nächsten Generation. Eltern, die sich selbst gern an ihre Kindheit erinnern, haben signifikant häufiger Kontakt zu ihren Kindern als Eltern, die ihre Kindheit als unglücklich erlebten.[44]

Eine heile Welt freilich war die Familie nie und wird es nicht sein. »Unsere Zufriedenheit wächst auch daraus, dass wir die Ansprüche nicht mehr so hoch hängen. Ich habe gelernt, dass ich meinen Einfluss längst nicht so umfassend geltend machen kann, wie ich es mir vorgestellt habe«, formuliert eine meiner Gesprächspartnerinnen die bei vielen anklingende Enttäuschung, dass die Kinder einen anderen Weg einschlagen als den von den Eltern gewünschten. Die schlechten Berufsaussichten und die notgedrungen unsicheren Lebensentwürfe ihrer Kinder treiben viele Eltern um. Was für sie stets außerhalb der eigenen Lebenswelt war, rückt durch ihre erwachsenen Kinder bedrohlich nahe: Arbeitslosigkeit, Sozialhilfe, Ein-Euro-Jobs.

Mehrere Frauen deuten an, welche Toleranz es erfordere, die Partnerwahl der Kinder zu akzeptieren. Aus Furcht, ihre Kinder durch Kritik zu verprellen, wurden beim Gegenlesen der Interviews Bedenken, die sich auf ihren Werdegang bezogen, sehr viel sorgsamer abgewogen, als es bei Äußerungen über den Ehepartner der Fall war. Dass Väter ihrem Missfallen oft unverblümter Ausdruck verleihen und ihren Kindern auch mal die kalte Schulter zeigen, ist zwischen Partnern mitunter ein heftiger Konflikt.

Das Verhältnis von Eltern und Kindern tiefer auszuleuchten, würde den Rahmen des Buches sprengen. Existentielle Sorgen wie unheilbare Krankheiten, Suchtprobleme oder der Tod erwachsener Kinder bleiben ausgeklammert. Doch auch über kleinere Probleme zu reden, fällt Eltern häufig nicht leicht. »Außerhalb der eigenen vier Wände spricht man nicht gern über familiäre Konflikte. Da wird häufig die Fassade aufrecht erhalten. Enttäuschungen werden versachlicht: »Unsere Kinder, unsere Enkel haben ja auch gar keine Zeit‹«, schildert die Paartherapeutin Barbara Langmaack die Neigung mancher Eltern, Außenstehenden die Sonnenseite ihres Familienlebens zu präsentieren und sich mit wohlgeratenen Kindern zu schmücken.

Nach verschiedenen Studien besteht zwischen Mutter und erwachsener Tochter eine engere emotionale Bindung, zumindest ein intensiverer Austausch als zwischen Sohn und Mutter, beziehungsweise Vater und Tochter. Tendenziell nähern sich Eltern und erwachsene Kinder in ihrer Einstellung zu wichtigen Themen mit den Jahren immer mehr an. Gerade in einer Zeit, die von jungen Menschen hohe Mobilität erfordert, beweist die geringe Entfernung zwischen den Wohnungen von Eltern und Kindern, wie verflochten die Generationen bleiben. Auch die Statistik spricht dagegen, dass wir uns zu Global Playern eignen. Etwa ein Viertel der 55- bis 69-Jährigen und etwa acht Prozent der 70- bis 85-Jährigen leben mit ihren Kindern unter einem Dach, meist in getrennten Haushalten. Lediglich bei zehn Prozent der 70- bis 85-jährigen Eltern ist keines ihrer Kinder binnen zwei Autostunden erreichbar.[45]

»Wenn eine Mutter die stärkste emotionale Beziehung über die Kinder bekommt, wird sie natürlich alles tun, um diese enge Beziehung nicht zu beenden. Oft zum Schaden der Kinder, die nicht wissen, wie sie sich abgrenzen können«, beschreibt der Paartherapeut Robert Bolz die Kehrseite familiärer Geborgenheit. Jahrzehntelang zuständig für andere, haben Frauen die Konzentration auf ihre eigenen Ziele mitunter verlernt. Indem sie die Mutterrolle fortsetzen, suchen sie die Bestätigung, die sie auf anderen Gebieten nicht mehr erwarten. Aber auch Väter haben oft Angst vor dem leeren Nest. Nicht wenige Paare, erläutert Robert Bolz, stürze die Entbindung von bisherigen Familienaufgaben und die plötzliche Zweisamkeit in eine Krise: »Wenn das jüngste Kind aus dem Haus geht, zeigt sich ganz offen: Sind die beiden nur Eltern gewesen? Haben sie ihre Partnerschaft vernachlässigt? In diesem Fall ist es schwierig, sie neu zu beleben. Wenn dann noch Zärtlichkeit, Erotik, Sexualität seit Jahren gar nicht oder äußerst reduziert gelebt wurden, entwickeln sich in diesem Alter oft Nebenbeziehungen.«

Wenn sich die Wohnung leert und zeitliche Absprachen mit der Familie nicht mehr notwendig sind, genießen auch viele Paare die neuen Möglichkeiten. Besonders Frauen erleben manchmal einen Energieschub und Freiheitsrausch. Einigen gelingt es, beruflich nochmals durchzustarten, andere entdecken ihre Interessen. Nach dem Auszug der Kinder haben nicht wenige Frauen zum ersten Mal in ihrer Ehe ein eigenes Zimmer und damit einen ungestörten Rückzugsbereich. Gleichwohl nehmen Kinder und ihre Familien meist weiterhin eine zentrale Stellung ein.

Sagt der Kontakt von Angehörigen auch nichts darüber aus, ob der Inhalt ein Miteinander, Nebeneinander oder Gegeneinander ist – eine Auflösung der Familie ist nicht zu befürchten. Nach einer Umfrage aus dem Jahr 1992 hatten 46 Prozent der älteren Bundesbürger täglich Kontakt mit einem Familienangehörigen, sei es persönlich oder telefonisch, und nur vier Prozent hatten keinerlei familiäre Verbindung mehr.[46]

Egal, wie alt die Kinder sind, ob sie selbst schon ergrauen oder für den Start ins unabhängige Leben ab und zu daheim auftanken, auf sie richtet sich die elterliche Aufmerksamkeit. Die gemeinsame Liebe zu den Kindern strahlt wiederum auf die Partnerschaft zurück. Der harmonisch verbrachte Tag im Kreis der Familie wird von Rentnern übereinstimmend als Glanzlicht und Höhepunkt in ihrem jetzigen Leben empfunden.

Das Verhältnis zu Enkeln

In der modernen Alternsforschung werden fünf verschiedene Großelterntypen unterschieden:
• Die formellen Großeltern treten nur ab und zu als Besuch und Schenkende in Erscheinung und mischen sich nicht in die familiären Angelegenheiten ihrer Kinder ein.

- Die distanzierten Großeltern wollen ihr Leben durch Enkel überhaupt nicht beeinträchtigen lassen.
- Andere Großeltern übernehmen die Rolle, ihren Enkeln kleine Fluchten aus dem Alltag zu bieten. Sie verwöhnen sie und spielen mit ihnen.
- Die vierte Gruppe von Großeltern fungiert als Ratgeber für Kinder und Enkel. Manche mischen sich ungefragt ein, andere warten ab, ob ihr Ratschlag erwünscht ist.
- Die Großeltern als Ersatzeltern übernehmen bei Bedarf die Erziehung der Enkel. Sterben Eltern, rücken häufig sie an deren Stelle. Ihre nochmalige Elternrolle durchkreuzt eigene Zukunftspläne und erfordert von den Großeltern, dass sie sich gerade dann auf ein Kind einstellen, wenn ihre Trauer um das eigene Kind am größten ist. Doch für viele Großeltern ist die zweite Elternschaft auch ein Trost. Nicht mehr eingespannt ins Berufsleben, holen Großväter mit ihren Enkeln oft Unternehmungen nach, die sie mangels Zeit, Geld oder Interesse mit ihren Kindern versäumten.

Auch in der Beziehung zu Enkeln zeigt sich, wie eng Familienbande sind. In einer aktuellen Studie über das Erwachsenenalter wurden 62- bis 64-jährige Großeltern befragt. Die Häufigkeit des Kontaktes unterschied sich in Ost- und Westdeutschland nur geringfügig. Nur etwa ein Drittel der Großeltern sah die Enkelkinder seltener als einmal im Monat. Auch als telefonische Gesprächspartner spielen Enkel eine große Rolle. Dass das Verhältnis zu den Enkeln stark von der Beziehung zu den eigenen Kindern geprägt wird, verwundert nicht.[47]

Die steigende Scheidungsrate in der jungen Elterngeneration führt dazu, dass sich vor allem die Eltern der geschiedenen Mütter verstärkt um ihre Enkel kümmern. Als »Feuerwehr« und konstante Bezugspersonen tragen Großeltern nicht nur im Falle von Scheidungen zur Stabilität der brüchiger gewordenen Kleinfamilie bei, häufig gleichen überhaupt sie das elterliche Defizit an Zeit und Zuwendung aus. Doch nicht immer beruht ihr Engagement auf selbstlosen Motiven. Neid, Unzufriedenheit, der Wunsch, Versäumtes nachzuholen und Fehler zu korrigieren, können ebenso Beweggründe sein. Mitunter werden Enkelkinder vom Partner auch als Rivalen betrachtet. Lange hat man die Ehefrau mit den eigenen Kindern geteilt. Nun will man sie endlich ganz für sich haben. Das beste Heilmittel gegen die Eifersucht des Partners ist, ihm die Gelegenheit zu geben, mit seinem Enkel selbst Schönes zu erleben. Sein Gefühl hintenanzustehen, schwächt sich vielleicht schon ab, wenn der »beliebtere« Großelternteil sich etwas zurücknimmt und dem Eifersüchtigen größeren Raum lässt, seine Beziehung zu den Enkeln zu gestalten. Dann kommen beide Großeltern in den Genuss, die zärtliche Komplizenschaft zu ihrem Enkel zu genießen: Die Alten haben kein strenges Pflichtenkorsett mehr, die Jungen haben es noch nicht.

Dorothea Lohmann: »Man muss die Tage lebenswert machen.« – Heiner Lohmann: »Ich bastele ständig etwas.«

Plötzlich, zwischen zwei Sätzen, steht Heiner Lohmann auf und holt einige kleine Segelschiffe, die er für seine Enkel geschnitzt hat. Auch die filigrane Armee auf dem Wohnzimmerregal, die Osterhasen und die daumengroße Prinzessin sind aus der Werkstatt des 65-Jährigen. Schlank, groß und so agil, dass man ihr die 72 Jahre nicht glauben mag, greift Dorothea Lohmann mehrmals nach dem Arm ihres Mannes und fährt lachend dazwischen, als er mit sichtlichem Vergnügen Pointen einstreut, die nicht auf Anhieb für Fremde verständlich sind.

Vor anderthalb Jahren zog das Ehepaar aus Sachsen in eine Randsiedlung von Neuruppin, drei Kilometer entfernt von Altruppin, wo ihr 44-jähriger Sohn und dessen Familie wohnen. Im Vorgärtchen der Erdgeschosswohnung sind die Gartenstühle schon rausgestellt, drinnen dominiert Orange die kräftige Farbpalette moderner Möbel. Von der Sitzecke aus zieht ein großes Aquarium den Blick magisch an.

Ausführlich verweilt Heiner Lohmann bei beruflichem Know-how, als er seinen Aufstieg vom Schmied zum Schweißer und Schaltanlagenmonteur bis zum Elektroingenieur skiz-

ziert. Doch den Begriff »Aufstieg« würden Lohmanns nicht benutzen. Über genaue Berufsangaben huscht Dorothea Lohmann hinweg, zweimal korrigiert Heiner Lohmann ihr Understatement: Nein, ihr Sohn sei nicht in der Futtermittelproduktion »tätig«, sondern als Diplom-Agraringenieur »Teilhaber des Betriebs«. In der Putenfabrik habe ihr Sohn als »wissenschaftlicher Mitarbeiter« gearbeitet. Doch auch Heiner Lohmann ist offensichtlich mehr daran gelegen, sein Fachgebiet inhaltlich zu erklären, als die Stufen seiner beruflichen Laufbahn hervorzuheben.

Ihre verheiratete, berufstätige Tochter lebt mit ihrer vierköpfigen Familie in Berlin, wo Frau Lohmann sie alle paar Wochen besucht, während Herr Lohmann es lieber hat, wenn die junge Familie zu ihnen kommt. Das Ehepaar Lohmann hat insgesamt fünf Enkelkinder. Auf der Heimfahrt habe ich noch lange Heiner Lohmanns freudig überraschtes »So?« im Ohr, als seine Frau einflicht, sie liebe ihn noch genauso wie vor 45 Jahren.

Dorothea Lohmann

Ich habe meinen Mann 1960 geheiratet und mit ihm seine vielen Aquarien. Wir haben uns auf einem Betriebsfest in einer Papierfabrik in Sachsen kennen gelernt. Als die Kinder kamen, habe ich ein paar Jahre aufgehört zu arbeiten. Wir wollten ihnen ein schönes Zuhause geben, so, wie wir es früher hatten. Und da galt es eben, sich finanziell einzuschränken. Der Traum vom Auto hat sich lange nicht erfüllt. Erst, als die Kinder größer waren, haben wir uns für den Trabi angemeldet und ihn zwölf Jahre später bekommen.

Ich bin Buchhalterin. Gearbeitet habe ich in unterschiedlichen Betriebszweigen, unter anderem in der Wohnungsbaugenossenschaft. Damit man eine Wohnung bekam, zahlte man 2500 Mark ein und leistete 800 Arbeitsstunden auf dem Bau. Da ich Steno kann, bat mich der Vorstand, Protokolle zu schreiben, das wurde mit den Arbeitsstunden verrechnet. Später habe ich in der Buchhaltung der Geschäftsstelle halbtags gearbeitet. Unsere Wohnung lag im Block gegenüber, das ließ sich mit den Kindern gut vereinbaren. Der Gedanke, finanziell von meinem Mann unabhängiger zu sein, kam mir gar nicht. Es war ein Muss, dass ich verdiene. Beide Kinder haben studiert, ihre Freunde mitgebracht. Ohne mein Gehalt hätte es nicht gereicht.

Wir waren nie Genossen. In den 70er Jahren hatten wir jedoch das Gefühl: Es geht voran! Ich bin gern arbeiten gegangen, hatte als Gruppenleiterin auch Verantwortung.

Ende der 70er Jahre wurde mir mitgeteilt, dass ich Verschlusssachen nur bearbeiten darf, wenn ich den Kontakt zu meinem Bruder in Hessen abbreche. Aber ich hätte nie meine Seele verkauft. Es wurde dann eine andere Lösung gefunden: Ich durfte die vertraulichen Vorgänge bearbeiten, und ein Dritter hat sie unterschrieben.

1990, da war ich 59, wurde mir angeboten, in den Vorruhestand zu gehen. Ich war damals in der Finanzplanung von Robotron tätig, aufzuhören fiel mir nicht schwer. In der ersten Zeit fehlte mir mein Kollegenkreis. Wir haben noch alle Kontakt. Ein bis zwei Mal im Jahr organisieren wir ein Treffen, wir telefonieren, gratulieren uns zum Geburtstag.

Ich freute mich, dass ich meinen Kindern helfen und ab und zu meine Enkelchen nehmen kann. Aus Leipzig sind wir wegen des Lärms weggezogen, hauptsächlich jedoch, damit wir in der Nähe unseres Sohnes und seiner Familie wohnen. Es spielte dabei auch der Gedanke mit, dass der andere nicht so allein ist, wenn ein Teil von uns mal geht. Unser Sohn fragte, ob er sein Haus nicht größer bauen soll, damit wir mit einziehen können. Aber mein Mann meinte: »Nicht zusammen unter einem Dach! Man beobachtet jeden Schritt. Und mit drei Kindern gibt es viel Turbulenz.« Im Nachhinein finde ich den Abstand gut. Dadurch haben wir eigene Freunde und sind trotzdem jeden Sonntag bei der Familie meines Sohnes. Wenn meine Schwiegertochter einkaufen fährt, schaut sie meist vorbei. Unsere Tochter in Berlin besuchen wir alle vier Wochen. Es war immer mein Bestreben, dass zwischen den Familien der enge Kontakt auch gewahrt bleibt, wenn wir mal nicht mehr sind. Ich bin eine Glucke, habe gern alle um mich. Doch ich halte Maß bei der Einwirkung auf die Erziehung unserer Enkel, weil ich mir sage: Die Eltern sind verantwortlich.

Davon, dass mein Mann Rentner ist, spüre ich im Haushalt nicht so viel. Wenn bei uns großer Trubel angesagt ist, wir Besuch bekommen, spreche ich ihn schon mal an. Mit vier Zimmern, Wäsche, Garten spürt man, dass man nicht mehr 25 ist. Wegen unseres Altersunterschiedes stand ich in unserer Ehe unter Druck, mich der jüngeren Generation anzupassen, damit ich meinem jüngeren Mann gerecht werde. Vor unserer Hochzeit sagte meine Mutter: »Jetzt bist du noch jung und schön. Denke einige Jahre weiter.« Es hat sicher auch eine Zeit gegeben, in der Heiner mich mit anderen Frauen verglichen hat und ich ihn mit anderen Männern. Aber ich habe meinen Mann genau so lieb wie am Anfang. Natürlich brüllen wir uns mal an. Man erkennt im Alter stärker die Schwächen des anderen. Das hängt vielleicht auch ein bisschen mit dem Liebesleben zusammen. Früher hat man über Störendes hinweggesehen, wenn Spannungen waren, hat das Sexuelle das wieder ausgeglichen. Heutzutage denkt man: Hat er das denn immer schon gehabt? Aber Heiner hat wahrscheinlich auch einiges zu meckern an mir.

Schwierig ist, dass wir Situationen anders in Erinnerung haben. Jeder hat nur eine Schiene im Gedächtnis und filtert das raus, was für ihn selbst nicht so wichtig war. Wie war es wirklich? Darüber werden dann Streitigkeiten geführt. Mein Mann ist impulsiver, haut schnell was raus. Aber böse zu sein bringt nichts. Man muss sich aussprechen, entgegenkommen, dann ist es wieder gut. Er sagt: »Ach, meine Kleene, komm!« Und ich sage: »Hast es wohl nicht so gemeint.« Wenn's tiefer geht, kaue ich daran länger als er.

Ich finde: Man muss aus den Tagen Tage machen, die lebenswert sind. Was bringt es mir, wenn ich mit meinem Mann auf dem Sofa sitze oder wir nur zu zweit was unternehmen? Ich will doch was erzählen, von anderen hören und bin froh, dass wir in einem Alter hergezogen sind, in dem man noch kontaktfreudig ist. Wir wohnen in einer Siedlung, wo alle neu sind. Durch den Garten, das Osterfeuer, dadurch, dass ich die Kinder aus der Nachbarschaft hin und wieder beaufsichtige, sind wir Stück für Stück zusammengewachsen. Und wenn Freunde von weit kommen, bleiben sie natürlich über Nacht. Mein Mann hat ein dünneres Nervenkostüm, ist nicht so belastbar. Aber ihn freut es im Grunde auch, dass wir hier so eingebunden sind. Wenn unsere Gäste fort sind, sagt er fast immer: »Das war ja ein schöner Abend!«

Wir haben jetzt ein kameradschaftliches Verhältnis, liegen mit unseren Interessen auf einer Welle, das verbindet. Es gibt Tage, da lassen wir uns ein bisschen hängen, dann unternehmen wir wieder sehr viel: machen Radtouren, wandern, fahren Ski. Auf unseren drei Reisen nach Italien brauchten wir kein Fünf-Sterne-Hotel. Wenn wir kein Quartier finden, das wir uns leisten können, schlagen wir unser Zelt auf. Hauptsache, wir können was sehen, erleben die Natur und lernen Leute kennen.

Manchmal hat man Stunden, in denen man etwas depressiver ist. Wenn man ringsum hört, der und der ist gestorben, kommt einem schon der Gedanke: Bald bist du dran. Wir wollen nicht, dass die Kinder mal für unsere Beerdigung aufkommen müssen, deshalb legen wir jeden Monat etwas zur Seite. Meine Schwiegertochter macht einen Hospizlehrgang für humanes Sterben und hat uns unlängst eine Patientenverfügung mitgebracht. Wir müssen uns mal darüber unterhalten, ob wir das Formular ausfüllen. Glücklicherweise haben wir noch keine schwerwiegenden Krankheiten. Und Kinder zwingen einen, sich für Neues zu interessieren und nicht nur Oma zu sein. Sie sagen auch kritisch: »Na, Mutter, was hast du hier wieder an?« Das bringt einen vorwärts. Kinderlose Paare bedaure ich immer ein bisschen, weil sie nicht diesen Ansporn haben.

Was mich irritiert, ist die Vergesslichkeit. Man hat häufiger ein Blackout: Wie heißt das bloß? Und es kommt immer häufiger vor, dass man sich nicht so gern im Spiegel sieht. Ich bin nicht gläubig, aber ich sage immer: »Der Herr hat es schon richtig eingerichtet, dass das Augenlicht nachlässt.«

Heiner Lohmann

Ich habe bis 14 die Schule besucht und dann Schmied gelernt. Unser Kaderleiter, heute sagt man Personalchef, meinte, dass ich mich für die Ausbildung von Jugendlichen in der Metallbranche eignen würde. Das hat mir viel Spaß gemacht. Nebenher habe ich in der Betriebsakademie Elektromonteur gelernt und anschließend Elektroingenieur studiert. Mit 35 Jahren machte ich den Abschluss und hängte nach Feierabend im Fernstudium noch ein Jahr Pädagogik ran. 1993 war mit unserem Ausbildungsbetrieb Schluss. In einer Elektrofirma, die in Leipzig Häuser sanierte, habe ich den Vorarbeiter gemacht. Nach drei Jahren war die Firma pleite, weil Aufträge fehlten. Ich wurde zum ersten Mal arbeitslos. Einer meiner Kollegen machte sich selbständig und stellte mich ein. Als das auch nicht optimal lief, wurde ich zum zweiten Mal arbeitslos.

Meinen letzten Arbeitsplatz bekam ich dann durch persönliche Beziehungen, einer aus unserer Sportgruppe hatte ein Ingenieurbüro für Schallschutz und Bauphysik. Auf dem Leipziger Flughafen wurde ein Rollfeld gebaut, die gesamte Umgebung musste neu schallgeschützt werden. Die Arbeit machte Spaß, wir hatten ein gutes Betriebsklima. Aufzuhören ist mir jedoch nicht schwer gefallen. Mit unserem Umzug nach Neuruppin hatte ich etwas Neues vor.

Unser Sohn und unsere Schwiegertochter haben vielleicht gedacht: »Hoffentlich stehen die nun nicht jeden dritten Tag bei uns auf der Matte!« Aber dazu haben wir gar keine Zeit, denn wir haben unseren eigenen Freundeskreis gefunden. Gerade zimmere ich für einen Nachbarn einen Briefkasten aus Holz. Ich hatte immer Projekte. In Leipzig habe ich die Zucht von Zierfischen so weit getrieben, dass wir zwei Keller hatten: Der eine war der Kohlen-, der andere der Fischkeller mit 25 Becken. Bevor wir nach Neuruppin umzogen, stellte ich die Bedingung: Nur, wenn wir eine Wohnung mit großem Keller kriegen!

In meiner Werkstatt bastele ich ständig etwas. Faulenzen kann ich höchstens zwei, drei Stunden am Tag – also rumsitzen, Kreuzworträtsel lösen oder was lesen. Abends gucken wir in die Glotze. Wenn wir Kaffee trinken, schalten wir manchmal den Fernseher ein und sehen uns Gerichtsverhandlungen an. Bisweilen wird es länger, als wir geplant haben, aber in der Regel bleibt die Mattscheibe tagsüber dunkel. Als ich noch arbeitete, hatte ich für die Hauswirtschaft überhaupt keine Zeit. Meine Frau hat mich da sehr verwöhnt, mich immer umsorgt. Wenn sie mir heute sagt: »Saug mal Staub!«, mache ich es. Aber manchmal denke ich: Jetzt muss auch mal Schluss sein! Wenn meine Frau ohne mich in Berlin bei unserer Tochter ist, setze ich mich ins Auto und gucke mir was an, ohne dass jemand Einfluss auf mich hat.

Anfangs habe ich mich noch mit dem Team aus der Lehrlingsausbildung getroffen. Das ist eingeschlafen. Man kann deswegen nicht extra nach Leipzig fahren, und wir haben hier auch eine schöne Gemeinschaft gebildet. Einen richtigen dauerhaften Freund habe ich leider nie gehabt.

Finanziell ist es im Ruhestand zwar etwas knapp, aber wir hatten schon immer die Einstellung: »Viel verdienen wir nicht, aber mit dem, was wir haben, möchten wir möglichst viel erleben.« Hier in Neuruppin kann ich das Boot eines Unternehmers benutzen, darf auf seinem Grundstück mein Faltboot ins Wasser lassen. Mit unserem Enkel mache ich Fahrradtouren und spiele mit ihm das, was ich auch gern spiele: Boot fahren. Meine Frau und ich versuchen, unseren Enkeln etwas beizubringen: In der Werkstatt lasse ich die Jungs sägen, bohren, hämmern, und meine Frau bringt den Mädchen Sticken und Häkeln bei. Mit ihren Enkeln macht sie Ausflüge, besucht Museen oder geht ins Kino.

Dadurch, dass ich eine pädagogische Ausbildung habe und mit Lehrlingen zu tun hatte, habe ich in vielem allerdings eine andere Auffassung als sie. Meine Frau hat einen sehr starken Willen. Und ich lasse mich auch nicht unterkriegen, versuche, meine Prinzipien durchzusetzen, poltere schnell los. Zum Beispiel will ich nicht, dass unser Enkel jede Woche kommt, weil er mich zuquatscht. Ich weiß aber: Meine Frau hält ihre Hand über die Kinder und hat da das Kommando. Meistens überzeugt sie mich auch. Ich muss zugeben: Ich denke oft egoistischer und bewundere im Grunde ihr selbstloses Verhalten. Wenn es darum geht, wieder Frieden zu schließen, bin ich sofort dabei.

Das Liebesleben ist in unserem Alter natürlich nicht mehr so wie es mal war. Man möchte es vielleicht anders, aber der biologische Prozess lässt sich nicht aufhalten. Dinge wie Brille und Zahnersatz verändern das Leben. Dorothea macht meine Schwerhörigkeit verrückt, sie akzeptiert nicht, dass sie mir beim Rausgehen nicht noch schnell etwas mitteilen kann.

Bei den Rentnern auf dem Wochenmarkt habe ich das Gefühl: »Mit denen hast du nichts zu tun.« Wenn man mit dem Spaten mal tiefer gräbt, spürt man allerdings, dass man doch dazu gehört. Wegen meiner Nierensteine wird irgendwann mal eine Operation fällig sein. Wir sagen uns allerdings nicht: »Wir kaufen uns nichts mehr, weil wir ja sowieso bald sterben.« Unser scherzhafter Leitsatz lautet noch heute: »Wir leben zwar über unsere Verhältnisse, aber immer noch unter unserem Niveau.« Dass einem Begriffe nicht mehr gleich einfallen, erschreckt mich ein bisschen. Weil wir ständig Dahlie und Gladiole verwechseln, habe ich kürzlich vor unser Fenster eine Gladiole gepflanzt.

Vom Müssen zur Muße
zum Müßiggang
Veränderungen im Tagesrhythmus

Endlich unabhängig sein! Solange Beruf und Familienpflichten Tages- und Jahresablauf bestimmen, sind die Ziele für die »Freiheit danach« oft hoch gesteckt. Prof. Dr. Horst W. Opaschowski, Gründer und Leiter des Hamburger B.A.T Freizeit-Forschungsinstitutes, Zukunftsforscher und Politikberater, hat untersucht, wie sich Ältere ihr Dasein als Rentner vorstellen und ihr Alltag im Ruhestand tatsächlich aussieht.

Seine erste Befragung aus dem Jahre 1983, einer Zeit also, da in Deutschland der Vorruheruhestand noch weitgehend ein Fremdwort war, richtete sich an Berufstätige zwischen 50 und 60 Jahren. Gut die Hälfte äußerte sich damals erleichtert über das absehbare Ende von Stress und Trott. Doch die Zukunftspläne erschöpften sich in Vorsätzen wie: Hobbys pflegen, spontan tun, was Spaß macht, sich der Familie widmen und reisen. Manche erwogen eine Nebenbeschäftigung, weniger, um die Haushaltskasse aufzubessern, vielmehr »weil Arbeit zum Leben gehört«. Die Mehrheit bekundete ein starkes Bedürfnis nach Ruhe. Obgleich viele das Rentnerdasein von Bekannten und Kollegen als sinnentleert empfanden, fielen die eigenen Zukunftsvorstellungen – nach dem Motto »kommt Zeit, kommt Rat« – eher vage aus. Mögliche Schicksalsschläge wurden ausgeschlossen oder heruntergespielt.[48]

Wie Opaschowski im weiteren Verlauf seiner Untersuchung feststellte, vollzog sich anfänglich der Wechsel ins Rentnerdasein oft tatsächlich reibungslos. Spätes Aufstehen und ausgedehntes Frühstück, Ausflüge oder Reisen ließen die erste Zeit wie einen langen Urlaub erscheinen. Nach einigen Wochen allerdings verlor der Luxus, völlig selbstbestimmt zu leben, seinen Reiz. Das Unbehagen, die Tage zu vergammeln, führte nicht selten dazu, regelrechte Stundenpläne aufzustellen und durch die strikte Trennung von Nicht-Freizeit (Hausarbeit, Einkäufe, Behördengänge) und Freizeit den Zeit-Brei zu strukturieren. Neue Aufgabenteilungen wie zum Beispiel Kaffee kochen und Gartenpflege wurden minuziös festgelegt. Waren neue Gepflogenheiten erst einmal installiert – beim ausgedehnten Frühstück das Feuilleton für die Frau, der Wirtschaftsteil für den Mann –, wurden sie häufig wie Rituale zelebriert, da sie dem Alltag wieder Normalität und Zuverlässigkeit verliehen. Störungen dieser Rituale lösten Verwirrung und Unmut aus.[49]

14 Jahre später gestand sich, wie Opaschowski in einer zweiten Befragung herausfand, die nächstfolgende Generation von Ruheständlern mit deutlich weniger Gewissensbissen zu, faulenzen und sich treiben lassen zu dürfen. Im Vergleich zur Generation der 80er Jahre, neigte sie zudem stärker dazu, das letzte Lebensdrittel zu glorifizieren. Das zurückliegende Arbeitsleben wurde offenbar als so belastend empfunden, dass dessen Abschluss noch stärker als 14 Jahre zuvor das Gefühl von Befreiung hervorrief.

Die Macht der Gewohnheit

Physisch oft erstaunlich jung und finanziell besser gestellt als die Generationen davor, favorisieren die Ruheständler der 90er Jahre in größerem Maße außerhäusliche Unternehmungen. Sie besuchen häufiger kulturelle Veranstaltungen, daneben stehen Geselligkeiten, vom Stammtisch bis zum Kaffeekränzchen, hoch im Kurs. Jeder sechste Ruheständler übernahm in den 90er Jahren ein Ehrenamt (1983 jeder zehnte). Obwohl es immer mehr Angebote für Senioren gibt, machen Rentner von ihrer neuen Bewegungsfreiheit jedoch längst nicht in dem Maße Gebrauch, wie es das Leitbild der vitalen Alten suggeriert. Den hohen Erwartungen, die sie als Berufstätige hegten, werden die Ruheständler selten gerecht, bilanziert Opaschowski.

Nimmt man den Alltag genauer unter die Lupe, zeichnet sich eine Tendenz ab, zeitiger den Tag »anzupacken«: Während in der Umfrage von 1983 fast drei Viertel der Ruheständler das gemütliche Frühstück als Höhepunkt des Tages zelebrierten, gestehen sich die neuen Pensionäre ein ausgedehntes Frühstück seltener zu. Nur eines meiner Gesprächspaare scherte aus der Schar der Frühaufsteher aus, der Spötter eine »präsenile Bettflucht« unterstellen. Das Geständnis »vor zehn Uhr morgens nehmen wir grundsätzlich keine Termine mehr an« ist die Ausnahme im beeindruckend verbreiteten Selbstappell »carpe diem«. Und nur noch ein Viertel der Ruheständler gab 1997 an, sich für das Mittagsmahl reichlich Zeit zu nehmen. 1983 waren es über die Hälfte. Im Vergleich zu den 80er Jahren legt die Ruhestandsgeneration der 90er Jahre allerdings mehr Wert auf Kulinarisches, wenn sie in geselliger Runde zusammen sitzt.

Die Rentnerpaare von heute gehen länger spazieren und machen häufiger Besuche. Sowohl 1983 als auch 1997 gaben 63 Prozent der Rentner an, abends vor dem Fernseher zu sitzen. Versorgt mit Dutzenden Kanälen, beginnt für jeden dritten der Fernsehabend oft schon nach dem Kaffeetrinken. Auch diesbezüglich hätten sie strenge Prinzipien über Bord geworfen, erzählt das Paar, das gern ausschläft. Bis vor kurzem sei es für beide ein Ausbund mangelnder Kultur gewesen, während des Essens fernzusehen, berichten der 70-jährige Psychotherapeut und seine 60-jährige Frau, eine Lehrerin. Seit beide nicht mehr arbeiteten, sei die Flimmerkiste jedoch ihr häufiger Gesellschafter: »Das Allerneueste ist: Wenn ein wichtiges Fußballspiel übertragen wird, und wir schaffen es nicht, vorher zu essen, holen wir einen Klapptisch und essen vor der Glotze.«

In der Schilderung schöner Ruhestandstage werde das Fernsehen allerdings fast nie erwähnt, beobachtet Opaschowski. Damit ein Ruhestandstag als erfüllt erlebt wird, müssen offenbar Erlebnisse aus eigener Initiative entstehen. Fast jeder vierte Ruheständler verbindet mit einem frohen Tag die Erinnerung an einen Ausflug. Auch ein gutes Essen oder bei gutem Wetter der Aufenthalt im Freien werden häufig genannt, wenn ein Tag als gelungen beschrieben wird.

Um nicht den Anschluss an die Technik zu verpassen und die virtuelle Vernetzung zu nutzen, haben sich zahlreiche meiner Interviewpartner einen Computer angeschafft. »Seniorenprogramme« dagegen sind für viele Rentner ein Reizwort. Nur ein Viertel der Ruheständler von 1997 hatte derartige Veranstaltungen schon einmal besucht. Die Mehrzahl assoziiert damit Beschäftigungstherapie für Unmündige, die Abschiebung aufs Abstellgleis.[50]

Umfragen ermittelten Ende der 90er Jahre, dass sich etwa acht Prozent der Ruheständler ein Zubrot verdienen. Als Hauptmotiv für eine oft geringfügig bezahlte Beschäftigung wurde genannt, etwas Sinnvolles tun zu wollen und dadurch soziale Kontakte zu haben. Erst an dritter Stelle führten Ruheständler finanzielle Gründe an.[51]

Im allgemeinen, so lautet Opaschowskis Fazit, ziehen auch die angeblich dynamischeren »neuen Alten« es vor, sich im Vertrauten einzurichten und langjährige Gewohnheiten auszubauen. Ruhestand ist zwar eine neue Lebensphase, aber kein Neuanfang. Man hat sein Leben im Griff, indem man Verbleibendes hütet und verwaltet.[52]

Hobbys und Ehrenämter

Als der spanische Cellist Pablo Casals einmal gefragt wurde, warum er als 92-Jähriger noch täglich Cello übe, antwortete er: »Ich glaube, ich mache Fortschritte.« Manche entdecken ihre schlummernden Talente überhaupt erst, wenn sie Zeit haben, sich ihnen zu widmen und Interessen zu pflegen. Doch die Aussicht, nach dem Eintritt in den Ruhestand einen verborgenen inneren Schatz zu heben oder zumindest neue Hobbys zu entwickeln, ist Erhebungen zufolge gering. »Früher war Malen ein Drang, ein kreativer Ausgleich zu meiner Arbeit. Nun wäre es bloß ein Hobby«, formuliert ein Interviewpartner das Phänomen, dass lang gehegte Freizeitwünsche oft an Attraktivität verlieren, wenn das Gegengewicht eines reglementierten Berufsalltags fehlt.

Auch die Qual der Wahl wirkt sich bremsend aus. Denn wo eine Vielfalt von Ideen und Interessen lockt, will eine Entscheidung besonders sorgfältig erwogen sein. »Jetzt kann man nicht mehr sagen: Wenn ich Zeit hätte, würde ich was ganz Tolles machen. Man hat keine Ausrede mehr, und das lähmt«, gibt ein Mittsechziger zu, seine innere Antriebskraft überschätzt zu haben. Lieber als die Probe aufs Exempel zu wagen, wie viel Dichtertalent in einem steckt, widmet man sich erst einmal dem wohltuend konkreten Ziel, die Wohnung, das Ferienhaus, die Laube auf Vordermann zu bringen.

Eine Studie der Friedrich-Ebert-Stiftung zur Lebenssituation der 55- bis 70-Jährigen ergab, dass jeder fünfte Mann und jede dreizehnte Frau im Ruhestand sich in einem Verein engagiere, jeder achte bzw. jede neunte einem Sportverband angehöre und elf von 100 Rentnern (Frauen: vier Prozent) Mitglied einer Partei seien.[53] Dass Frauen eher dienende, Männer dagegen führende Ehrenämter annehmen, hängt mit dem generationsspezifischen Rollenverständnis zusammen.

»Es gibt das Phänomen, dass Männer oder Frauen im Ruhestand sehr schnell ehrenamtliche Tätigkeiten suchen und dann kaum zu Hause sind«, skizziert Barbara Langmaack den Drang, etwas Sinnvolles zu tun bzw. sich in einem Amt zu positionieren. Wobei Frauen und Männer ihren Terminkalender tendenziell aus unterschiedlichen Motiven füllen: »Oft suchen Männer im Ehrenamt das, was sie beruflich hatten oder gern gehabt hätten. Da laufen manche noch einmal zur großen Form auf. Bei der Caritas Butterbrote zu schmieren, ist nicht das, was sie anstreben – sie organisieren die Verteilung. Männer würden das nicht Statusdenken nennen, sondern sagen: ›Ich kann doch weiter das machen, was ich sowieso kann.‹ Frauen engagieren sich, weil sie Kontakt brauchen und denken: ›Mir geht es so gut, ich möchte auch etwas für andere tun.‹«

Der Wunsch, noch etwas zu bewirken, gibt in meinen Interviews ebenso den Ausschlag für soziales Engagement wie das Gewissen. Abweichend von den Ergebnissen repräsentativer Erhebungen erwähnten etliche meiner Interviewpartner von sich aus, ihren verlorenen gesellschaftlichen Einfluss nicht durch ein bedeutungsvolles Amt kompensieren zu wollen. Bemerkenswert viele Männer investieren einen Teil ihrer Freizeit in die Beschäftigung mit Kindern und Jugendlichen, die nicht mit ihnen verwandt sind. Die Zukunft der Enkelgeneration brennt Männern wie Frauen unter den Nägeln.

Tabuzone Arbeitsplatz

Viele Ruheständler hätten nichts dagegen, lockeren Kontakt zu früheren Kollegen aufrechtzuerhalten. Wie Horst W. Opaschowski ermittelte, sind zwischen 1983 und 1997 die Besuche von ehemaligen Kollegen am Arbeitsplatz jedoch deutlich zurückgegangen. Nur vier Prozent der Befragten (1983 waren es 24 Prozent) betreten noch einmal den Ort, wo sie bis vor kurzem die meiste Zeit ihres Lebens verbracht haben. Vieles deute darauf hin, vermutet er zu Recht, »dass der berufliche Abgang mit Gefühlen von Frust und Ärger verbunden, vielleicht sogar im Unfrieden erfolgt war. Die Ruheständler von heute haben einen radikalen Schlussstrich gezogen und die Verbindung zur Lebenswelt Arbeit geradezu gekappt.«[54]

Diplom-Pädagoge Robert Bolz, der als Paartherapeut von pro familia auf Klienten jenseits der 50 spezialisiert ist, erläutert, warum viele Männer um ihre ehemalige Arbeitsstelle einen Bogen machen: »Der Besuch am Arbeitsplatz ist oft mit der Angst verbunden, der Neue könnte besser sein. Manche nehmen jedoch auch bewusst Abschied und sagen sich: ›Es war eine gute Zeit. Aber jetzt ist etwas anderes dran.‹ Und es gibt ja nichts Schlimmeres, als wenn der Seniorchef noch immer im Hintergrund mitmischt.«

Mit dem abschreckenden Beispiel pensionierter Kollegen vor Augen, die weiterhin in der Kantine »rumhängen«, anderen die Zeit stehlen oder nachschauen, ob der Nachfolger es auch richtig macht, beteuern viele meiner Gesprächspartner, dieses Verhalten vermeiden zu wollen. Auf keinen Fall möchten sie in den Verdacht geraten, an ihrem Sessel zu kleben oder im Ruhestand nichts mit sich anfangen zu können.

Arbeitsplatz-Visiten können auch durch ein ungutes Berufsende an einen wunden Punkt rühren. Nach meinem Eindruck wurde mitunter die Enttäuschung, »wie schnell man weg vom Fenster ist«, als freiwillige Entscheidung umgedeutet, sich mental längst aus dem Berufsleben verabschiedet und ohnehin Privat- und Berufsleben immer klar voneinander getrennt zu haben. Das Zusammentreffen mit früheren Kollegen überlässt man dann lieber dem Zufall.

Die stärkere Anforderung an Frauen, Berufliches und Privates miteinander zu verbinden, veranlasst sie, Kontakte zum Kollegenkreis länger aufrechtzuerhalten oder ihren Mann zu ermuntern, berufliche Verbindungen nicht völlig versanden zu lassen. Ihre selten geradlinigen Erwerbsbiografien und die Doppelbelastung berufstätiger Mütter haben allerdings auch zur Folge, dass Frauen mit ihrem beruflichen Umfeld weniger verwachsen. »Wenn man nicht mehr den Ansatzpunkt der gemeinsamen Arbeit hat, gehen die Wege meist wieder auseinander«, beschreibt eine Gesprächspartnerin die Erfahrung, dass sich außerhalb der Firma Freundschaften oft als befristete Zweckgemeinschaften entpuppen.

Ulrich Mint: »Der Rollentausch ist gar nicht so verkehrt.« – Christel Mint: »Mein Mann kann schlecht allein sein.«

Das grau verputzte Einfamilienhaus, 30 Kilometer östlich von Berlin, hätten sie schon zu DDR-Zeiten gekauft, erzählen Mints. Die Einfahrt zur Garage neben dem kleinen Goldfischteich wurde erst kürzlich in Eigenarbeit gepflastert. Christel Mint sieht jünger aus als 52. Die Postbotin hat einen auffallend frischen Teint, ihre blonden Haare sind zum Pferdeschwanz gebunden. Ulrich Mint ist ein sportlicher Mann mit dichtem, grauem Haar und Schnurrbart. In seiner sanften Stimme schwingt Unschlüssigkeit mit. Seit mehreren Jahren engagiert sich der 63-jährige pensionierte Eisenbahntechniker ehrenamtlich bei der Betreuung russischer Austauschschüler, zweimal nahmen Mints Jugendliche auf. Als sie davon berichten, strah-

len sie. *Mints 31-jährige verheiratete Tochter und einer ihrer beiden Söhne, 32 und 26 Jahre alt, leben in Süddeutschland.*

»Mein Mann kommt aus einem reichen Haus, ich komme aus einem armen«, beschreibt Christel Mint den unterschiedlichen familiären Hintergrund des Ehepaars. Ihr Vater war Forstarbeiter, ihr Schwiegervater in der DDR ein renommierter Wissenschaftler, der sich weigerte, in die SED einzutreten. Zwischen ihrem Mann und ihr habe die Herkunft jedoch nie eine Rolle gespielt. Temperamentvoll fällt Christel Mint ihrem Mann mehrmals ins Wort und betont, dass er ohne sie nicht leben könne. »Wenn ick weggehen würde, würdest du untergehen.«

Ulrich Mint

Bei meiner Abschiedsfeier sagten meine Kollegen: »Du hast es gut, du kannst jetzt aus diesem Laden verschwinden.« Die Reformen in unserem Betrieb waren fürchterlich. Deshalb habe ich mich mit 55 Jahren für die Vorruhestandsregelung entschieden. Ich war als Chefdispatcher – in Westdeutschland sagt man Disponent – bei der Deutschen Bahn für die Behebung technischer Störungen im Sicherungs- und Fernmeldewesen zuständig. Mit der Privatisierung der Bahn wurde ich freigestellt und in den Betriebsrat gewählt. Als ich 1996 die Möglichkeit hatte, mit 90 Prozent meines Gehalts aufzuhören, dachte ich: »Diese vielen Veränderungen tust du dir nicht mehr an. Du bleibst lieber zu Hause.« Am letzten Tag habe ich mit Kollegen gefeiert, mir war schon etwas wehmütig zumute. Aber ich bin ja weiterhin im Vorstand der Eisenbahnergewerkschaft und sagte mir: »Ich falle nicht ins Uferlose.« Bisher habe ich meine Entscheidung nicht bereut. Nur finanziell ist es der Hammer. Wir sind benachteiligt gegenüber den Eisenbahnern aus den alten Bundesländern, dagegen kämpfen wir jetzt.

Meine Pläne für den Ruhestand kann ich gar nicht alle aufzählen. Ich wollte als Gasthörer an der Humboldt-Universität, wo ich als junger Mann ein Theologiestudium begonnen habe, Wirtschaft studieren, wollte wandern, hatte die Idee, ein

Buch zu schreiben – aber davon bin ich völlig abgekommen. Neulich meinte ein Paar aus unserer Straße: »Bei euch ist das nicht in Ordnung: Deine Frau geht noch arbeiten, und du bist zu Hause.« Ich habe erklärt, dass das gar nicht so verkehrt ist. Aber wenn die Partnerin noch arbeitet, fühlt man sich doch manchmal etwas minderwertig und faul, wenn man nur seinen Interessen nachgeht.

Ein Langschläfer war ich nie. Ich stehe jeden Morgen halb sechs auf und drehe mit unserem Tibet-Spaniel eine Runde. Wenn ich zurückkomme, ist meine Frau mit der Toilette fertig, ich mache Kaffee und schmiere ihr die Brote für den Dienst. Manchmal besprechen wir, was ich koche. Aber es passiert häufig, dass das Essen fertig ist, und ich warte und warte. Wenn meine Frau nicht pünktlich heimkommt, gucke ich ständig auf die Uhr, renne auf und ab.

Abends gehe ich wieder mit dem Hund, lese viel, organisiere mit unserer Gewerkschaftsgruppe im Sommer Grillpartys. Wenn ein Kollege sagt, »mein Rentenbescheid stimmt nicht«, helfe ich ihm, ein Schreiben aufzusetzen. Im Betrieb war ich immer der Soziale. Ist wieder jemand gestorben, fahre ich zur Beerdigung.

Ich habe eine Affinität zu Russland, zur russischen Literatur, und mich haben Gastschülerprogramme interessiert. Beide Interessen haben in mir geschlummert, als ob im Innersten eine Bombe tickt. Mit jungen Menschen wird man selbst wieder jung. Deshalb wollte ich russische Austauschschüler ehrenamtlich betreuen. Als unser jüngster Sohn auszog, war das für mich ein Schock. Während seines Dienstes in der Bundeswehr habe ich die Tage gezählt, bis er wieder nach Hause kommt, und war fix und alle, als er uns durch die Blume mitteilte, dass er zu seiner Freundin nach Leipzig zieht. Ich hätte ihn lieber hier gehabt, unter Kontrolle. Kontrolle ist eigentlich das falsche Wort. Wir waren immer ein Herz und eine Seele, sind zusammen verreist. Seit seinem Auszug telefonieren wir täglich miteinander. Meist gibt es einen Grund, ihn anzurufen: Mein Computer tut nicht, was er soll, oder wir diskutieren über ein Fußballspiel. Wenn ich ihn besuche, sagt seine Freundin meist: »Bleib doch über Nacht.« Doch mir fehlt meine gewohnte häusliche Atmosphäre. Wenn meine Frau nicht mitkommt, möchte ich bald wieder zu Hause sein.

In der DDR gab es die Fernsehserie »Rentner haben niemals Zeit«. Dieser Titel stimmt. Seit unsere Kinder aus dem Haus sind, ist es allerdings ziemlich ruhig geworden. Früher kamen laufend Leute an: Urlaubsbekanntschaften, Nachbarn. Seit der Wende hat jeder mit sich zu tun; man lebt sich auseinander. Wir sind früher auch öfter nach Berlin gefahren, um ins Kino oder Theater zu gehen, aber nun fehlt uns das nötige Kleingeld. Ich habe keinen Führerschein, bin Eisenbahner durch und durch. Meine Frau sitzt bei uns am Steuer, aber sie braucht die Abende und Wochenenden zum Relaxen. Sonnabends kommt sie abgespannt von der Arbeit nach Hause, und dann geht es erst einmal auf die Couch. Aber den Sonntag genießen wir. Ich sage zu ihr: »Mach heute gar nichts, entspann dich«, doch das kann sie nicht. Eine halbe Stunde nach dem Frühstück legt sie los. Nachmittags besuchen wir häufig Verwandte. Manchmal fährt meine Frau auch allein weg. Ich bremse sie nicht. Wenn man tagsüber allein ist und hier den Alltagstrott hat, will man allerdings gern mit, das ist meines Erachtens ganz normal.

Ich habe mir jetzt Digitalfernsehen zugelegt, da hat man 150 Programme. Oder ich sitze stundenlang am Computer. Ich habe ein fantastisches Fußballspiel, aber jetzt habe ich mich gezwungen, damit aufzuhören. Genau wie beim Rauchen habe ich mir gesagt, das musst du reduzieren. Jetzt schicke ich E-Mails an meine russischen Kinder, mache Bürokram für meine Frau. Ihr Vorwurf, dass ich manche Dinge vor mir herschiebe, stimmt leider. Drängt sie wegen der Steuererklärung, greife ich manchmal zur Notlüge und sage: »Mir fehlt noch ein Beleg.«

Wenn man diese Diskussionen über die leeren Rentenkassen hört, fühlt man sich schon ein bisschen als Nutznießer, weil man vorzeitig aufgehört hat. Nicht mehr beruflich zu arbeiten gibt einem auch automatisch das Gefühl, alt zu sein. Nicht körperlich, aber als gesellschaftlicher Mensch. Damit ich finanziell etwas flüssiger bin, muss ich mir jetzt einen kleinen Nebenjob suchen. Im Sommer fahren wir zu unseren Gastkindern nach Moskau, wenn ich eine höhere Pension hätte, die mir eigentlich zusteht, würden wir viel mehr reisen.

Christel Mint
Ich arbeite seit meinem 16. Lebensjahr. Früher war ich in der Mikroelektronik, seit 20 Jahren bin ich Briefzustellerin. Die Kinder kamen mit vier Monaten in die Krippe. Ohne Arbeit würde mir die Decke auf den Kopf fallen – so ist man unter Menschen, hat eine Aufgabe, fühlt sich gebraucht. Wenn man finanziell unabhängig ist, hat man ein anderes Selbstwertgefühl, ordnet sich als Frau nicht so unter.

Haus, Garten, Kinder, das habe ich in den ersten Ehejahren fast alles allein gemacht. Mein Mann hatte Schichtdienst, hat tagsüber oft geschlafen. Bei seiner Entscheidung, in den Vorruhestand zu gehen, habe ich ihn voll unterstützt und gesagt: »Früher habe ich für dich geschuftet. Und jetzt bist du dran.« Seit er Rentner ist, werde ich jeden Mittag von ihm bekocht. Und er bügelt die gesamte Wäsche. Zu Beginn unserer Ehe war er ein ganz schön verzogenes Muttersöhnchen: Er musste eine Stunde früher als ich gehen, aber ich sollte mit ihm aufstehen und die Frühstücksbrote für ihn schmieren. Na, ein paar Jahre später hat er meine mit gemacht. Wenn wir uns früher mal gestritten haben, ging es meist um die Kinder, um Lappalien. Richtige Probleme haben wir ausdiskutiert. Heute meckere ich manchmal rum, wenn er sich für zu viele Sachen engagiert und die Dinge im Haushalt liegen bleiben. Oder wenn er tagelang nur vor dem Computer sitzt. Handwerkliches, Dinge, die ihm keinen Spaß machen, schiebt er auf die lange Bank. Ich bin dann sauer und sage: »Du kannst mich unterstützen, ich gehe schließlich arbeiten.«

In der ersten Zeit fand ich Ulrichs Mitteilungsbedürfnis sehr anstrengend. Wenn ich von der Arbeit kam und mein Mann hörte das Auto kommen, stand er schon in der Tür und quatschte mich zu. Ich hatte einen vollen Kopf und wollte meine Ruhe haben. Inzwischen schalte ich die erste halbe

Stunde auf Durchzug. Mein Mann ist ein Mensch, der immer andere um sich haben muss, außer, er hat was zu tun. Als die Kinder noch zu Hause gelebt haben, fragte er ständig: »Wo ist Mutter?« Wenn ich auf dem Klo war, ging die Tür auf: »Ja, Mutter ist da.« Dennoch hatte ich früher mehr Freiräume. Heute will er immer mit: Nach der Arbeit kann ich nicht gleich einkaufen, obwohl die Läden um die Ecke sind, sondern muss erst nach Hause und meinen Mann einladen, sonst beschwert er sich: »Du gönnst mir wohl keine Abwechslung.«

Ich fahre trotzdem manchmal allein weg. Einmal im Jahr brauche ich das, dann ist alles wieder wunderbar. Wenn es mir zu stressig wird mit ihm, setze ich mich ins Auto, gehe bummeln, Kaffee trinken, und alles ist wieder topp in Ordnung. Mir würde gefallen, wenn mein Mann an zwei oder drei Tagen in der Woche für einige Stunden einen Job annimmt, damit er unter Leute kommt. Er muss gar nicht viel verdienen. Hauptsache, er hätte jemanden, mit dem er reden kann. Aber das bessert sich, seit einigen Wochen schüttet er mich nicht mehr so zu. Mit dem Austauschprogramm hat er wieder eine Aufgabe, kann andere betütteln. Ich reiche ihm nicht. Nur wenn mein Mann ständig mit den Schülern unterwegs ist, fühle ich mich ein bisschen vernachlässigt.

Im Sommer ist es herrlich, dann sind wir im Garten. Unsere Nachbarin sagt immer: »Gott sei Dank ist der Winter vorbei, und man sieht euch endlich wieder!« Wir verstehen uns gut, wenn ich sonnabends von der Arbeit komme, sagt sie: »Ich hab schon Kuchen gebacken.« Dann sitzen wir zusammen auf der Terrasse oder bei uns im Garten.

Im Winter sehen wir meist fern. Früher haben wir jedes Wochenende etwas unternommen. Wenn Gastkinder da sind, gehen wir, weil wir ihnen was bieten wollen, ins Kabarett, in Ausstellungen oder in den Botanischen Garten. Aber das kostet. Danach kratzen wir erst mal das Geld zusammen. Spontan ein paar Tage wegzufahren, geht nicht, weil ich ein Jahr im Voraus meinen Urlaub einreichen muss, jeden einzelnen Tag.

Unser ältester Sohn sagt: »Wenn ihr alt seid, zieht ihr zu uns.« Aber das wollen wir nicht. Jung und Alt passen nicht zusammen. Bei der Bahn haben wir viele Fahrten gratis, und wenn ich mal in Rente bin, werden wir unsere drei Kinder hoffentlich mehr besuchen können als jetzt. Wir haben unsere Kinder immer wie Kumpels behandelt, waren nie streng, aber damals lief die Familie nebenher. Mit den Enkeln ist man viel liebevoller.

Wenn ich vorzeitig in Rente gehen könnte, würde ich das sofort tun. Der Druck verstärkt sich, die Touren werden immer größer. Weil es ein Knochenjob ist, mit 120 Kilo auf dem Fahrrad durch die Gegend zu fahren, sind die Zusteller im Westen hauptsächlich Männer, im Osten sind es noch zu drei Viertel Frauen. Wäre ich drei Monate früher geboren, könnte ich mit 60 aufhören. Ich würde Kurse besuchen, mir eine Staffelei kaufen und in der Natur malen. Wegen der Stichtagsregelung muss ich bis 65 arbeiten. Das schaffe ich nicht. Meine Halswirbelsäule ist verschoben, ich habe eine schwere Arthrose. Der Arzt sagt, wenn es so weitergeht, muss mein Bein versteift werden. Vor dem Alter habe ich keine Angst, aber ich habe Existenzängste. Wir haben für Vieles im Haus einen Kredit aufgenommen, ohne meine Arbeit können wir den nicht abbezahlen. Ich versuche, die Ängste zu verdrängen. Aber ich weiß: Wenn ich wegen Krankheit länger ausfalle, stehen Hunderte da, die billiger sind.

Jetzt lernt man sich erst richtig kennen
Mehr Miteinander oder mehr Gegeneinander?

Auch Paare, die sich gut verstehen und über genügend Wohn-
raum verfügen, um hin und wieder die Tür hinter sich zumachen zu können, stellen sich die Frage, ob es gut gehen wird,
wenn sie täglich dicht aufeinander glucken. »Die Angst vor der
Zweisamkeit ist besonders groß, wo das Paar bisher noch gar
nicht recht zusammengelebt hat, weil das Zusammenleben
gleich mit der Kinderphase begann«[55], umreißt der Schweizer
Paar- und Familientherapeut Jürg Willi heimliche oder arti-
kulierte Bedenken, plötzlich gemeinsam einsam zu sein. Während Männer oft befürchten, dass sie unter die Fuchtel ihrer
Frau geraten, malen Frauen sich mit Schrecken aus, dass der
Mann ihren Tagesablauf durcheinanderbringen könnte. »Vorher war mein Mann ja immer unterwegs. Wir lernen eigentlich erst jetzt unsere Eigenarten genau kennen«, beschreibt eine
meiner Interviewpartnerinnen die ungewohnte Situation, sich
nun mehr »auf der Pelle« zu sitzen.

In permanenter Nahaufnahme kann nun über Störendes
nicht mehr so leicht hinweggesehen werden. Liebe im Alter
sei Liebe in Reinkultur, so beschreiben Psychologen das Ideal
grundlegender gegenseitiger Akzeptanz. Denn nun wird die
Liebe nicht mehr gestützt durch zusätzliche Funktionen füreinander, wie die Sorge um den Familienunterhalt oder um die
Kinder. »Früher hatte man gar nicht so viele Gelegenheiten,
aneinanderzugeraten. Man war abgelenkt durch Kollegen,
Konflikte am Arbeitsplatz. Obwohl wir jetzt mehr Zeit haben,
unternehmen wir weniger gemeinsam als vorher. Wahrscheinlich, weil man sowieso zusammenhockt«, erzählt eine 64-Jäh-
rige. Dünnhäutiger geworden, missversteht mancher Partner
sachliche Hinweise als Bekritteln.

Ebenso kann es aber vorkommen, dass Paare freudig überrascht unbekannte Seiten aneinander entdecken oder dass die Toleranzschwelle sogar höher wird, wie ein anderer Gesprächspartner schildert: »Früher mochte ich nicht, dass meine Frau so anders ist als ich, und habe das Unterschiedliche auch abfällig behandelt. Bis es eines Tages geklickt hat: Das Unterschiedliche wurde für mich interessant. Jetzt ist es nicht mehr bedrohlich. Die Aussicht, dass wir nicht mehr so viel Zeit miteinander haben, hilft mir, über Unzulänglichkeiten hinwegzusehen. Ich denke: Regst du dich wegen dieser Lappalie etwa auf?«

Nähe und Abgrenzung

Nun, da man unter veränderten Bedingungen quasi erneut zusammen kommt, zeigt sich Paaren oft deutlich, dass seine Ehe nicht ihre Ehe war. Verankert in unterschiedlichen Aufgabenbereichen, erlebten Partner ihre Ehe jahrzehntelang aus höchst unterschiedlichen Perspektiven. Bildlich gesprochen, haben sie unter einem Dach in zwei verschiedenen Räumen gelebt. Familiär häufig stärker eingespannt, sehen Frauen die Ehe eher als emotionale Daseinsform an. Auch wenn sie selbst voll berufstätig sind, hegen sie größere Erwartungen an die Möglichkeiten, ihre Ehe persönlich zu gestalten. »Männern genügt es manchmal schon zu wissen, dass sie zu Hause eine Frau haben, die ihnen den Rücken stärkt. Das aber genügt Frauen nicht. Sie sind viel stärker daran interessiert, in der Beziehung auch wirklich angesprochen zu werden und ein reagierendes Gegenüber zu haben«[56], erklärt der Paartherapeut Hans Jelloushek eine bei Frauen oft vorprogrammierte Ernüchterung. Männer dagegen äußern sich in Umfragen zufriedener über ihre Ehe.[57]

Manche Frauen leiden mit Beginn des Ruhestandes auch unter dem Gefühl, plötzlich mit leeren Händen dazustehen: Jahrelang haben sie zugunsten anderer ihre Bedürfnisse hintenangestellt und dabei allmählich verlernt, überhaupt eigene Interessen zu entwickeln. Nun, da der Haushalt auf zwei Personen geschrumpft ist, stellt sich für sie die Frage: Was bleibt für sie und von ihr übrig, wenn der Mann ihr Aufgaben streitig macht?

Auch wenn sie gerne die Hilfe ihres Mannes beanspruchen würden und ihn eigentlich nicht bedienen möchten, wehren sich manche Frauen gegen das Eindringen in ihren Kompetenzbereich und dosieren das Mitspracherecht ihres Partners. Manchmal löst sich der Konflikt, indem die Hausarbeit in klare männliche und weibliche Bereiche aufgeteilt wird. Für viele bedeutet dies: Sie macht weiterhin Innen-, er Außendienst. Das Vorhandensein von Haus und Garten erleichtert diese Strategie. Ein trockener, geräumiger Keller erweist sich oft ebenso als segensreich.

Wie etliche Interviewpaare schildern, geht es jedoch nicht nur um die faire Aufgabenteilung. Wichtiger als die Frage, wer den Abwasch macht, ist oft die Frage, *wie* er gemacht wird. Ob die Gläser abtropfen können oder sorgfältig poliert werden müssen, weitet sich zur Grundsatzdiskussion aus, wenn Partner unterschwellig rivalisieren. Dann geht es eigentlich darum, wer bestimmt, und wie viel Anerkennung die Partner sich gegenseitig zollen. »Seit mein Mann zu Hause ist, tut er im Haushalt nicht unbedingt mehr als vorher, aber er bestimmt mehr. Ich glaube, er hat wie in seinem Beruf das Gefühl, der Chef im Ring zu sein«, schildert eine 63-jährige ehemalige Kindergartenleiterin das gegenseitige Kräftemessen.

Die Entdeckung, dass man sich über die Jahre hinweg entfremdet hat und nun die gemeinsame Schnittmenge von Interessen viel kleiner ist, als man annahm, lässt Partner auf Distanz gehen. Aber auch gleiche Vorlieben sind mitunter ein Stolperstein, wenn die Partner insgeheim miteinander konkurrieren. Je stärker die Aufgabenbereiche dagegen voneinander getrennt sind, so der Paartherapeut Jürg Willi, »desto leichter ist es, unterschiedliche Beiträge zu identifizieren und unterschiedliche Anerkennung zu beanspruchen«[58]. Besetzen Partner ähnliche Felder, bestehe die Gefahr, dass sie versuchen, sich zu überrunden und auszustechen. So erzählt eine Ehefrau: »In seinen Sachen hat er oft ein großes Chaos. Aber was von mir rumliegt, wird sofort beseitigt«, und beschreibt damit die Tendenz, an andere höhere Maßstäbe anzulegen als an sich selbst und eigene Schwächen am Partner festzumachen.

Manche Frauen spielen bewusst oder unbewusst die Umkehr der Machtverhältnisse aus: Im Haushalt hilflos und unselbständig, ist ihr Mann nun weitgehend auf sie angewiesen. Es sei denn, er merkt, dass die Haushaltsführung keine Geheimwissenschaft ist, und entdeckt die Freude am Kochen.

»Nie hörst du auf mich!« – Fürsorge und Macht

Warum den anderen nicht umsorgen? In vielen Gesprächen hat mich die Verbundenheit berührt, in der ältere Paare einander durch dick und dünn begleiten. Ihre spürbare Zusammengehörigkeit widerlegt pessimistische Ehe-Kritiker. Mit dem geschärften Bewusstsein, dass das Leben nicht ewig währt, hüten ältere Paare die kostbare Gemeinsamkeit. Liebevoll achten sie darauf, dass beider Gesundheit, Nerven und Kräfte geschont werden. »Wenn mein Mann etwas vorhat, fragt er nicht lange. Aber er beklagt sich manchmal, dass ich zu viel weg bin. Da spielt sicher Angst mit, dass keiner da ist, wenn ihm etwas zustößt«, schildert eine 63-Jährige die wachsende Beunruhigung, ob der Partner oder man selbst gegebenenfalls allein zurecht käme.

Oft übernehmen es Frauen, ihren Mann in Krisensituationen wieder aufzurichten. Sie versuchen, ihn zu beschäftigen, abzulenken, Kontakte zu vermitteln, schlagen ihm sozusagen einen neuen Lebenssinn vor.

Doch die Grenze zwischen Zuwendung und Bevormundung ist fließend. Mehr als Männer dazu erzogen, andere zu pflegen und zu trösten, neigen Frauen mitunter zur erstickenden Fürsorge. Aber auch Männer können den Bewegungsraum ihrer Partnerin einschränken: durch übertriebene Besorgnis oder indem sie demonstrieren, wie sehr ihre Frau ihnen fehlt. Und sei es auch nur, weil sonst niemand für häusliche Gemütlichkeit sorgt.

Häufig stehen Ängste, der Partner könne sich (innerlich) entfernen, hinter der ständigen Zuwendung, mit der man den anderen an sich binden möchte. Frauen, die sich im Haushalt für alles zuständig fühlen, machen sich unentbehrlich und nehmen so Angehörige unterschwellig in die Pflicht. Sie fürchten, dem Partner nicht mehr zu genügen, und versuchen deshalb, sich seine Anhänglichkeit durch permanentes Verwöhnen quasi zu verdienen. Aus dieser »Aufopferung« leiten sie dann die Erwartung ab, dass auch andere für ihr Wohl sorgen sollen.

Ohne äußeres Korrektiv und den Ausgleich, den Berufliches bot, ist der Partner gegebenenfalls auch Zielscheibe von Machtgelüsten. Treffend kommentiert einer meiner Gesprächspartner das besitzergreifende Verhalten von älteren Paaren und deren Tendenz, einander zu gängeln und sich in die Belange des anderen einzumischen: »Bestimmte Herrschaftszüge verstärken sich. Im Restaurant kommt der Kellner, und die Ehefrau sagt: ›Kaffee trinkst du ja nicht.‹ Diese Zurechtweisungen, Rechthabereien: ›Mach das nicht!‹, ›Ich hab's doch gesagt‹, ›Nie hörst du auf mich‹, hört man von älteren Menschen in der Öffentlichkeit sehr häufig. Dialoge, die man sonst nur zu Hause geführt hat, finden nun vor Zeugen statt. Das Machtgebaren verstärkt sich mitunter auch deshalb, weil man nun keine Kollegen mehr als Blitzableiter hat, keinen, den man dirigieren kann.«

Bewährte Machtmittel, um auf den Partner Druck auszuüben, sind Geld und Zuwendung. Was Ersteres betrifft, haben Frauen die deutlich schlechteren Karten. Obwohl viele meiner Interviewpartner sich explizit oder in beiläufigen Bemerkungen gegen verkrustete Rollenmuster aussprechen, weisen viele darauf hin, dass ihre Frau keine ausreichende eigene Rente hat. Männer wiederum spüren und formulieren ihre Abhängigkeit von weiblichen Versorgungsleistungen.

Dass Frauen die häusliche Atmosphäre prägen, gibt ihnen ein subtiles Machtinstrument in die Hand. In früheren Zeiten als die »Seele des Hauses« bezeichnet, lenken und bestrafen sie ihren Mann, indem sie ihm ihre Zuwendung entziehen oder ihn huldvoll mit doppelter Fürsorge belohnen.

Letztlich, so wissen Experten, sind solche Machtkämpfe ein Ersatz für fehlende Nähe. Wenigstens im Streit erringt man die Aufmerksamkeit, die man sonst vermisst. Rücksichtslosigkeit und Rivalität brechen jedoch im Alter nur dann zügellos durch, wenn eine Beziehung schon vorher, verdeckt von vielem anderen, von »Oben und Unten« geprägt war.

Kontrolle und Kompromisse

»Es gibt Paare, die schauen in dieselbe Richtung. Beide wissen, was der andere denkt. Sie nicken gemeinsam mit dem Kopf, sie sind total gleichgeschaltet. Manchmal hält das bis ans Lebensende. Aber manchmal gibt es in solchen Partnerschaften plötzlich einen Ausbruch«, charakterisiert Barbara Langmaack ein symbiotisches Ehe-Modell, in dem der Einklang zugleich auch potentielle Bruchstelle ist. Denn nach Erfahrungen von Psychologen haben konfliktreiche Paare eine höhere Chance, dass ihre Beziehung hält, als Paare, die sich miteinander langweilen. »Bis zur Unkenntlichkeit verheiratet«, verbarrikadiert in der Festung trauter Zweisamkeit, merken Paare oft nach der Berufs- und Familienphase, dass alles gesagt ist und es zwischen ihnen keinerlei Spannung mehr gibt. Sich stets einig zu sein, hat den Preis, alles Unterschiedliche absterben zu lassen. Auch Erotik lebt davon, noch neugierig aufeinander zu sein.

Aus Furcht, sich womöglich voneinander zu entfernen, dämmen manche Paare den Spielraum für persönliche Entwicklung ein. Sie gewinnen Sicherheit, indem sie kontrollierend darüber wachen, dass weder der eine noch der andere ausschert aus dem einmal vereinbarten Konsens. Rituale, zelebrierte Gewohnheiten verankern die Familie in einem verlässlichen Rahmen. Gelten sie als unumstößlich, können sie zur Fessel werden. In einem schleichenden Prozess schraubt sich die beschworene Gemeinsamkeit herunter zum kleinsten gemeinsamen Nenner. Nähe braucht Distanz, beschwören Psychologen. Im Alltag nur auseinander zu streben, kann die Partnerschaft ebenso aushöhlen wie gegenseitige Vereinnahmung. Auch Paare, die sich den Freiraum für persönliche Entwicklung lassen, schließen notwendige Kompromisse, damit die Beziehungsbalance nicht gefährdet wird. Die Bereitschaft von Frauen, auf Eigenes zu verzichten, grenzt nach meinem Eindruck indes manchmal an Selbstverleugnung. Um ihrem Mann das Gefühl männlicher Überlegenheit zu geben, stelle sie sich dann und wann dümmer, als sie sei, gesteht eine Interviewpartnerin. Eine Taktik, die in früheren Generationen als raffinierte weibliche Waffe galt. Um des lieben Friedens willen lenken Männer ebenfalls ein, nehmen Rücksicht auf ihre Partnerin. Ihre joviale Nachgiebigkeit in diesem oder jenem Punkt hat jedoch seltener den Beigeschmack von Unterordnung. Die Führungsrolle, die manche Frauen ihrem Mann einräumen und aufbürden, scheint mir eine eher prekäre Ehebasis zu sein. Denn einseitige Zugeständnisse werden meist als Verzicht verbucht und in der Regel irgendwann aufgerechnet.

Anerkennung und Kritik

Sie hat ihn genau gehört, den abfälligen Ton, in dem er über ihren Töpferkurs sprach! Und warum hatte sie sich über ihn so derart unpassend geäußert? Wie oft wohl machen sich Paare, nachdem sie sich aus einer geselligen Runde verabschiedet haben, solche Vorwürfe? Sind sie aus gutem Grund irritiert, oder steckten dahinter vielleicht nur übertriebene Empfindlichkeit?

Die Frage, ob wir glauben, was wir sehen und hören, oder ob wir sehen und hören, was wir glauben, ist besonders in engen Beziehungen virulent. Ist das Selbstbewusstsein stabil, rufen Beanstandungen zwar auch Widerspruch hervor. Auf einen konkreten Anlass begrenzt, erschüttert die Kritik des Partners jedoch weder das Vertrauen in dessen Wohlwollen noch beschädigt sie das Selbstvertrauen.

Fehlt das innere Fundament, tut sich ein Minenfeld auf. »Ist die Partnerschaft unglücklich, neigen Mann oder Frau dazu, eventuell negative Verhaltensweisen des anderen dessen Charakter, beziehungsweise dessen grundlegendem Unvermögen zuzuschreiben. Eigenes negatives Verhalten wird hingegen durch ungünstige Umstände entschuldigt. Diese Tendenz ist bei glücklichen Paaren nicht vorhanden«[59], erläutert der Autor Michael Vogt ein Streitmuster, das auf die Demontage des Partners zielt. Häufige Methoden hierfür sind Abwertung und Unterstellungen.

Nicht selten ärgern einen gerade die Fehler beim anderen, die eigene Mängel widerspiegeln. Indem man auf den Partner Fehler und Versagen projiziert, sollen heimliche Unterlegenheitsgefühle kompensiert werden. Die beste Erfindung seiner 34-jährigen Ehe sei, dass jeder immer für ein Jahr die »Schuld« übernehme – in diesem Jahr sei er wieder dran, unterläuft ein pensionierter Lehrer die Neigung, dem Partner Missliches anzulasten.[60]

»Einerseits findet es mein Mann inspirierend, wenn ich mit neuen Ideen komme, meine eigene Welt habe. Andererseits befürchtet er, dass ich zu stark bin«, bedauert meine Interviewpartnerin Etta Decker den nicht untypischen Wechsel von Er- und Entmutigung, wenn Partner sich ihrer Position im partnerschaftlichen Verhältnis nicht sicher sind. Nun, im Ruhestand, werden die Karten neu gemischt, stellt sich nochmals die Frage, was der eine dem anderen unter den neuen Bedingungen bedeutet. Ist er ohne die Dienstlimousine für seine Frau weniger wert? Ist sie für ihren Mann noch attraktiv? Je unsicherer wir uns selbst sind, desto mehr strecken wir die Fühler nach potentiellen Verletzungen aus, beschreiben Therapeuten einen für Beziehungen besonders gefährlichen Teufelskreis. Aus einer Mücke wird dann leicht der sprichwörtliche Elefant.

Nun sprich doch endlich!

»Worüber will sie denn schon wieder reden?« – »Warum kriegt er bloß die Zähne nicht auseinander?« Zwischen diesen beiden Fragen spielt sich so manches Ehe-Zerwürfnis ab, wobei ein heftiger Disput aus weiblicher Perspektive mitunter eher eine Erleichterung ist. Alles ist besser als seine nervenaufreibende Einsilbigkeit! »Es gab schon Phasen, da nickte er nur noch.« Halb verzweifelt, halb getröstet, dass ihre Situation kein Einzelfall ist, schildern vor allem Frauen das geringe Bedürfnis ihres Partners, sich über Gefühle austauschen zu wollen. Doch auch bei Frauen lässt die Neugier auf die Gedanken und Ansichten des Partners im Verlauf der Jahre deutlich nach.

Manche Frage werde kaum noch gestellt, da der Partner die Antwort des anderen immer schon als bekannt voraussetze – so lautet eine Grunderfahrung von Familien- und Paartherapeuten. Während es noch möglich sei, über Urlaubswünsche zu sprechen, würden existentielle Themen wie Ängste vor Krankheit, Alter, Tod und Sexualität selten berührt.[61] Sieht man von organisatorischen Absprachen ab, unterhalten sich Partner statistischen Erhebungen zufolge täglich neun Minuten. Die größte Chance, etwas voneinander zu erfahren, bietet Uneinigkeit. Mancher Streit wird nur deshalb so erbittert ausgefochten, weil Partner wenigstens auf diese Weise die Aufmerksamkeit bekommen, die sonst im Alltag untergeht. Das klassische Muster »Frauen erhoffen Verständnis, und Männer geben Ratschläge« führt indes nicht selten dazu, dass daraus Stoff für weitere Dispute entsteht.

Sachthemen, Fakten, Ziele, Ergebnisse ständen für Männer viel stärker im Vordergrund als die Beziehung selbst, skizziert der Paartherapeut Hans Jellouschek die häufig schwer zu überbrückende Kluft zwischen weiblichen und männlichen Erwartungen an ein gewinnbringendes Gespräch. Gutwillige Männer versuchten zwar, die Wünsche ihrer Frauen zu erfüllen, ließen sich aber oft nicht auf das eigentliche Anliegen ein, so dass sie ihrer Frau eine doppelte Botschaft signalisierten: »Ich tue doch alles, was du möchtest«, andererseits aber: »Ich interessiere mich nicht wirklich dafür, was du möchtest.« Dieser Widerspruch verursache Unklarheit. Die Unklarheit wiederum gebe der Forderung der Frau Auftrieb, verstanden zu werden.[62] Die eindeutige Ablehnung von Männern, sich mit einem bestimmten Thema zu befassen – im günstigen Fall erklären sie den Grund ihrer Verweigerung –, erspart ihrer Partnerin zumindest die Frustration, dass ihre Hoffnung auf einfühlsame Anteilnahme enttäuscht wird.

Obwohl Frauen mehr private Kontakte haben, klagen sie häufiger über Einsamkeit.[63] Einsamkeit aber entsteht auch durch unrealistische Erwartungen, denen ein anderer nicht genügen kann oder will. Eher abgeneigt, in »Herzensdingen« herumzubohren, sind Männer besser davor geschützt, sich zu zweit einsam zu fühlen.

Hugo Klimm: »Wichtig ist, dass jeder eigenständig bleibt.« – Franz Brewe: »Am liebsten würde ich die Zeit anhalten.«

Franz Brewe, ein Hüne mit hellen Augen und einem klaren, norddeutschen Gesicht, greift meinen Vorschlag auf, die Vormittagssonne für einen Rundgang durch den Garten zu nutzen. Ein Schmuckstück wie aus Schöner Wohnen. *Hinter Pergola und Laubengängen, zwischen Teich und Pool tun sich drei Terrassen mit windgeschützten Sitzplätzen auf, Putten und Amphoren sorgen für italienisches Flair.*

Es bedurfte einiger Rundfragen, bis ich ein Männerpaar im Ruhestand fand. Als ich Hugo Klimm und Franz Brewe um ein Interview bitte, weiß ich, dass Hugo Klimm vor einigen Jahren aus dem Berufsleben ausgeschieden ist und seit längerem mit Franz Brewe, einem 44-jährigen Krankenpfleger, zusammenlebt. Die beiden sind ein auffallend ungleiches Paar: zwei Meter, schlank und blond der eine, 1,70 Meter, rundlich, mit dunklem Stoppelschnitt der andere. In kerzengerader Sitzhaltung seinen Freund um zwei Köpfe überragend, überlässt Franz Brewe im Gespräch Hugo Klimm den Vortritt, bekundet jedoch mehr als dieser mit zärtlichen Gesten die spürbare Verbundenheit. Hugo Klimms lustige Augen blitzen durch die Brille, als er mit Berliner Zungenschlag Rede und Antwort steht und frotzelnd Momente der Rührung überspielt.

Hugo Klimm

Ich arbeitete als Beamter in einer Bundesbehörde, die von Berlin nach Bonn verlegt wurde, und hatte deshalb Schwierigkeiten, mir eine neue Dienststelle zu suchen. Dazu kam die Frage, ob ich auch inhaltlich noch einmal von vorne anfangen müsste, weil sich mein Arbeitsfeld total verändert hatte. Ich wollte mir das nicht antun. Für eine gewisse Pendelzeit hätte ich mein gesamtes Umfeld aufgeben müssen. Ich habe in Berlin eine alte Mutter, und ich habe die Beziehung zu Franz. Ich konnte dann nach längerer Krankheit mit 55 Jahren in den Ruhestand gehen. Erst hatte ich ein etwas schlechtes Gewissen. Aber ich kenne inzwischen etliche, die mit Mitte 50 den Ruhestand genießen.

Mit Franz habe ich seit 13 Jahren ein unbeschwertes, heiteres Leben, ohne die Konflikte, die in meinen beiden Ehen aufgetaucht sind. Es ist eine unerklärliche Leichtigkeit des Seins. Das hat mit Sex nichts zu tun. Der Geschlechterkampf entfällt, man muss sich nicht als Mann beweisen. Wir haben uns durch meine Anzeige kennen gelernt. Als ich Franz mit seiner Körpergröße sah, habe ich erst gekniffen, weil ich Angst hatte, dass ich an einen harten Kerl gerate, der zudem noch viel jünger ist. Franz ließ nicht locker, und ich merkte bald, dass er ein lieber, sanfter Mensch ist. Trotzdem dachte ich: Mit dem Altersabstand kann es nicht gut gehen. Da Ältere oft schlechte Erfahrungen gemacht haben, häufig destruktiv sind, finde ich jedoch die Beziehung zu einem Jüngeren im Grunde gut.

Mein Coming-Out hatte ich nach meiner zweiten Scheidung, mit 45 Jahren. Als auch diese Beziehung zu Ende ging, beschloss ich: »So eine tolle Frau findest du nie wieder. Jetzt lässt du es mit den Frauen sein.« Lange dachte ich, Schwulsein und Bindung passen nicht zueinander. Bis ich mir sagte: Eigentlich möchtest du in ruhigen Bahnen leben.

Franz und ich sind hier zusammen rausgezogen, als ich pensioniert wurde. Das Haus war ein bisschen wie unser Kind. Es hat starke Akzente von Franz, auch die Gartengestaltung ist sein Gebiet. In allen anderen Bereichen ist Franz der Anpassungsfähigere. Während mancher kämpft und sagt: »Jetzt bin ich dran!«, überlässt er es gerne mir, wohin wir fahren und wo wir abends hingehen. Freunde werfen uns manchmal vor: »Ihr seid harmoniesüchtig, ihr lebt wie im Bilderbuch.« Das war schon in meiner ersten Ehe so. Es gab keinen Streit, bis man sich trennte. Während des Umbaus haben Franz und ich uns allerdings auch ein bisschen angeniest. Franz sagte: »Das habe ich doch nicht nötig. Ich gehe jetzt mal in meine Wohnung, Blumen gießen.« Nach drei Tagen dachte ich: Jetzt wird er ja mit Blumengießen fertig sein. Dann hat man angerufen, und alles war wieder okay. Ich finde es gut, dass er seine Wohnung behalten hat. Es war mir wichtig, einen Partner zu finden, der auch finanziell unabhängig ist, einem nicht auf Gedeih und Verderb ausgeliefert ist. Das ist das Schönste an unserer Beziehung: Franz ist bei mir, obwohl er gar nicht bei mir bleiben muss. Dass wir ollen Männer den ganzen Tag zusammenglucken und die Rosen pflegen, könnte ich mir allerdings nicht vorstellen. An manchen Tagen bin ich froh, dass Franz zum Dienst wegschwirrt und ich meine Ruhe habe.

Wenn Franz Frühdienst hat und ich nicht mehr schlafen kann, stehe ich manchmal mit ihm auf. Wir frühstücken, ich lese Zeitung, dann kaufe ich ein, mache ein bisschen im Haushalt. Wenn schönes Wetter ist, gehe ich segeln, zweimal in der Woche mache ich Sport. Und ich koche gern. Das war schon in meiner Ehe so. Meine Frau hat das Auto gewaschen, und ich habe gerufen: »Schätzchen, das Mittagessen ist fertig.« Jeden zweiten Tag besuche ich meine 92-jährige Mutter. Sie lebt im Heim, aber es belastet einen doch. Als ich noch arbeitete, hatte ich den Wunsch zu malen, aber jetzt finde ich es einfältig, im Tiergarten zu sitzen und Blumen abzupinseln. Früher war Malen ein Drang, ein kreativer Ausgleich zu meinem sturen Beamtenjob. Nun wäre es ein Hobby. Der Tag ist nun auch so kreativ. Egal, ob ich mich aufs Fahrrad schwinge oder schwimmen gehe oder im Bett liegen bleibe und mich freue, dass die Wolken so schön grau sind, ich brauche keinen Ausgleich mehr. Manchmal spüre ich allerdings doch ein Defizit. Meine Frau hat oft gesagt: »Hugo, du tust viel für deinen Körper. Tu mal mehr für deinen Geist.« Sie war belesener als ich, hat mich sehr gefordert. Das ist in der Beziehung mit Franz etwas bequemer. Ich muss nicht mit geistiger Brillanz glänzen. Er sieht mich auch so als intelligenten Menschen.

Durch den Sport habe ich zahlreiche Freunde, zu Kollegen allerdings kaum noch Kontakt. Unsere Behörde ist ja nun in Bonn, einige Kollegen sind in den Bundestag gewechselt, und an einem Rentnertreffen bin ich nicht besonders interessiert. Das Thema Sozialversicherung verfolge ich weiterhin. Ich könnte mich ja selbst politisch engagieren, aber dazu bin ich zu flatterhaft. Mal wähle ich diese, mal jene Partei.

Franz' Beruf interessiert mich nur mäßig, die Krankenhausstrukturen sind mir fremd. Aber als Partner ist man ja auch dafür da, dass der andere seinen Frust los wird. Wenn Franz von der Arbeit kommt, frage ich meist: »Was war?« Viele Ratschläge kann ich nicht geben. Ich habe Betriebswirtschaft studiert und weiß, wie Hierarchien funktionieren und dass es nicht verwunderlich ist, wenn die Oberschwester ab und zu die Vorgesetzte rauskehrt. Franz hat eine Kollegin, mit ihr kann er alles bereden.

Zu meinem Sohn, er ist Arzt und sechs Jahre jünger als Franz, haben wir beide ein gutes Verhältnis. Meine Schwiegertochter hat kein Problem mit meiner Partnerschaft, aber wir haben uns nicht viel zu sagen. Einmal im Monat treffe ich meinen Sohn im Restaurant, nicht, weil ich seine Frau ausschließen will, ich frage ihn immer: »Wie soll ich mich verhalten, damit du zu Hause Frieden hast?« Aber er meint auch: »Das machen wir für uns.« Meine Schwiegertochter und ich liegen einfach nicht auf einer Wellenlänge. Es wurde sicher erwartet, dass ich mehr die Großvaterrolle übernehme. Wenn mein zweijähriges Enkelkind uns besucht, klettere ich noch heute auf jeden Ast und spiele Indianer. Wenn man Flieger mit dem Kind macht, fürchtet die Mutter jedoch gleich, dass man ihm die Gelenke auskugelt, deshalb habe ich jetzt die Einstellung: Ich würde es sowieso verkehrt machen, lassen wir es sein. Ich freue mich, dass mein Enkel da ist, die Welt weitergeht, aber ich bringe mich da nicht so ein.

Als Schwuler zu altern, ist besonders schwierig. Wenn man

Single ist, muss man attraktiv bleiben. In der Partnerschaft wird einem zwar auch gesagt, dass der Bauch über den Gürtel hängt, aber es spielt glücklicherweise nicht so eine Rolle. Ich möchte Franz auf jeden Fall ersparen, dass er Altenpfleger bei mir wird. Er betuttelt ja gern. Es könnte mal zum Konflikt werden, dass er mir seine Pflege aufdrückt. Ich möchte am liebsten einen schnellen Abgang haben. Früher habe ich mit der Pensionierung die Erwartung verbunden, viel zu reisen. Wenn ich meine Träume realisieren und für ein halbes Jahr nach Mexiko gehen würde, müsste ich allein fahren. Mir ist die Partnerschaft jedoch mehr wert, als mir sechs Monate die Sonne auf den Bauch brennen zu lassen. Zusätzlich zu unserem gemeinsamen Urlaub im November verreise ich manchmal mit meiner ersten Freundin. Sie ist wie ich im Ruhestand, ihr Partner arbeitet noch. Wenn Franz allein wegfahren würde, wäre da schon ein Fünkchen Misstrauen. Ich habe ihm mal gesagt: »Ich erzähle dir gern von meiner Vergangenheit. Aber du schweige.«

Wir sind gerade in Kaufverhandlungen wegen einer größeren Altbauwohnung in der Stadt. Es ist mehr Franz' Projekt, da kann er wieder gestalten. Mein Wunsch wäre, dass er sich ein halbes Jahr von der Arbeit beurlauben lässt und wir durch die Welt ziehen, solange ich noch krauchen kann. Doch wenn das mit der Wohnung klappt, wird daraus natürlich nichts.

Franz Brewe

Hugo ist meine erste feste Beziehung. Er ist der Gegenpol zu mir: Ich bin der häusliche, stille Typ, Hugo möchte am Wochenende auf die Piste, quatscht alle Leute an. Er ist wesentlich intelligenter, gebildeter als ich. Durch ihn bin ich selbstsicherer geworden, besonnener, überlege in Gesprächen mehr, was ich sage. Früher bin ich nie auf die Idee gekommen, auf fremde Menschen zuzugehen. Es hat mich positiv verändert, dass Hugo mich ein bisschen leitet. Auf sein Anraten habe ich auch meine kleine Wohnung behalten.

Für unsere Beziehung ist Hugos Pensionierung die beste Lösung. Er hat von Montag bis Freitag gearbeitet, während ich

Schichtdienst habe. Das hieß am Wochenende oft für ihn: »Du musst dich leider allein vergnügen.« Ich habe erst eine kaufmännische Ausbildung gemacht, später holte ich die Fachhochschulreife nach. Als wir uns kennen lernten, beendete ich gerade meine Ausbildung zum Krankenpfleger. In der Klinik erzähle ich nichts Persönliches. Ich will keine Angriffsfläche bieten und bin der Meinung, ich habe ein Privat- und ein Berufsleben. Nur meine liebste Kollegin hat meine private Telefonnummer. Seit Hugos Pensionierung können wir gemeinsam relaxen: Einmal in der Woche machen wir einen Gymnastikkurs nach Musik, wir gehen tanzen, ins Theater, fahren Rad. Im Haushalt sprechen wir uns ab. Hugo zaubert wunderbare Menus, und ich mache den Garten. Wenn es nach Hugo ginge, könnte überall Unkraut wachsen. Hauptsache, es ist grün. Ich finde dagegen, der Garten ist eine Visitenkarte.

Wenn es mal zu Streit kommt, ziehe ich mich zurück. Ich bin dann die beleidigte Leberwurst, suhle mich ein paar Tage richtig in meinem Ärger, niemand darf mich ansprechen. Aber dann ist es auch wieder gut. Konfliktreich sind Diskussionen über Politik, deshalb meiden wir das Thema. Und ich will nichts hören von einer Erbschaft. Wenn Hugo ankündigt, er wolle sein Testament machen, sage ich: »Ich schlage alles aus.« Ich habe mein eigenes Auskommen und möchte nicht dem Klischee entsprechen: Er hat sich einen Älteren genommen, um versorgt zu sein.

Vor Hugos Alter habe ich keine Angst. Ich habe nur Angst, dass er einmal nicht mehr da ist. Wie manche Ehefrau denke ich: »Ich gehe sofort hinterher. Das ist das Beste.« Am liebsten würde ich die Zeit anhalten. Hugo ist meine einzige, große Liebe, danach wird nichts mehr kommen. Bevor ich ihn kannte, bin ich nie verreist, er hat mir die große Welt gezeigt.

Karin Hellmer: »Die Zärtlichkeit ist geblieben.« –
Olaf Hellmer: »Man muss nicht alles ausdiskutieren.«

Olaf Hellmer ist bereits im Aufbruch zu einem Konzert, als mir Karin Hellmer noch das Bild erklärt, das sie ihrem Mann vor acht Jahren zum 60. Geburtstag geschenkt hat. »Ein Porträt mit allen Dingen, die ihm im Leben viel bedeuten.« 32 Jahre arbeitete Olaf Hellmer bei einer renommierten Wochenzeitung. Die Seite mit seiner Titelgeschichte über Afrika und sein Buch über Amerika sind Teil des Bildes, auf dem eine alte Schreibmaschine und daneben leere Blätter den meisten Platz einnehmen. »Ich habe oft gelauscht: Tick, tick, tick – Pause. Tick, tick, tick – Pause. Ich dachte, hoffentlich wird der Artikel bis morgen früh fertig. Er wurde immer fertig.« Seit über 40 Jahren sind die beiden verheiratet. Dass er Trompete spielt, hatte Olaf Hellmer in unserem Gespräch zuvor ebenso wenig erwähnt wie seine Begeisterung für Boxkämpfe – eine Passion, die ich bei dem bescheidenen, zurück genommenen Mann nicht vermutet habe.

Auch Karin Hellmer, Mitbegründerin einer Gesellschaft zur Erhaltung historischer Gärten, veröffentlichte in den letzten Jahren zwei Bücher zum Thema Landschaftsgestaltung. Temperamentvolle Sinnlichkeit ausstrahlend, wirkt die rundliche Frau mit den fröhlichen, neugierigen Augen bedeutend jünger als 70. Im Gespräch ergreift sie schneller als ihr Mann das Wort, dessen etwas hastiger Duktus im Widerspruch zu stehen scheint zu seinem ruhigen, besonnenen Wesen.

Karin Hellmer
Per Stimme hatte ich meinen Mann schon kennen gelernt, bevor wir uns 1963 zum ersten Mal begegneten. Ich schnitt beim Rundfunk in Köln seine Reportagen. Eines Tages kam Olaf als neuer Mitarbeiter in die Abteilung, in der ich auch beschäftigt war. 1964 haben wir geheiratet. Ich war damals seit zwölf Jahren im Beruf. In der DDR hatte ich eine Banklehre gemacht, im Westen eine Tanzausbildung. Als aus einer Bühnenkarriere nichts wurde, beschloss ich, im Kulturbereich

zu arbeiten. Ich wollte einen Beruf, der interessant war, einigermaßen bezahlt wurde und Spaß machte, eine feste Anstellung musste nicht unbedingt sein.

Mein Mann bekam dann bald ein Angebot von einem Printmedium in Hamburg. Er hat nicht gleich angebissen, sondern eingewendet, dass ich auch ein sehr gutes Einkommen habe. Ihm wurde nahe gelegt, er solle es sich doch noch mal überlegen.

Nach unserem Umzug war ich ein Jahr lang arbeitslos. Ich hatte erwartet, dass ich bei meiner Berufserfahrung mit offenen Armen aufgenommen würde. Dem war nicht so. Es war eine schwierige Zeit. Ich fühlte mich fremd im spröden Hamburg. Tagsüber begegnete ich auf der Straße nur Müttern mit Kinderwagen und alten Leuten, ich fühlte mich ziemlich allein. Seit meinen Lehrjahren war ich immer von Kollegen umgeben gewesen. Nun stand ich am Rande, war nicht Teil der Gemeinschaft. Da bin ich rausgefahren ins Studio Hamburg und habe Klinken geputzt. An der dritten Tür hatte ich Glück.

Was immer ich beruflich tat: Nach fünf Jahren hatte ich den Job im Griff und strebte nach etwas Neuem. 1978 bin ich mit meinem Mann nach Washington und später nach London gegangen. Ich wusste, dass ich dort keine Arbeitsgenehmigung bekommen würde, und habe in den USA Kommunikation und in England Gartengestaltung und Gartengeschichte studiert. Dass ich nichts mehr verdiente, änderte nichts im Verhältnis zu meinem Mann. Wir haben ein gemeinsames Konto, das ich verwalte. Wenn ich etwas wollte, brauchte ich nie zu fragen. Unsere Ehe wurde immer von partnerschaftlichem Respekt getragen. Die praktischen Haushaltsdinge habe ich erledigt, und Olaf konnte sich ganz auf den Beruf konzentrieren.

Nach unserer Rückkehr nach Deutschland habe ich die Gesellschaft zur Erhaltung historischer Gärten mit begründet und war lange Vorsitzende. Einen Verein auf den Weg zu bringen, erfordert täglich viele Stunden ehrenamtliche Arbeit. Als Olaf aus der Redaktion ausschied und in Pension ging, hatte ich gerade einen Buchvertrag und musste wie eine Wilde ackern. Gefreut habe ich mich nicht über seinen Ruhestand.

Ich dachte: »Und nun? Er steht neben mir, hinter mir, vor mir, er ist immer um mich herum.«

Meine Bedenken haben sich bewahrheitet. Männer brauchen eine richtige Mahlzeit, sie kommen nicht mit einem Joghurt aus. Olaf kocht zwar auch, aber es sind täglich drei Stunden, die man mit Essen und den Vor- und Nacharbeiten verbringt. Insgesamt bedeutet das neue Leben 24 Stunden Gemeinsamkeit. Wenn man ständig zusammen ist, muss man sich sehr zusammenreißen, damit eine gewisse Höflichkeit eingehalten wird und ein bestimmtes Maß an Distanz bleibt. Aber man nimmt sich nicht immer zusammen, hat zuweilen schlechte Laune, verfällt in einen ruppigen Ton, den man früher nicht hatte, weil man sich weniger gesehen hat und sich abends aufeinander freute. Generell sind wir heute ungeduldiger. Früher habe ich meinen Mann beim Auto fahren nicht so häufig kritisiert, das hat auch ein bisschen mit dem Alter zu tun.

Wir kennen uns seit 42 Jahren, haben viele gemeinsame Interessen: Theater, Kino, Musik, wir lesen die gleichen Bücher, reisen gern, haben beide unsere Jugend in der DDR verbracht. Das heißt aber auch: Wir kennen jede Reaktion des anderen. Solange wir arbeiteten, waren wir in ein Team eingebunden. Nun sind wir das Team. Zwei Leute – da muss man eine unglaubliche Phantasie entwickeln, damit im Alltag noch mal ein paar funkelnde Sterne am Himmel sind. Hinzu kommt: Die Sexualität ist weg, die früher sehr viel ausgebügelt hat. Jetzt gibt es wirklich nur den reinen Charakter des anderen. Das ist ganz schön schwer. Man muss sich ab und zu überprüfen: Wie verhält man sich dem Partner gegenüber?

Unser Gerüst ist: Wir nehmen alle Mahlzeiten gemeinsam ein, und wir stehen immer um acht Uhr auf. Manchmal würde ich lieber länger im Bett die Zeitung lesen und Tee trinken, weil ich abends sehr spät schlafen gehe. Aber ich möchte mit Olaf frühstücken. Als gemeinsames Hobby haben wir unser Ferienhaus mit einem riesigen Garten. Früher hat Olaf nicht geholfen, jetzt macht es ihm großen Spaß. Wir bestellen das Land gemeinsam, wir machen es schön, für uns und andere. Bei aller Gemeinsamkeit achten wir jedoch darauf, dass wir einen Teil unserer Freizeit unterschiedlich gestalten. Ich gehe hin und wieder ganz bewusst für einige Tage allein aufs Land zum Schreiben. Solche Trennungen sind sehr wichtig, ich nenne sie Erholungspausen. Olaf fliegt demnächst nach Afrika zu seiner Schwester. Ich komme nicht mit, sondern gucke mir in dieser Zeit lieber in Amsterdam Ausstellungen an.

Freunde haben wir viele. Doch man besucht sich im Alter nicht mehr so oft, es gibt einen Hang zur Bequemlichkeit. Außerdem koche ich nicht mehr so gern. Es finden auch keine heißen Debatten mehr statt. Ich glaube, im Alter nimmt der Egoismus zu und die Bereitschaft zum Zuhören ab. Es gibt schon eine bestimmte Sitzhaltung, die Desinteresse signalisiert.

Dass wir keine Kinder haben, empfinden wir bisher nicht als wirkliches Defizit. Wir haben uns Kinder sehr gewünscht, aber wir bekamen keine. Wenn Olaf gesagt hätte, wir kümmern uns um eine Adoption, hätte ich sofort zugestimmt. Vor zweieinhalb Jahren bekamen unsere ehemaligen Nachbarn Zwillinge. Einer war sehr schmächtig, und alle bangten um sein Leben. Mein Mann war sofort in das Baby vernarrt. In der ganzen Gegend kannte man ihn, weil er den Jungen wie ein Beuteltier in der Känguruhtasche herumgetragen hat: immer mit dem Gesicht nach vorne, er sollte von Anfang an in die Welt gucken. Olaf holt den Jungen fast jeden Tag ab und fährt mit ihm zum Bahnhof, Züge anschauen. Manchmal muss ich in mich gehen, um nicht ein bisschen eifersüchtig zu werden. Wenn wir auf dem Lande sind, wird Olaf nach drei Tagen unruhig, er hat Sehnsucht nach dem Kind. Ich sage dann: »Nun, fahr schon.« Er: »Nicht allein.« Na gut, dann fahre ich mit. Früher haben wir uns manchmal über Paare mokiert, weil wir dachten, die reden nur über ihre Kinder oder Enkel. Jetzt machen wir selbst Zukunftspläne für den Jungen. Olaf sagt: »Hoffentlich ist er bald größer, dann kann ich mit ihm ins Weihnachtsmärchen gehen.«

Über Tod und Sterben sprechen wir selten. Wir nehmen uns ab und zu vor: »Wir sollten mal unser Testament machen und die Schätze verteilen.« Reisen müssen wir im sogenannten Ruhestand nicht nachholen. Wir haben viel von der Welt gesehen und interessante Menschen getroffen. Was wir im Leben wollten, haben wir gemacht. Ich bin eine glückliche Frau, weil ich einen sehr zärtlichen Mann habe. Die Zärtlichkeit ist geblieben. Olaf fühlt, wenn ich unglücklich bin, er beschützt mich, umsorgt mich dann. Wir kennen genau unsere Ängste, wissen, wann wir unsicher sind. Aber darüber wird nicht viel geredet. Olaf nimmt meine Hand, oder ich nehme seine Hand, und jeder von uns weiß: Es ist schon gut.

Olaf Hellmer

Ich wusste, ich will Journalist werden. Ich hatte in der DDR angefangen, Journalistik zu studieren. 1960 ging ich in den Westen, immatrikulierte mich für Publizistik und schrieb gleichzeitig für eine Studentenzeitung. Am Journalismus reizte mich die Vielfältigkeit. Man kann seine Neugier befriedigen, sich in immer neue Probleme hineinarbeiten. Karriere zu machen und in einer Hierarchie aufzusteigen, war nicht mein Ziel.

Karin und ich haben gegenseitig großen Anteil an unseren Berufen genommen. Ich habe viel Zeit in der Redaktion verbracht und war als Auslandsredakteur oft auf Reisen. Ich war glücklich, dass Karin sich um alles gekümmert hat. In den Ohren von Feministinnen klingt es machohaft zu sagen: »Sie hat mir den Rücken frei gehalten.« Aber Karin hat sowieso den besseren Geschmack, um eine Wohnung einzurichten, und sie achtet besser darauf, wofür Geld ausgegeben werden sollte und wofür nicht. In Washington und London hat sie die Zeit genutzt, um sich weiterzubilden, ich habe das sehr unterstützt. Es war für mich eine Möglichkeit, mich bei ihr zu bedanken. Allerdings waren wir zu nachlässig, was ihre Altersversorgung betrifft. Als wir nach Hamburg zogen, hatte Karin neun Jahre bei ihrem Sender in Köln gearbeitet. Nach zehn Jahren hätte sie Rentenansprüche gehabt. Unsere materielle Sorglosigkeit war eigentlich schön, aber sie war nicht klug.

Ich bin mit 65 Jahren in Pension gegangen. Wenn ich mich in den letzten Jahren meines Berufslebens mit Kollegen unterhielt, die in meinem Alter waren, also Auslaufmodelle, gab es einige, die große Furcht vor der Pensionierung hatten. Alle merkten, dass unser Einfluss nachließ, während Jüngere aufstiegen. Der Stil veränderte sich, es gab immer mehr neue Gesichter. Ich habe mir damals gesagt, wenn ich nicht mehr sinnvoll in die Arbeit einbezogen werde, gehe ich. Aber es kamen doch immer wieder Aufgaben für erfahrene Kollegen. Man musste allerdings flexibel sein, Verdienste aus der Vergangenheit zählten nicht. Seit ich im Ruhestand bin, schreibe ich weiterhin Artikel, in Karins zweitem Buch habe ich auch zwei Kapitel verfasst. Ich beobachte jedoch kritisch den Drang von Rentnern zu sagen: »Ich mache gerade dies und das.« Es soll Eindruck machen, doch so eine Äußerung ist eher Ausdruck von Unsicherheit.

Man assoziiert mit Alter Gelassenheit. In Wahrheit reagieren alte Leute in vielen Situationen wie aufgeschreckte Hühner. Man gerät wegen Kleinigkeiten außer Fassung. Die Unruhe, die man früher bei älteren Leuten beobachtet hat, registriert man jetzt an sich selber. Was man sonst immer in gutmütigem Ton gesagt hat, wird vielleicht etwas schnarrender. Möglicherweise kommt manches gereizter heraus. Wenn man bei sich oder beim Partner diese Verhaltensweisen erkennt, kann man dagegen angehen, indem man darüber spricht. Aber dazu gehört Taktgefühl. Ich glaube, dass eine schonungslose Offenheit oft mehr kaputt macht als dass auf diese Weise etwas praktisch geregelt wird. Man muss nicht alles ausdiskutieren, jede aus dem Moment entstandene Abneigung analysieren. Ich brauche Harmonie, Spannungen belasten mich. Karin ist da etwas stärker.

In der Zeit nach dem Arbeitsleben habe ich etwas völlig Neues entdeckt: Durch den kleinen Jungen, mein »adoptiertes Enkelkind«, nehme ich Dinge viel intensiver wahr. Mich fasziniert die Direktheit eines Kindes. Er fasst auf meinen Kopf und fragt: »Sind da keine Haare?« Und er liebt Züge. Wir fahren mit dem Bus zum Bahnhof, schauen Lokomotiven an, Güterzüge, den Autozug. Der Junge weiß, wo der Speisewagen ist, und die Eisenbahner winken ihm zu. Das sind glückliche Stunden.

Für mich muss der Tag um neun beginnen, die Ausnahme ist das Wochenende. Aber ich glaube, die Verlotterung droht schon, wenn man beginnt, bis zehn im Bett zu liegen. Es gibt genug zu tun. Früher fand ich es fürchterlich, Töpfe zu schrubben, heute übernehme ich solche Hausarbeiten fast gern. Dabei höre ich Radio und beschäftige gleichzeitig den Kopf. Seit meiner Pensionierung ist es noch wichtiger, dass wir regelmäßig in unser Landhaus fahren. Der Ortswechsel, die Möglichkeit, mal hier, mal dort zu sein, erleichtert mir sehr das Ende der Berufszeit. Am wohlsten fühle ich mich, wenn ich den halben Tag im Garten arbeite und den halben Tag lesen oder schreiben kann.

Man hätte jetzt mehr Zeit, Freunde zu besuchen, aber wenn man sich seit Jahrzehnten kennt, hat man sich vieles schon gesagt. Gesprächsthemen, die ich fürchterlich finde, sind Preisvergleiche und Gesundheit. Das Thema Tod ergibt sich von allein, weil in unserem Umkreis immer häufiger Menschen sterben. Man soll es nicht ganz verdrängen, aber wenn es ständig beredet wird, deprimiert es mich. Ich erkenne durch den kleinen Jungen mein Älterwerden, man sieht mit einer gewissen Wehmut, wie ein Kind so frisch und unbekümmert heranwächst. Dennoch ist es wunderbar, die Entwicklung dieses kleinen Jungen täglich mitzuerleben.

Wer bin ich noch für dich?
Wer bist du noch für mich?
Veränderung des Selbstbildes

Das Identitätsgefühl eines Menschen hängt weitgehend von der Beantwortung der Fragen ab: Was kann ich? Und: Was will ich? Das Selbstbild ist zudem abhängig von den sozialen Beziehungen, in denen eine Person lebt. Das Bild, das jemand von sich selbst entwickelt, steht in engem Zusammenhang mit den Vorstellungen seiner Umwelt über ihn.

Aus psychoanalytischer Sicht werden Veränderungen des Selbst im Alter überwiegend als narzisstische Krise beschrieben. Ähnlich wie in der Jugend zeichnen sich im Alter, so der Psychologe Hans Goldbrunner, einschneidende Umbrüche ab, die vor allem durch körperliche Veränderungen ausgelöst werden. Der Wandel im Alter vollzieht sich allerdings langsamer, wird äußerlich erst allmählich sichtbar. Während in der Jugend die Zukunft Zuwachs verspricht, steht im Alter die Zukunft im Zeichen von Verlusten. Auch junge Menschen müssen ihr Selbstbild korrigieren, stoßen an ihre Grenzen.

Da Selbstachtung jedoch nicht nur eng mit dem verknüpft ist, was man *jetzt* ist, darstellt und kann, sondern sich auch aus der Vorstellung speist, welche Fähigkeiten man noch entwickeln kann, welche Höhen das derzeitige Ich später einmal erklettern wird, bietet sich in jungen Jahren reichlich Ausgleich für Enttäuschungen und Misserfolge. Die Einlösung von Hoffnungen und Wünschen wird in die Zukunft verlagert. Je älter man wird, desto mehr nimmt die bereits verbrauchte Lebenszeit mit ihren ernüchternden Erfahrungen zu. Die Zeit, Träume zu verwirklichen, wird bedrohlich kurz. Je kürzer die Frist, desto deutlicher entpuppen sich uneingelöste Pläne als Illusionen, beschreibt Goldbrunner eine Erfahrung, die viele ältere Menschen teilen.[64]

Melancholie, Depressionen oder blinder Aktionismus, mitunter auch Wut und Aggressionen können Antworten sein auf das Gefühl, Wesentliches versäumt zu haben oder vom Leben betrogen worden zu sein. Andere erkennen eher mit Gleichmut ihre Grenzen, relativieren ehrgeizige Ziele. Bei ihnen weichen die Selbsttäuschungen gelassener Selbstakzeptanz. Statt in die Weite, geht ihr Blick in die Tiefe.

Erwartungen, Hoffnungen, Enttäuschungen

Nach einer langen Lebensphase mit beruflichen und familiären Anforderungen kann man sich im Ruhestand auf die Zweisamkeit konzentrieren und das miteinander tun, wofür bisher nie Zeit war. Besonders Frauen haben oft die Erwartung, all die Gemeinsamkeiten zu entwickeln und zu pflegen, die während des Berufslebens hintenan stehen mussten. Wie nie zuvor kann man sich der partnerschaftlichen Beziehung widmen. Vertagte Wünsche tauchen wieder auf, halb vergessene Träume rücken in den Bereich des Möglichen.

Wie der Schweizer Paartherapeut Jürg Willi schreibt, haben liebende Partner hohe Erwartungen aneinander. Man möchte von seinem Partner verstanden und bejaht werden, ihm Ängste und Schwächen zeigen können, ohne beschämt zu werden. Man wünscht sich einen Menschen, der einen umhegt und stützt, der zu einem steht bei Misserfolgen und stolz auf einen ist, wenn man erfolgreich ist und etwas kann. Man möchte mit liebevoller Loyalität auf Fehler hingewiesen werden. Und man möchte die Person sein, die dem Partner all dieses auch geben kann. Sind Paare glücklich, lösen sie diese Wünsche weitgehend ein. Die seelische Verbindung eines Paares, erläutert Jürg Willi, werde nicht so sehr durch die Stärken eines jeden gefestigt; die spezifische Affinität gründe sich vielmehr oft auf verdeckte Unsicherheiten. Die Sehnsucht, dem anderen zu helfen, seine Schwächen zu überwinden, und das Bestreben, durch ihn selbst zu wachsen, übe häufig eine besondere Anziehung aus.

»Männer werden in einer Liebesbeziehung oft männlicher

und Frauen weiblicher als sie es außerhalb der Beziehung sind«, bringt Jürg Willi die oft unbewusste Zielsetzung von heterosexuellen Partnern, in ihrer geschlechtlichen Unterschiedlichkeit »beantwortet« zu werden, auf den Punkt. »In einer Liebesbeziehung möchte der Mann in seinem männlichen Potential herausgefordert werden, er möchte respektiert, bewundert und in seiner Männlichkeit gebraucht werden. Und ebenso möchte die Frau in ihrer Fraulichkeit begehrt und bestätigt werden, sie möchte spüren, dass der Mann ihr Raum für die Entfaltung ihres persönlichen Potentials öffnet und sie in ihrer Entfaltung bejaht.«[65] Obwohl die klassische Rollenaufteilung das Potenzial beider Partner oft beschneidet, bietet es an sich Vorteile, wenn Eheleute sich in ihrer jeweiligen Kompetenz ergänzen, sich aufeinander verlassen und mit ihren unterschiedlichen Talenten und Interessen füreinander interessant bleiben. Doch das jahrelange Parallelprogramm birgt auch ein Risiko: Wenn jeder »seinen Stiefel macht«, ist es eine Frage der Zeit, wann man sich voneinander entfremdet.

Entfällt im Ruhestand das Gerüst von Aufgaben und Außenkontakten, zeigt sich mitunter, wie wenig man sich inhaltlich zu sagen hat, wobei sich nach Auskunft des Paarberaters Robert Bolz die Kommunikation zwischen Partnern oft schon in frühen Jahren einzuengen beginnt. »Wenn beide einen anspruchsvollen Job haben, sind sie abends so erschöpft, dass nur noch das Familienmanagement besprochen wird. Gespräche darüber: ›Wie geht es dir? Wie geht es mir?‹ finden nur noch selten statt. Und am Wochenende erholt man sich, berührt keine unter Umständen belastenden Themen. In der Fachliteratur gibt es zwar Hinweise: ›Nehmt euch in der Woche wenigstens einen Abend Zeit!‹ Aber das muss man erst einmal wollen. Manche Paare sitzen dann da und sagen: ›Was sollen wir jetzt machen? Wir hätten doch so viel anderes zu tun.‹ Ich sehe bei Paaren oft, dass der andere geliebt wird, weil er etwas leistet. Wenn beide nicht gelernt haben, dass sie als Persönlichkeit geliebt werden, schaukeln sie sich in ihrer gegenseitigen Funktionalisierung hoch.«

Beruhte die Wertschätzung des Partners hauptsächlich auf

dem, was er beruflich darstellte, und auf dem Nutzen, den man aus der familiären »Kraftquelle« zog, ist die Ernüchterung vorprogrammiert. Nicht mehr gemildert durch den Weichzeichner von Erfolg und Prestige, werden die Spuren des Alters schonungslos sichtbar. »Hat er sich so verändert? Oder habe ich ihn falsch gesehen?« beschreibt eine Interviewpartnerin ihre Ernüchterung. Meist sind es Frauen, die nun die Lahmheit ihres Partners beklagen. Männer entziehen sich der drohenden gemeinsamen Langeweile eher, indem sie »ihr eigenes Ding« machen.

Das gute miteinander Auskommen im Ruhestand wird in Umfragen allerdings mehrheitlich höher eingestuft als die Verfolgung konkreter Ziele. Wichtiger als die einzelne Unternehmung bewerten Ruheständler die Atmosphäre, in der sie stattfindet. Generell werde der Wunsch nach einem friedlichen Zusammenleben allerdings im Ruhestand auf eine harte Probe gestellt, bilanziert Horst Opaschowski: Während 1983 noch zwölf Prozent der Paare den Ruhestand als einen Gewinn für ihre Beziehung werteten, waren es 1997 nur noch drei Prozent.[66]

Bewahren und Entwickeln

Das Gefühl sicherer Identität ist dem Psychologen Erik Erikson zufolge die Voraussetzung dafür, dass Partner wirkliche Nähe zu anderen zulassen und gestalten können. Nur wenn Menschen einen festen Persönlichkeitskern entwickelt haben, sind sie fähig zu einem intimen Verhältnis. Eine stabile eigene Identität ist damit die Voraussetzung für eine erfüllende, vertrauensvolle Beziehung, weil nur sie eine Balance zwischen Nähe und Distanz ohne Angst vor Ich-Verlust ermöglicht.[67]

Die eigene Entwicklung zu fördern und zugleich die des Partners im Auge zu behalten, ist freilich eine schwierige Herausforderung. Denn Entwicklung heißt auch, sich von Altem zu lösen, Vertrautes durch Neues zu ersetzen. Je mehr ein Partner auf Änderungen drängt, desto eiserner hält häufig der andere an Gewohntem fest, das Streben des einen nach Unabhängigkeit ruft beim anderen nicht selten Kontrollwünsche hervor. Während sich einige Partner aus Verlustangst, Rivalität und Eifersucht ausbremsen, damit der andere sich nicht zu weit entfernt, achten seelisch reife Partner darauf, die Balance zwischen Eigenem und Gemeinsamem zu wahren, damit das eine nicht dem anderen geopfert wird.

Studien belegen, dass der Respekt vor der Andersartigkeit des Partners ein Schlüssel zum Glück ist. Wissenschaftler aus Trier und Bad Harzburg begleiteten 408 Ehepaare über einen Zeitraum von 14 Jahren, um das Geheimnis stabiler Partnerschaften herauszufinden. Das Ergebnis: Wohlstand und Status beeinflussen das Eheglück vergleichsweise wenig. Ausschlaggebend dafür, ob Paare friedlich miteinander alt werden, sind Fairness und die gerechte Verteilung von Lasten. Mal haben die Wünsche des einen Vorrang, mal die des anderen. Wenn die Ehefrau die Fenster putzt, übernimmt es der Ehemann, den Keller aufzuräumen. Gleiche Interessen spielen in harmonischen Lebensgemeinschaften nur eine geringe Rolle. Viele Partner überschätzen sogar ihre Ähnlichkeit. Wichtiger ist, dass jeder seinen Interessen nachgehen kann. Oft bereichern sich Paare gerade dann, wenn ihre Neigungen nicht deckungsgleich sind.[68]

Chancen und Klippen des späten Rollentausches

Während für die Väter, die heute im (nahen) Pensionsalter sind, der Slogan »nach der Lehre die Karriere« vielleicht noch galt, schrumpft für ihre Söhne in Zeiten von Massenarbeitslosigkeit die Aussicht auf Vollbeschäftigung. So sehen sich nicht mehr nur hauptsächlich Frauen mit dem bunten Flickwerk aus befristeten Arbeitsverhältnissen konfrontiert. An die Stelle der lebenslang gesicherten Anstellung trete die lebenslange Probezeit, bringen die Autoren Paul M. Zulehner und Rainer Volz diese Entwicklung auf den Punkt. Zwar wachse der Wert des gesellschaftlichen Gutes Arbeit, je knapper es wird; doch in einer zunehmend durch Unsicherheiten geprägten Gesellschaft gewinne auch für Männer der Rückzugsbereich Familie an Bedeutung: »Hier zählt nicht die Funktion, sondern die Person ist gemeint. Familie gilt als Kraft gegen die wachsende psychische Obdachlosigkeit.«[69] Umfragen belegen: Rentner sind gern und häufig zu Hause. Es hat mich in vielen meiner Gespräche überrascht, wie sehr sich das Leben von Männern im Ruhestand in die eigenen vier Wände verlagert, ohne dass sie Kontakte nach außen vermissen.

Frauen hingegen genießen es häufig, nun nicht mehr so angebunden zu sein, und orientieren sich stärker nach außen. Manche verdoppeln jetzt ihre Anstrengungen, beruflich nochmals einzusteigen. Hinter ihr klappt morgens die Tür ins Schloss, während er das Frühstücksgeschirr wegräumt und offenbar gar nicht selten seine Frau abends mit einer Mahlzeit erwartet. Die jahrelange Aufgabenteilung kehrt sich um, in der Regel freilich ohne die mannigfachen Unterbrechungen und Handreichungen, die Kinder erfordern. Gern unterstützen manche Männer die berufliche Tätigkeit ihrer Frau, freuen sich über Erfolge, profitieren von den Anregungen. Doch zum Erfüllungsgehilfen lassen sie sich nicht degradieren. Anweisungen, womöglich schriftlich, rühren an einen empfindlichen Nerv.

Andere Männer fühlen sich ausgebootet, vernachlässigt und hadern damit, wenn ihre Frau sie beruflich überrundet. Sie torpedieren ihre beruflichen Aktivitäten, indem sie sich der Mithilfe im Haushalt verweigern und sie vielleicht auch mittels Krankheit spüren lassen, dass ihnen die Eigenständigkeit ihrer Partnerin nicht passt. Enttäuschung, dass sie nicht genügend zur Verfügung steht, paart sich mit Neid und Eifersucht. Manchmal aber ist es einfach nur schwer, der Missgunst anderer zu widerstehen, die mit spitzen Bemerkungen den Rollenwechsel kommentieren: »Ach, Ihr Mann putzt bei Ihnen?«

Die Zahl der Frauen, die »Karriere machen«, während ihr Mann seine gerade beendet, ist zweifellos gering. Das schnellere Lebenstempo der erheblich jüngeren Partnerin oder des jüngeren Partners führt manchmal zu unüberbrückbaren Problemen. Während der Berufstätige mit Blick auf die Uhr lebt, kann sich der nicht mehr Erwerbstätige uferlos Zeit lassen. Die Betriebsblindheit des einen und der relativierende Abstand des anderen können sich jedoch auch wohltuend ausgleichen. Nicht alles hat die Wichtigkeit, die man Menschen und Ereignissen beimisst, wenn man mitten im Tagesgeschäft steckt.

Während vielen Männern der berufliche Aufstieg ihrer Partnerin zu schaffen macht, tun sich Frauen eher mit der beruflichen »Entthronung« ihres Mannes schwer. In komplementärem Narzissmus übertragen Frauen ihren Ehrgeiz auf den Partner. Seine beruflichen Leistungen und sein Prestige haben lange auf sie abgestrahlt. Weil aus ihrer Sicht banale Haushaltstätigkeiten an seinem Image kratzen würden, an dem sie weiterhin partizipieren wollen, lehnen Frauen die Mithilfe ihres Mannes ab. Dass sie ihm regelrecht vorenthalten, neue Lebensbereiche für sich zu entdecken, ist ihnen oft nicht bewusst.

»Die Ehe ist kein Kampf darum, wer der Stärkere ist. Gemeinsam sind wir besser – das war immer unser Motto«, erklärt in einer Reportage des *Stern* Inge Jens die Basis ihrer über 50-jährigen Ehe mit dem Autor und Rhetorikprofessor Walter Jens.[70] Ein erfolgversprechendes Motto, auch für den späten Rollentausch.

Ungleichzeitiges Altern

Dass Frauen kritischer als Männer ihr Äußeres prüfen, ist bekannt. Sie fühlen sich verwundbarer und sehen ihren »Verfall« häufiger mit den Augen anderer.

Wenn Männer sich verjüngen, dann nicht in erster Linie, damit sie für ihre Frau anziehend bleiben. Davon überzeugt, dass sie als »Macher« ihr Geburtsdatum quasi aushebeln können, werten manche Männer das Schwinden ihrer Kräfte und beruflichen Kompetenz – im Vergleich zu anderen Männern – eher als Niederlagen, während Frauen sich im allgemeinen sachlicher darein schicken, dass ihre Leistungsfähigkeit nachlässt.[71] Gekränkt über ihre nachlassende Potenz, zögen sich Männer in sich zurück, beschreibt Robert Bolz den Anschlag auf das männliche Ego.

Auch bei gleichaltrigen und gesunden Partnern verläuft der Alterungsprozess nicht synchron. Die Aufforderung »Nun reiß dich zusammen!« füllt den Energietank des Langsameren nicht auf, zapft stattdessen weitere Kraft ab. Wer sich ständig nach dem bedächtigeren Partner richtet, lässt wiederum eigene Reserven ungenutzt. »Ein reifer Mensch ist jemand, der mit seiner Lebenswirklichkeit körperlich, seelisch, geistig im Einklang steht«, meint Robert Bolz und rät, Wünsche auf ein realistisches Maß zu reduzieren. Gemeinsames muss nicht gänzlich aufgegeben werden, nur weil der andere nicht mithalten will oder kann: »Wenn sich eine Frau auf einer Reise sämtliche Kirchen angucken will und sich ihr Mann allenfalls für zwei interessiert oder ihm die Puste ausgeht, löst sich der Konflikt, wenn er sich derweil ins Café setzt. Deswegen getrennt Urlaub zu machen, wäre falsch.«

Susanne Weil: »Das Wichtigste ist unsere Partnerschaft.«

Von einigen Bonner Freunden, erzählt Susanne Weil, wurde ihr Wegzug fast als Untreue ausgelegt. Doch für sie stand außer Frage, dass Berlin als Hauptstadt Vorrang vor persönlichen Interessen habe. Als das Ministerium, in dem ihr Mann arbeitet, an die Spree umzog, gab Susanne Weil ihre Stelle mit 56 Jahren auf.

Ich lerne das Ehepaar bei einem Fest kennen. Ermutigt von der Offenheit der 61-Jährigen, vereinbare ich mit Susanne Weil ein Gespräch über einen Wohnortwechsel, der viele Regierungsbeamte betrifft und der für die Partnerin häufig den Ausstieg aus dem bisherigen Berufsleben bedeutet.

Die kunstvoll bizarren Holzarbeiten ihres Mannes seien erst in den letzten Jahren entstanden, erzählt Susanne Weil, bevor sie sich in ihrer Altbauwohnung konzentriert meinen Fragen widmet. Susanne und Gregor Weil, ein Mann mit freundli-

chem Gesicht und der Statur eines Bonvivant, haben zwei er-
wachsene Kinder. Ihr 34-jähriger Sohn lebt als freier Musiker
in Spanien, ihre 29-jährige Tochter wohnt in Berlin und ist ge-
rade dabei, ihr Medizinstudium zu beenden.

Ich habe meinen Beruf als Krankengymnastin sehr geliebt.
Kranken Menschen zu helfen, war ein Lebensziel von mir. Für
mich hatte und hat die Familie jedoch immer Vorrang. Als das
Ministerium, in dem Gregor arbeitet, 1999 umzog und ich
deshalb meine Berufstätigkeit aufgab, meinten meine Bonner
Patienten: »Ihr Mann ist ja sowieso viel unterwegs, er kann
doch pendeln.« Ich habe ihnen erklärt: »An erster Stelle steht
mein Mann, dann kommen die Kinder, unsere Eltern und
Freunde, und erst dann kommt mein Beruf.« Ich wollte Gregor stets die Chance geben, seinen Weg zu gehen, ihn dabei
begleiten und war sehr zufrieden, eine Arbeit zu haben, die
mich ausfüllte, aber in keiner Konkurrenz zu seiner stand.
Nach über 30 Jahren im Beruf dachte ich auch: »Warum eigentlich nicht aufhören?« Trotz des Abschiedsschmerzes habe
ich in erster Linie den Neuanfang gesehen. Ich hatte vorher
nie eine Zeit erlebt, in der ich morgens sagen konnte: »Heute
mache ich das, worauf ich Lust habe.«
  Wir leben seit 36 Jahren in einer Partnerschaft, in der vieles
so ist, wie wir uns das erträumt haben. Kennen gelernt haben
wir uns, als Gregor 13 und ich 14 Jahre alt war. Nach dem
Abitur sind wir in verschiedene Städte gegangen und haben
uns zwei Jahre später wieder getroffen. Gregor meinte schon
damals, ich sei die Frau seines Lebens. Mit einem guten Jura-
Examen standen ihm damals alle Türen offen. Er hat eine Mi-
nisteriallaufbahn eingeschlagen und ist im Ministerium auch
da angekommen, wo er hinwollte. Vom Jahrgang zählen wir
ja zur 68er-Generation, aber wir waren bereits zu etabliert,
um wirklich dazu zu gehören. Die antiautoritäre Erziehung
haben wir schon deshalb nicht probiert, weil wir als Paar
immer egoistisch waren: Wir wollten uns nicht so viel unserer
Zweisamkeit von den Kindern wegnehmen lassen. Da ist eine
geregelte Erziehung von Vorteil. Abends sind wir oft für eine

Stunde um die Ecke in die Kneipe gegangen, um ohne Kinder, ohne Telefon zu reden, da Gespräche weg vom Nest ganz anders laufen.

Beruflich war und ist Gregor viel unterwegs. Die Kinder und ich hatten jedoch nie das Gefühl, er opfere seine Familie dem Beruf. Wenn er zu Hause war, hat er sich voll eingesetzt. Meine Arbeit in einer Praxis wurde von anderen oft gar nicht wahrgenommen. Anerkennung bekam ich von meinen Patienten, von Ärzten, von Gregor. Wenn ich meinte, ich müsste mit Patienten mal ins Kino gehen, weil die zu allein waren, konnte ich ihn, wenn es zeitlich machbar war, mit einbinden. Gregor hat einen gesunden Ehrgeiz, aber er trägt ihn nicht vor sich her.

Wenn ich gefragt werde, wie ich Berlin empfinde, sage ich: »Es ist mein drittes Leben.« Ich bin nicht mehr berufstätig, konzentriere mich auf mich selbst und auf unsere Zweisamkeit. Was mir bisweilen fehlt, ist der Kontakt zu Patienten. Gregor behauptet, ich sei anfangs durch die Straße gelaufen und habe mich vorgestellt. Ich bin, wie die Berliner sagen, den Kiez abgegangen und habe, was meine Tochter fürchterlich findet, in Läden immer einen Satz mehr als notwendig gesagt. Ich wollte nicht anonym bleiben in dieser Millionenstadt. Den Freundeskreis zu organisieren und aufrecht zu halten, war und ist mein Bereich. Ich denke an Geburtstage, schreibe Briefe. Wenn man eine Stadt verlässt, verspricht man ja: »Wir bleiben in Verbindung.«

Wir sind Menschen, die leicht aufstehen und beim Frühstück schon gut miteinander reden können. Gleich morgens die Zeitung zu lesen, bringe ich immer noch nicht fertig. Gregor nennt es mein »Untermieterbewusstsein«, dass ich grundsätzlich um acht Uhr angezogen bin, weil ich immer das Gefühl habe, es könnte ja jemand in der Tür stehen. Was ich mir gönne, kann ich besser genießen, wenn ich vorher alles erledigt habe. Ordnung zu halten, ist meine Aufgabe. Am Gestalten unserer Wohnung haben wir beide sehr viel Spaß. Wenn wir die Tür aufmachen, durchströmt uns ein Glücksgefühl: »Wie ist es schön bei uns!« Aber man muss aufpassen, dass man nicht immer pingeliger wird.

Da wir ein Dorfhaus in Frankreich haben, bessere ich mein Schulfranzösisch auf. Ich gehe auch regelmäßig zum Sport. Früher habe ich Tennis gespielt, leider macht Gregors Knie nicht mehr mit, und ich habe keine Lust, allein einem Club beizutreten. Deshalb sehe ich mir jetzt begeistert Tennisturniere an. Ich verlagere meine Bügelwäsche vor den Fernseher, damit ich mit gutem Gewissen gucken kann. Auch da wieder der Druck, ich müsste etwas Sinnvolles tun. Ein karitatives Ehrenamt kommt für mich trotzdem nicht in Frage. Ich hatte die sinnvolle Verbindung von Hilfe und Beruf, jetzt will ich ohne soziale Verpflichtungen leben. Wenn jemand meine Unterstützung braucht, bin ich selbstverständlich da.

Für mich ist das Wichtigste die Konzentration auf unsere Partnerschaft. Wir erleben jetzt eine Zweisamkeit, wie wir sie hatten, bevor die Kinder kamen. Ich denke, ein Grund, warum es in unserer Ehe so gut gegangen ist, ist der, dass Gregor stets die Bereitschaft und auch die Kraft hatte, auf meine Vorschläge einzugehen. Wir golfen nicht, spielen nicht Bridge. Wir haben keinen Garten mehr und kommen dadurch viel mehr raus als in Bonn. An seinen wenigen freien Wochenenden nehmen wir uns jedes Mal einen anderen Stadtteil vor. Unsere Kinder meinen, wir seien durch den Umzug jünger geworden. Letzten Samstag sind wir durch Kreuzberg geradelt und haben in Hinterhöfe geguckt. Es macht uns Spaß, durch die Markthalle oder über den Flohmarkt zu schlendern. Oder in einem Café zu sitzen und Leute anzuschauen. Das ist ein kleiner Ersatz für unsere Rucksackreisen durch die Welt, die wir bis vor neun Jahren ohne unsere Kinder gemacht haben.

Aber ich bin dabei, mich auch an stinknormale Tage zu gewöhnen. Wenn jemand fragt: »Was machst du so?«, sage ich nun häufiger: »Ich bin nicht schon wieder in der Nationalgalerie oder in der Philharmonie gewesen. Ich habe mein Haus bestellt.« Ich freue mich jeden Abend, wenn Gregor heimkommt, doch ich warte nicht auf ihn, kann mich gut allein beschäftigen. Wenn er auf Dienstreise ist, rufe ich ihn nur im allerdringendsten Fall an. Auf der Basis absoluten Vertrauens haben wir uns immer Freiheit gelassen.

Viele Gesprächsthemen ergeben sich durch Gregors Beruf. Und wir mussten uns hart auseinander setzen mit dem Weg, den unsere Kinder gewählt haben. Als freischaffender Künstler kann unser Sohn nur mit diversen Jobs überleben. Unsere Tochter steckt mitten im Examen. Sie engagiert sich sehr für Menschen, die gesellschaftlich am Rande stehen. Die Sorge um die Kinder bleibt. Wir haben jedoch gelernt, dass es uns besser geht, wenn wir sie begleiten, statt zu kritisieren. Auch in diesem Punkt ist ein starkes Wir-Gefühl. Wenn einer überreagiert, kann der andere das ausgleichen. Wenn ich zum Beispiel sage: »Markus hat 14 Tage nicht angerufen, er könnte sich mal melden«, sagt Gregor: »Ich habe meine Eltern nie angerufen.« Nach unserer Erfahrung präsentieren viele Paare nur die Sonnenseite ihres Familienlebens. Wir haben uns gegenseitig Mut gemacht zu sagen: »Wenn ihr nach unseren Kindern fragt, kriegt ihr eine ehrliche Antwort.« Wenn Eltern so stark zu zweit auftreten, besteht allerdings die Gefahr, dass sie für Kinder eine Mauer bilden. Deshalb finden wir es gut, wenn einer von uns mit einem oder beiden Kindern ab und zu allein ist.

Auf Gregors Ruhestand in vier Jahren freuen wir uns. Gott sei Dank hat er sich schon lange mit vielen anderen Dingen beschäftigt. Wenn ich über unsere begrenzte Lebenszeit nachdenke, bin ich manchmal sehr deprimiert. Als 60-Jährige haben wir die sogenannten Höhepunkte überschritten. Wenn man das Glück hat, so viel erreicht zu haben wie wir, kann Glück eigentlich nur noch durch die Teilhabe an der nächsten Generation entstehen, indem die eigenen Kinder eine Familie gründen. Darauf warten wir allerdings noch. Für einen selbst gibt es die kleinen Höhepunkte, die ich durchaus genießen kann.

Ich verwende heute mehr Zeit darauf, mich zu pflegen, aber ich mache mich nicht jünger als ich bin. Ich möchte würdig alt werden. Dass ich keine eigene Rentenversicherung abgeschlossen habe, weil ich blauäugig voraussetzte, dass es schon gut gehen würde, bedauere ich. Wir hatten beide bisher keine schweren Krankheiten, aber ich habe manchmal Angst, dass

Gregor zu ungesund lebt. Über die bisher einzig mögliche Trennung reden wir allenfalls in der Verallgemeinerung: Dass Witwen viel schwerer wieder einen Partner finden als Witwer. Manchmal sage ich: »Wenn ich auf der Wolke sitze, werde ich mit Freude runterblicken auf all die Frauen, die darauf warten, dich zu beglücken.« Das ist meine Art, darüber nachzudenken, wobei Gregor solche Phantasien immer weit von sich weist, nach dem Motto: »Du bist und bleibst die Einzige.« Wenn ich Gregor überlebe, könnte es passieren, dass ich mich einigele und meine Kontaktfreudigkeit verliere, die aus der Sicherheit unserer Partnerschaft entsteht.

Wenn ich erzähle, wie glücklich ich mit Gregor bin, denken Außenstehende vielleicht: Sie zeigt nur die Glanzseite, es kann nicht wahr sein, dass man seit 36 Jahren so viel Gutes miteinander hat. Natürlich haben wir uns über dieses und jenes gestritten. Bei uns gilt die Devise: »Jeder sagt, was er denkt.« Aber es gerät nie zum verletzenden Schlagabtausch. Wir können es beide nicht aushalten, wenn ein Streit nicht bereinigt ist. Jede Bereinigung macht Lust auf neue Gemeinsamkeit. Ich sage »wir«. Aber wir sind zwei unterschiedliche Menschen und in vielen Dingen auch sehr eigenständig. Ich denke, die Grundlage einer guten Partnerschaft sind Vertrauen, Loyalität, Zärtlichkeit. Wir können uns nicht vorstellen, getrennte Schlafzimmer zu haben. Das Zurückgreifen auf ein langes gemeinsames Leben schafft eine tiefe Vertrautheit. Jeden Tag haben wir neu das Gefühl: Wir gehören zusammen. Und jeder tut das Seine dazu.

Jutta Neubert: »Ich fühlte mich oft als häusliche Geräuschkulisse.«

Eine Freundin von ihr habe den ehelichen Status quo nicht mehr ertragen und sei nun in eine eigene Wohnung gezogen. Vorausgesetzt, es fände sich ein freier Abend in deren vollem Terminkalender, lade sie ihre Freundin und mich gern zu einem Gespräch ein, bietet mir eine Kollegin an. Ihre 60-jährige

Freundin ist eine attraktive Erscheinung, die schwarzen kurzen Haare betonen das ausdrucksvolle Gesicht. Jutta Neubert hat drei Söhne zwischen 20 und Ende 30.

Mit 18 Jahren lernte ich meinen Mann kennen, mit 19 heirateten wir. Zehn Monate nach der Hochzeit kam unser erster Sohn. Aus dem Verliebtsein wurde ich schnell in den nüchternen Alltag gestoßen, denn mein Mann wollte Karriere machen. Er war immer weg, immer. Während meine Freunde anfingen zu studieren und vor dem Springer-Verlag verhinderten, dass die *Bild*-Zeitung ausgetragen wurde, führte ich, die in der Schule die größte Klappe gehabt hatte, genau das Leben, das alle meine Freunde ablehnten: Ich war die Ehefrau eines elf Jahre älteren Rückversicherungsmaklers, ich wurde gleich schwanger und tauchte in eine etablierte Gesellschaft ein.

Meine Freunde zogen sich zurück. Und die Freunde meines Mannes waren alle älter. Ihre Frauen waren zwar auch jung, aber sehr angepasst. Eine Weile machte ich das gesellschaftliche Leben mit, dann hielt ich es nicht mehr aus und suchte mir einen Kreis von feministischen Frauen, die alle berufstätig waren, mein konträres Leben jedoch akzeptierten. Ich führte eigentlich zwei Leben: Das eine mit meinen Freundinnen, und wenn ich den Schlüssel in die Haustür steckte, wurde ich zum Familienmenschen.

Als unser zweites Kind acht Jahre alt war, erwog ich einmal kurz, noch einen Beruf zu lernen, doch gegen den massiven Widerstand meines Mannes traute ich mir das nicht zu. Sein inständiger Wunsch war ein drittes Kind. Er meinte, er habe seine Karriere ausgeschöpft und wolle sich nun als Vater richtig kümmern. Zwei Jahre nach der Geburt unseres Jüngsten bekam mein Mann einen Vorstandsposten angeboten, und ich saß wieder da.

Es folgten zehn sehr harte Jahre. Mein Mann bekam eine schwere Depression, nach einem Suizidversuch gab er seinen Vorstandsposten auf. Wir hatten zwar nie finanzielle Sorgen, aber er definierte sich immer über seine Karriere. Nun waren seine Batterien leer. Schritt für Schritt baute er sich wieder auf, doch seine Stimmungsschwankungen waren für alle in der Familie enorm belastend. Mit ihm über diese Zeit zu sprechen, ist unmöglich. Er redet kaum über Gefühle und sagt: »Was vorbei ist, ist vorbei.«

Als mein Mann mit 65 aus der Firma schied, hoffte ich, dass nun endlich die Gemeinsamkeit kommt, die ich mir zu Beginn unserer Ehe erträumt hatte. Aber die wollte er eigentlich nie. Er hat sich sofort ein Büro gemietet, in das er jeden Tag geht und seinen Besitz verwaltet. Klaus, so heißt mein Mann, würde vermutlich sagen: »Wir haben doch viele Gemeinsamkeiten: eine wunderbare Familie, wir gehen gerne ins Theater.« Aber das heißt, wir gehen in Stücke, die er sehen möchte.

Als Frau spiele ich für ihn sicher die erste Geige. In finanziellen Dingen sah er mich immer als gleichberechtigten Partner an. Sonst aber gesteht er mir bestenfalls den dritten Platz zu. In der Firma, mit seinen Kartenbrüdern und durch seinen Fußball hatte er immer einen Männerklüngel. Er hat die Einstellung: »Das Zuhause muss funktionieren, da kann meine Frau jedes Hilfsmittel haben. Aber ich entscheide, wann ich komme und gehe.« Ich fühlte mich oft als häusliche Geräuschkulisse. Ich sollte da sein, aber mich bloß nicht neben ihn setzen und irgendwelche Grundsatzgespräche führen wollen. Abends kam mein Mann in ein schönes, geschmücktes Haus und erwartete von mir, dass ich auf dem gesellschaftlichen Parkett mittanze. Er wollte, dass ich glänze, brilliere. Wenn ich bockte, ihn nicht begleitete, bekam ich das zu spüren. Die vielen Dinge, die ich sonst in Bewegung gesetzt habe, sah er im Grunde als meinen »Jodelkurs« an.

Viele Leute sagen: »Was willst du eigentlich? Du hast Personal, kannst reisen, wohin du willst, kannst dir jeden Luxus leisten.« Mein Mann sieht sehr gut aus, er ist großzügig, charmant und kann sehr hilfsbereit sein. Wir hatten immer eine starke erotische Beziehung. Meine Sehnsucht nach emotionalem Gleichklang hat sich jedoch nie erfüllt. Vier Monate im Jahr war mein Mann geschäftlich unterwegs, und ich war auch mindestens drei Monate verreist: mit Freundinnen, oder ich fuhr in eines unserer beiden Ferienhäuser. Wenn wir gemeinsam Urlaub machten, hat mein Mann mich oft einfach abgehängt und ohne Absprache unternommen, was ihm in den Sinn kam. Sobald er meinen Wunsch nach Nähe spürte, reagierte er mit Abwehr. Ich habe die ganze Palette durchprobiert, habe geschrien und getobt. Ich glaube, kein anderer Mensch könnte so viele Gefühle in mir in Gang setzen: von zärtlicher Liebe bis regelrechtem Hass.

Heute weiß ich, dass ich mich 25 Ehejahre lang an Frauen gemessen habe, die mir erzählt haben, wie toll sie alles hinkriegen: ihre Ehe, ihre Kinder, dass sie im Urlaub nur Sonne hatten und nie einen Hund, der in die Ecke scheißt. Alles so, wie es bei uns nicht war.

Vor anderthalb Jahren beschloss ich: Ich nehme mir eine Wohnung. Mein Mann hat diesen Schritt fast provoziert. Jeder Unmut landete bei mir, ich fühlte mich als Abladeplatz für alles, was in seinem Leben nicht geklappt hat. Als er in einem Streit wieder mal sagte: »Wenn dir das nicht passt, dann geh doch«, beschloss ich: »Das war einmal zu viel.« Er hatte mir mehrmals vorgeworfen, ich drohe ja nur. Ich habe nie allein gelebt und hatte panische Angst davor. Aber ich dachte: »Ich werde bald 60. Keinen Meter weiter wie bisher.«

Erst suchte ich eine Wohnung in Fußweite. Auf Anraten einer Freundin bin ich jedoch in die Stadtmitte gezogen, in ein Haus mit neun Frauen zwischen 18 und 90, von denen jede ihre eigene Wohnung hat. Zunächst meinte ich, ich müsste ausreichend Platz haben, damit unsere Kinder mich in den Semesterferien besuchen können. Meine Freundin sagte: »Du brauchst keine große Wohnung mehr.« Es war die richtige Entscheidung. Ich bin erwachsener geworden.

Allein zu leben, meinen Tag zu organisieren, nicht mehr für eine Familie sorgen zu müssen, bedeutete erst einmal, in ein Vakuum zu fallen. Viele gesellschaftliche Kontakte sind weggebrochen. In den Kreisen, in denen wir uns bewegten, wird es nicht gut aufgenommen, wenn eine Frau aus der Reihe tanzt und dann noch in so ein Frauenhaus zieht, obwohl mein Mann und ich die veränderte Situation gut bewältigen. Wir verreisen miteinander, gehen gemeinsam ins Theater, gehen essen. Erst war mein Mann skeptisch, aber mittlerweile fühlt er sich sehr wohl, wenn er mich besucht. Hilfreich ist dabei sicher, dass mehrere Frauen im Haus uns seit langem kennen und ihn mögen. In der Woche lebe ich dort, am Wochenende bin ich oft in unserer Villa. Ich gehe nur hin, wenn ich das Gefühl habe, dass wir uns verstehen werden.

Auch für die Kinder ist es eine gute Lösung. Sie litten sehr unter der schlechten Stimmung, haben uns kaum noch besucht. Die Großen führen ihr eigenes Leben, der Jüngste ist im Internat und kam allenfalls am Wochenende heim. Wir waren sozusagen verwaiste Eltern, das hat den Bruch noch vertieft.

Seit wir getrennt wohnen, gibt Klaus sich große Mühe, ist entspannt und liebevoll. Neulich sagte er: »Du wirst immer meine große Liebe bleiben. Aber ich werde mich mit 70 Jahren nicht mehr ändern, ich werde kein Singvogel mehr.« Das erwarte ich auch nicht. Ich möchte nur häufiger gefragt werden: »Was hast du gemacht?«

Ich sollte sagen: Unsere Ferienhäuser müssen weg, ich konzentriere mich auf mein Leben. Aber ich bin hin- und hergerissen, bin im Grunde ständig unterwegs. Meine Mitte habe ich noch nicht gefunden. Manchmal lässt mein Mann anklingen, dass wir doch wieder zusammenziehen könnten. Was ich jedoch auf keinen Fall will, ist ein Bündel von faulen Kompromissen. Ich kenne so viele Ehepaare, bei denen sich die Enttäuschung in Bösartigkeiten entlädt. Sie sprechen höflich miteinander, aber dazwischen hört man scharfe Zischlaute. Eher beiße ich jede Nacht in meine Kissen, bevor ich mich arrangiere. Enge Wegbegleiterinnen sind meine Freundinnen, wobei keine in ähnlichen Verhältnissen lebt wie ich.

Älter zu werden, ist für mich mit Melancholie verbunden. Vieles, was verlässlich war, ist endgültig vorbei. Früher haben wir mit Eltern, Schwiegereltern, Onkeln und Tanten Weihnachten gefeiert. Jetzt sind wir zu dritt. Unser Sohn fragte neulich: »Mami, wie stellst du dir Weihnachten vor?« Ich sagte: »Ich stelle mir gar nichts vor. Stellt ihr euch mal was vor.« Ich liebe Familientrubel, aber man muss Kinder loslassen. Ich möchte für sie kein Pflichtprogramm sein, nach dem Motto: »So, jetzt bist du am Wochenende mit Mami dran.«

Gedanklich beschäftige ich mich sehr mit dem Tod. Das Leben ist unwahrscheinlich schnell an mir vorbeigerauscht. Dass mein Mann vor mir sterben könnte, macht mir Angst. Ich habe mit ihm die größten Leidenschaften – im doppelten Sinn – erlebt, werde mit niemandem mehr so vertraut sein. Meine Mutter war eine starke Frau. Doch nach dem Tod meines Vaters war sie ein ganz anderer Mensch. Es war, als wäre ihr rechtes Bein amputiert worden, und ich fühle, dass es bei mir auch so wäre.

Manche nehmen sich ja im Ruhestand vor: Jetzt muss noch etwas Großes passieren. Man kann jedoch nicht mehr die Callas werden, den Höhepunkt haben wir überschritten. Was der liebe Gott mir mitgegeben hat, sind meine Energie und Neugier. Aber ich habe festgestellt, dass ich fürs Glücklichsein vielleicht gar nicht so talentiert bin, und führe seit meinem Auszug nicht mehr den verzweifelten Kampf: »Ich möchte eine glückliche Ehe haben!« Ich weiß, in der Ehe bekommt man manchmal gute Momente hin, doch dann ist da wieder eine große Distanz.

Etliche Monate nach dem Interview höre ich, dass Jutta Neubert zurzeit wieder bei ihrem Mann wohnt. Da sich in ihrer neu renovierten Wohnung der Schwamm ausbreite, sei sie – erst einmal – in das gemeinsame Haus zurückgekehrt.

Ab 60 stellt sich innerlich ein leiser Brummton ein

Das Alter: nur Verlust oder auch Gewinn?

Reduziert man die Erforschung des Alterungsprozesses, vor dem nur der frühe Tod »bewahrt«, auf die Kernaussagen, so schälen sich von der Antike bis zur modernen Gerontologie drei Betrachtungsweisen heraus:

Das letzte Lebensstadium bedeutet unerbittlichen Abbau. Das Fleisch verwelkt, die Kräfte schwinden, der Geist ermüdet.

Das Alter lässt uns seelisch reifen. Wir ernten die Früchte unseres Lebens. Klüger und milder, verzetteln wir uns nicht mehr zwischen hundert Nichtigkeiten, erkennen tiefere Zusammenhänge, greifen auf einen reichen Erfahrungsschatz zurück.

Zu altern, so die dritte Sichtweise, beschert Gewinn *und* Verlust; körperliche Einbußen werden ausgeglichen durch wertvolle Erfahrungen.

Die älteste Rede über das Alter, die uns überliefert ist, ist über zweieinhalbtausend Jahre alt. In seiner »Politeia« betont der griechische Philosoph Platon (427–347 v. Chr.) die eigene Lebensverantwortung: Voraussetzung, um dem Alter gelassen und weise zu begegnen, sei es, bis dahin rechtschaffen gelebt zu haben. Ein trüberes Bild zeichnet ein Jahrhundert später Aristoteles: Trotz der größeren Erfahrung sieht er im Alter weitgehend einen Abbauprozess. Am ausführlichsten setzt sich in der Antike Cicero in seiner Rede »De senectute« – »Über das Alter« (44 v. Chr.) mit dem letzten Lebensabschnitt auseinander. Für den römischen Staatsmann und Philosophen gründet sich die Würde des Alters auf Weisheit. Die Zunahme von Verstand und Vernunft, von Urteilsfähigkeit und Einsicht werde allerdings nur denen zuteil, die diese Fähigkeiten zeitlebens geübt hätten.[72]

An den von Cicero empfohlenen Königsweg knüpfen viele moderne Altersspezialisten an. Ihre Devise: Wer rastet, rostet. Besser geht es Älteren, die ihr körperliches und geistiges Reservoir ausschöpfen.

Das Ansehen alter Menschen war in der Geschichte häufigen Wandlungen unterworfen. Huldigung, Verunglimpfung und Verklärung wechselten je nach Epoche und Kultur. Heute genießen Ältere vor allem als kaufkräftige Konsumentengruppe einen hohen Status, hofiert von der Reise-, Kosmetik- und Gesundheitsindustrie. Doch es wächst auch die Anzahl der Non-Profit-Organisationen und nicht-kommerziellen Institutionen, die die vitalen Älteren als Zielgruppe haben, wie etwa der Bonner »Senioren-Experten-Service«. Die gemeinnützige Gesellschaft vermittelt ehemalige Fach- und Führungskräfte aus unterschiedlichen Berufen ins In- und Ausland, wo sie in zeitlich befristeten Projekten ihr berufliches Wissen ehrenamtlich zum Einsatz bringen (siehe Anhang).

Altern als »Naturschauspiel«

Als 70-Jährige körperlich und geistig so fit, wie 65-Jährige es vor 30 Jahren waren[73], wird Ruheständlern biologisch eine immer längere Zeitspanne geschenkt. Gleichwohl sehen offenbar viele ihr Geburtsdatum als Makel an. Laut Umfragen fühlen sich Ältere durchschnittlich um 14 Jahre jünger, als in ihrem Pass vermerkt, und glauben, acht Jahre jünger auszusehen.[74]

Sowohl Frauen als auch Männer bekunden in meinen Interviews, dass ihr Alter nicht mit ihrem subjektiven Empfinden übereinstimme, während sie bei anderen sehr wohl die gebeugtere Haltung registrieren. Es sind vor allem Männer, die »das Naturschauspiel« (als das der Modeschöpfer Wolfgang Joop mit Galgenhumor das Alter bezeichnet) in die dritte Person verlagern oder so kommentieren, als gehe es sie nur mittelbar an. Frauen hingegen neigen dazu, jede hinzugekommene Falte selbstquälerisch unter die Lupe zu nehmen. Grundsätzlich bejahe nur jeder zehnte Ruheständler, egal ob Mann oder Frau, das Alter, fanden Statistiker heraus. »Ab 60 stellt sich ein leiser Brummton ein«, schildert ein Freund die unterschwellige melancholische Begleitmelodie, wenn der Lebenszenit eindeutig überschritten ist. Der Verlust der Selbständigkeit, die Antriebsschwäche, körperliche Einbußen wiegen für die meisten stärker als die positiv bewertete Lebenserfahrung und größere Besonnenheit.[75]

Vor allem in der Sexualität findet ein Wandel statt. Ältere Frauen wie auch Männer führen in Umfragen ihr »kameradschaftliches Verhältnis« auf das Einschlafen der männlichen sexuellen Initiative zurück. Sexuelle Störungen des Mannes führen wesentlich häufiger als Probleme der Frau dazu, dass ältere Paare nicht mehr miteinander schlafen. 60 Prozent der Männer und 58 Prozent der Frauen zwischen 60 und 91 Jahren kennen männliche Erektionsprobleme aus eigener Erfahrung. Mit 55 erleben sich etwa zehn Prozent aller Männer als völlig impotent, mit 70 etwa 15 Prozent. Sehr viele mehr leiden unter gelegentlichen Potenzstörungen.[76] Aus Scham vermeiden oft beide Partner, dieses Thema anzusprechen. Doch das Überspielen der Situation verstärkt innere Verkrampfungen und bewirkt, dass die Liebe immer geringere Chancen hat. Eine behutsame Aussprache entdramatisiert natürliche Veränderungen und kann deshalb ein Weg sein, innere Knoten zu lösen.

Auch wenn sie getrennte Schlafzimmer haben, können sich Paare als eng verbundene Weggefährten verstehen. Zärtliche Gesten sind bis ins hohe Alter ein Zeichen tiefer innerer Verbundenheit.

Das Alter ist weiblich

Vor allem Männer formulieren die Furcht, einmal »übrig« zu bleiben, halten das bedrückende Thema Gebrechen, Abschied, Tod lieber auf Abstand. Tatsächlich aber ist Altwerden in der modernen Gesellschaft mit einem starken Anstieg des weiblichen Bevölkerungsanteils verbunden. Gegenwärtig entfallen in der Altersgruppe der 65- bis 75-Jährigen auf einen Mann zwei Frauen, in der Altersgruppe der über 75-Jährigen sind es bereits drei Frauen, bei den über 85-Jährigen sogar vier Frauen.[77]

Die Frage, weshalb sich das Sterberisiko seit einem Jahrhundert zu Ungunsten der Männer umgekehrt hat, wird nirgends schlüssig beantwortet. Fest steht, dass Frauen einen gesünderen Lebensstil haben. Sie gehen früher zum Arzt, nutzen stärker Vorsorgeuntersuchungen, fahren sich seltener zu Tode, ernähren sich gesundheitsbewusster. Männer essen 8,5 mal so viel Fleisch und Wurst und 20 Prozent weniger Obst.[78]

Der Preis für die längere Lebenszeit der Frauen ist das Risiko, ein Viertel ihres Lebens ohne Partner zu verbringen. Etwa 63 Prozent der über 60-jährigen Frauen sind alleinstehend, davon zirka die Hälfte verwitwet.[79] Frauen müssen sich damit abfinden, dass gleichaltrige Männer auf der Suche nach einer Partnerin oft in der Tochtergeneration Ausschau halten. Heute könnten sich ältere Frauen zwar viele Freiheiten nehmen, die vorherigen Generationen verwehrt waren – nur nicht die Freiheit der Liebe, bilanziert treffend die Autorin Hannelore Schlaffer: »Denn entgegen allen Behauptungen der Presse ist das Heer der einsamen verlassenen alternden Weiblichkeit groß und wird es bleiben.«[80]

Streit entzweit – Auseinandersetzung verbindet

Dr. Peter Goebel, Psychoanalytiker, Psychotherapeut, Berlin

- **Kein vorwurfsvoller Blick zurück.** Sprechen Sie nicht über Rollenentwicklungen und alte Geschichten, die länger als zwei Jahre zurückliegen. Wenn Sie etwas klären wollen, legen Sie dafür einen Zeitpunkt fest und lassen Sie danach das Thema ruhen. Versuchen Sie nicht aufzurechnen. Vergangenes kann nicht revidiert werden. Im Nachhinein erscheint vieles in anderem Licht. Konzentrieren Sie sich auf das, was Sie jetzt und künftig besser regeln können. Liebende leben von der Vergebung.
- **Kein Erziehungsprogramm durch Kritik.** Kritik ist kein Ansporn, Verhaltensweisen zu korrigieren, sondern ruft Widerstand hervor. Statt Fehler und Defizite zu bemängeln, achten Sie darauf, was Ihr Partner gut macht. Viele Paare leben nach der Devise »Nicht getadelt ist genug gelobt«. Akzeptieren Sie, dass Sie Ihren Partner nicht ummodeln können. Veränderungen werden in diesem Alter nur durch Anerkennung und Lob erreicht.
- **Erhalten Sie sich Ihre Individualität.** Eigene Aktivitäten und eigene Freundschaften stärken Ihr Selbstwertgefühl und bereichern Ihre Beziehung. Unternehmen Sie manchmal etwas getrennt voneinander. Sie haben sich dann mehr zu erzählen. Ihre Zufriedenheit überträgt sich auf Ihre Beziehung und gibt ihr Impulse. Respektieren Sie beide Ihren persönlichen Bereich.
- **Schaffen Sie sich gemeinsame Erlebnisse, die verbinden.** Stecken Sie sich gemeinsame Ziele und tanken Sie mit schönen Unternehmungen auf. Diese sind für Ihre Partnerschaft ein wichtiges Reservoir. Aber üben Sie keinen Druck aus. Ihr Partner soll nicht nur Ihnen zuliebe mit ins Museum kommen. Seine Duldermiene vergällt Ihnen Ihre Freude.

- **Treffen Sie klare Vereinbarungen.** Klare Planungen und Abmachungen, wer für was zuständig ist, verhindern, dass Sie sich in die Quere kommen. Hinter Unklarheiten steckt Vorteilsdenken. Wechseln Sie ab und zu Verantwortlichkeiten. Falls Sie sich nicht einig werden, empfiehlt sich folgender Kompromiss: Ein Partner teilt die Aufgaben ein, der andere darf wählen, welchen Bereich er übernimmt.
- **Reden Sie über Sexualität, damit sie sich im Alter nicht davonschleicht.** Phantasien im Alter werden noch mehr tabuiert als früher. Freundschaftliche Zärtlichkeit ist nicht minderwertig. Aber es besteht die Gefahr, dass sie zum Ersatz für Sexualität wird. Es ist ein Verlust, wenn Partner ihre Wünsche aus Scham voreinander verstecken. Die Angst, dass der Partner die Vorstellungen des anderen als sündig empfindet, ist oft unberechtigt. Partner, die hoffen, dass der andere geheime Wünsche erahnt, überfordern einander. Erotische Intimität entsteht auch, indem Partner sich »Herzensdinge« mitteilen.
- **Versuchen Sie, über den Tod zu reden.** Auch wenn Sie kerngesund sind, klammern Sie die Begrenzung des Lebens nicht aus. Die Endlichkeit des Lebens relativiert viele Sorgen, Streitpunkte und Unstimmigkeiten. Gespräche über das Sterben können die Angst davor beschwichtigen. Sie wirken versöhnlich und machen das Verbindende deutlich.

Zäsuren in der Partnerschaft

Wenn der Partner pflegebedürftig wird

Wer pflegt wen?
Wie verändert sich der Alltag?

Gesundheitliche Probleme sind ein häufiger Grund, weshalb Menschen vorzeitig aus dem Berufsleben ausscheiden. Während für einige meiner Interviewpartner der gewünschte Vorruhestand offenbar ein Gesundbrunnen ist, kann der unfreiwillige Vorruhestand krank machen. Menschen, die gezwungenermaßen ihren Arbeitsplatz räumen, entwickeln mehr chronische Leiden als gleichaltrige Berufstätige, meldet die Bundesanstalt für Arbeitsschutz und Arbeitsmedizin.[81] Wer niedergeschlagen ist und über die Ursachen misslicher Lebensumstände grübelt, brütet auch körperliche Symptome aus. Mitunter kommt in einer Erkrankung das krisenhafte Moment des beruflichen Ausscheidens zum Ausdruck. Dann kann Krankheit auch ein Fluchtweg sein: Um sich nicht mit seinem seelischen Befinden auseinander setzen zu müssen, entwickelt man körperliche Leiden und verlagert so die Aufmerksamkeit auf den Organismus.

Pflegebedürftig sind in der Altersgruppe unter 65 Jahren nur 0,5 Prozent. Danach steigt das Angewiesensein auf Hilfe kontinuierlich an. 17 Prozent der 80- bis 84-Jährigen und etwas mehr als ein Viertel der über 85-Jährigen brauchen täglich Unterstützung.[82]

Viele meiner Gesprächspartner äußern die Furcht, einmal völlig von der Hilfe anderer abhängig zu sein. Vor allem Männer hoffen, ihre Partnerin möge sie überleben. Auch für den gesunden Partner bedeutet die Invalidität des anderen einen tiefen Lebenseinschnitt. »Meist kommt die Pflegebedürftigkeit plötzlich, sehr häufig durch einen Schlaganfall. Innerhalb von zwei Wochen muss entschieden werden: Was machen wir?«, schildert Gabriele Tammen-Parr den Schock, der beide Partner vor große Herausforderungen stellt. 1999 gründete die Sozialpädagogin und Mediatorin die Berliner Beratungsstelle »Pflege in Not«, die Angehörigen, Gepflegten und Pflegepersonal Hilfe und Beratung bei Konflikten und Gewalt in der Pflege älterer Menschen anbietet.

Dass drei Viertel aller Pflegebedürftigen von Familienmitgliedern zu Hause versorgt werden, ist eine Zahl, die auch Fachleute erstaunt. Oft jünger als ihr Mann, zudem mit der Aussicht, länger zu leben, werden Frauen allerdings früher und länger mit der Pflegebedürftigkeit ihres Partners konfrontiert, als es umgekehrt der Fall ist. Während Männer in erster Linie Unterstützung von ihren Ehefrauen erwarten und auch erhalten, leben Frauen in den letzten Lebensjahren oft allein. Sind sie dann selbst auf Unterstützung angewiesen, kommt ihnen zugute, dass sie intensiver als Männer Verwandtschaften pflegen, mehr Freundschaften haben und häufiger Beziehungen zu Arbeitskollegen aufrecht erhalten. Kontakte zu anderen Paaren lockern sich hingegen häufig, vor allem dann, wenn sie eine »Erbschaft« aus dem beruflichen Umfeld ihres Mannes sind.[83]

Aber nicht nur die höhere Lebenserwartung von Frauen und die Altersdifferenz in Partnerschaften sind Gründe, weshalb sie mehr Pflegedienste leisten. Frauen sind darauf geeicht, sich um andere zu kümmern, und stecken deshalb die Grenzen ihrer Belastbarkeit oft weiter als Männer, beobachtet Gabriele Tammen-Parr. Während in der aktiven Berufsphase Männer die Pflege von Angehörigen meist delegieren, muten sich Frauen neben ihrem Beruf oft einen Einsatz zu, der ihre Kräfte übersteigt. Auch in der nachberuflichen Phase neigen besonders Frauen dazu, sich bis zur Erschöpfung zu verausgaben. »Männer entschließen sich oft viel früher, Hilfe zu holen. Entweder wendet sich ein Mann an Töchter und Schwiegertöchter, oder er lässt seine Frau in einem Heim unterbringen. Frauen empfinden das Eingeständnis ›ich schaffe es nicht mehr‹ nicht selten als Versagen. Wenn man fremde Hilfe in die Wohnung holt, wird das Private öffentlich gemacht. Für Frauen ist das oft eine hohe Schwelle. Frauen, die nicht berufstätig sind, erleben Pflege auch als Aufgabe, als gewisse

Erfüllung. Viele Frauen gehen auf eine halbe Stelle, manche geben den Beruf ganz auf. Diejenigen, die versuchen weiter zu arbeiten, machen einen anstrengenden Spagat. Ohne bezahlte Hilfe bedeutet dieser einen ungeheuren Organisationsaufwand. Frauen schieben die Grenze ihrer Belastbarkeit immer weiter hinaus, bis gar nichts mehr geht. So passieren auch viele Unfälle.«

Wie sich die Beziehung verändert

Die Hilfsbedürftigkeit eines Partners bedeutet für beide Lebensgefährten, sich zwangsläufig körperlich näher zu kommen als je zuvor. »Krankheit und Sterben kann deshalb auch zu einer besonders intensiven Phase des Zusammenlebens werden«, so der Paartherapeut Jürg Willi. Dagegen dünnen sich Kontakte zu anderen häufig aus. Selbst gute Freunde machen sich mitunter rar, wenn gemeinsame Unternehmungen entfallen und Besuche vom Thema Krankheit überschattet werden. Unsicher, wie sie mit dem Anblick und den Geräuschen des Kranken umgehen sollen, ziehen sie sich zurück.

Manche Eheleute dagegen entdecken nun, da sie aufeinander angewiesen sind, wie gut sie harmonieren. In der Sorge um den Partner wächst und zeigt sich manchmal eine Zärtlichkeit, die vorher nicht zum Ausdruck kam.

Die zwangsweise Verbundenheit kann jedoch auch Aggressionen hervorrufen. Erschöpft und zermürbt von der Perspektive des trostlosen Abwärts, reagieren Pflegende ungeduldig, gereizt und manchmal gewalttätig auf den Menschen, von dem sie sich angekettet und ausgesaugt fühlen. Schuldgefühle, weil es einem selbst gesundheitlich besser geht und man sich manchmal nicht genügend auf den Kranken einstellt, entladen sich in Wut. Diese wiederum verursacht Gewissensbisse – ein fataler Teufelskreis entsteht.

Krankheit kann die Beziehung in besonderer Weise belasten, weil das Gleichgewicht zwischen den Partnern aus den Angeln gehoben wird. Der Pflegebedürftige reagiert auf die etappenweise Aufgabe seiner Intimsphäre nicht selten mit Scham, die sich in Aggressionen oder Starrsinn äußern kann: Aus Protest gegen bevormundende Fürsorge setzt er den Pflegenden mit ständigen Forderungen unter Druck. Fühlt er sich gegenüber dem Gesunden minderwertig, können Neid und Eifersucht entstehen, die häufig ebenfalls zum Auslöser für tyrannisches Verhalten werden.[84]

Manchmal wird Krankheit auch als Bindemittel eingesetzt, wenn ein Partner auf dem Absprung aus der Ehe ist oder sich die Partner entfremdet haben. Als Patient erhält man dann die Zuwendung, die einem sonst versagt blieb.

Die Berliner Beratungsstelle »Pflege in Not« bietet pflegenden Angehörigen Gesprächskreise an, damit sie eine Situation, in der nicht selten ungelöste Familienkonflikte zum Ausbruch kommen, besser bewältigen. »Die Bereitschaft zur Gewalt steigt nicht unbedingt mit dem Grad der Belastung. Belastung wird ja subjektiv empfunden und hängt eng mit der Beziehung zusammen, die man zum Pflegebedürftigen hat. In der Pflege kommen oft alte Ehe-Dramen wieder hoch. Konflikte entzünden sich an Verletzungen und Erwartungen, die schon vorher da waren.« Körperliche Übergriffe, so Gabriele Tammen-Parr, seien Ausnahmen. »Frauen beherrschen jedoch die Klaviatur psychischer Gewalt. Sie drohen, schimpfen, bewerten und zeigen so, wie genervt sie sind.« 90 Prozent der Ratsuchenden seien Frauen. »Sie kommen oft zu uns und sagen: ›Ich halte es keine Stunde länger aus.‹ Sie wissen häufig gar nicht, warum sie solche Aggressionen haben. In Gesprächen stellen dann manche fest: ›Mein Mann war sich stets selbst am wichtigsten, ich stand immer in der zweiten Reihe. Und nun soll ich geben, geben, geben.‹«

Das Gefühl, zu kurz zu kommen, die Enttäuschung über fehlende Dankbarkeit können dazu führen, dass Frauen ihren gebrechlichen Mann gängeln, ihn warten lassen, wenn er ruft. Mit der Umkehr der Verhältnisse rächen sich Frauen bewusst oder unbewusst für erlittene Abhängigkeit oder fühlen sich bestätigt in ihrer Neigung zu bemuttern. »Wenn Männer krank sind und sich nicht mehr bewegen können, werden Frauen oft noch übergriffiger. Da wird genestelt, gezupft, der Schal umgebunden, auch wenn die Männer nein sagen«, schildert Gabriele Tammen-Parr falsch verstandene Fürsorge, die den Partner auf den Status des unmündigen Patienten reduziert. »Neulich erzählte die Ehefrau eines chronisch Kranken: ›Wir haben auch unseren Freunden viel zugemutet. Wir kennen uns so viele Jahre, deshalb dachte ich, es sei nicht schlimm, wenn ich meinem Mann mal rasch die Ente gebe.‹ An der Reaktion ihrer Freunde merkte sie, dass sie dies besser nicht gemacht hätte, auch wenn sie mit der Begleitung ihres Mannes ins Badezimmer 20 Minuten beschäftigt gewesen wäre.« Zu viel Pragmatismus verletzt die Schamgrenze aller Beteiligten.

Auch Kranke setzen sich mitunter über andere hinweg und gehen davon aus, dass ihre Bedürfnisse grundsätzlich Vorrang haben. »Manche Frauen würden ihren Partner gern in die Kurzzeitpflege geben, damit sie mal wegfahren können. Doch wenn ihr Partner das ablehnt, ist das für sie wie ein Gesetz«, schildert Tammen-Parr eine Rücksichtnahme, die sich mitunter zur Abhängigkeit steigert.

Mit ansehen zu müssen, wie der so nahestehende Mensch immer mehr entschwindet, ist besonders bei fortschreitender Demenz ein schmerzvoller Prozess, der Partner an den Rand ihrer Kräfte bringt und für Pflegende große Einsamkeit bedeutet. Auch mit Kindern ist nur bedingt ein Austausch möglich. »In der Gesprächsgruppe können die Pflegenden dagegen sagen: ›Es nervt mich. Und manchmal ekle ich mich.‹« Erst durch professionelle Beratung bestärkt, nehmen sich Angehörige oft notwendige Auszeiten, um innerlich aufzutanken.

Lydia und Walter Utz: »Tage ohne Schmerzen sind glückliche Tage.«

Ihre Telefonnummer erhalte ich von der Berliner Beratungsstelle »Pflege in Not«. Auch ohne die Hausnummer zu kennen, hätte ich das Einfamilienhaus des Ehepaars in Berlin-Rudow leicht gefunden: Eine breite Rampe führt neben der Treppe

zur Tür des braunen Klinkerbaus. Herr Utz, ein Mann mit
warmen Augen und weicher Stimme, öffnet mir. Lydia Utz ist
von ihrer schweren Rheumaerkrankung gezeichnet. Die ge-
krümmten Finger können das Glas vor ihr nicht mehr halten;
im Rollstuhl vornüber gebeugt, nippt sie mit kleinen Schlu-
cken an einem Strohhalm. Mit einem Bett seitlich des Tisches
ist das Wohnzimmer so eingerichtet, dass sie tagsüber zwischen
Sitzen und Liegen wechseln kann. Trotz ihrer Gebrechen ist
Lydia Utz eine lebhafte Frau mit manchmal energischem Ton.
Die Natürlichkeit, mit der die beiden 67-Jährigen auch über
intime Beschwernisse sprechen, lässt keinerlei Befangenheit
aufkommen. Tätigkeiten, die nur er ausführen kann, werden
von Herrn Utz häufig in Wir-Form beschrieben. Liebevoll be-
zieht er seine Frau sprachlich mit ein, wenn er von einem Ta-
gespensum erzählt, in dem Ruhestand ein Fremdwort bleibt.

Walter Utz

Die schönsten Tage sind für mich, wenn meine Frau morgens
sagt: »Ich habe keine Schmerzen.« Ihr ging es von Jahr zu Jahr
schlechter, heute kann sie nichts mehr allein tun. Darum bin
ich 1994 frühzeitig in Rente gegangen, nach 42 Arbeitsjahren. Ich habe Maschinenschlosser gelernt, war im Kraftwerk
für Stromversorgung als Meister für eine Abteilung verantwortlich. Als wir zu unserer ersten Pensionärsweihnachtsfeier
eingeladen waren, fragten manche, wie es so geht. Ich sagte:
»Bevor ich in Rente gegangen bin, standen 15 Mann da, die
wollten von mir wissen, was sie machen müssen. Jetzt kriege
ich gesagt, was ich machen muss.« Viele meinen: »Eure Situation ist ja ganz schlimm.« Ich sage: »Für jeden ist das, was er
tragen muss, am schlimmsten. Wir müssen mit der Krankheit
meiner Frau leben, und wir wollen damit leben.«

So, wie es im Moment ist, ist es herrlich, denn meine Frau hat
seit einigen Monaten keine Schmerzen. Wir können raus, spazieren gehen. Auf der Straße treffen wir oft Leute, wir sind ja
in unserer Umgebung bekannt. Als wir vor 35 Jahren hierher
zogen, konnte meine Frau noch laufen. Vor 20 Jahren war's
dann aus.

Dass meine Frau unter chronischer Polyarthritis leidet, haben wir drei Jahre nach unserer Heirat erfahren. Wir haben die Krankheit lange nicht wahrhaben wollen. Den Antrag auf Vorruhestand habe ich gestellt, nachdem meine Frau eine schwierige Operation hatte. Als sie nochmals operiert werden musste, war ich schon Rentner. Eine Bekannte fragte mich mal: »Was reden Sie eigentlich die ganze Zeit, wenn Sie von mittags bis abends im Krankenhaus sind?« Ich sagte: »Wir brauchen nicht zu reden. Meiner Frau reicht es, wenn ich meine Hand auf ihren Fuß lege, damit sie spürt: Hier ist jemand.«

Inzwischen braucht meine Frau rund um die Uhr für alles Hilfe. Weil wir nicht dachten, dass es so kommen würde, haben wir unser Haus ja noch mit Treppen gebaut. Nach und nach mussten wir alles so umrüsten, dass wir hier weiter wohnen können: Als Erstes haben wir die Rampe angebracht, ich habe das Bad und die Türen rollstuhlgerecht verbreitert und die Türen mit elektrischem Antrieb versorgt. Viele Jahre konnte ich meine Frau allein tragen. Aber ich habe Angst bekommen, wie lange ich das noch schaffe. Nun schöpfen wir alle Techniken aus.

Wenn eine Pflegekraft hier ist, fahre ich einkaufen, bereite das Mittagessen vor. Etwas zu reparieren, auszutüfteln, ist für mich ein Ausgleich. Manchmal fahre ich in die Stadt und schaue mir was an, einmal bin ich mit einem Bekannten zu einer Eisenbahnausstellung nach Hamburg gereist. Mittags essen wir zusammen – ich habe das Kochen nun etwas gelernt –, danach legt sich meine Frau wieder ins Bett, ich lese oder beschäftige mich mit meiner Eisenbahnsammlung. Nach meiner Berentung haben Kollegen angerufen, weil sie mit mir etwas unternehmen wollten, doch ich habe immer gesagt: »Ich kann meine Frau nicht allein lassen.« Wahrscheinlich hätte ich jemanden gefunden, der sie betreut. Ich habe mich jedoch gefragt: »Darf ich es mir gönnen wegzugehen, und meine Frau muss zu Hause bleiben?«

Seit zwölf Jahren gehe ich zweimal im Monat in die Gruppe für pflegende Angehörige, ich bin dort der einzige Mann. Im Grunde nehme ich fremde Hilfe ungern an, weil ich denke, ich schaffe es allein. Irgendwann aber war ich auf dem Tiefpunkt angelangt. Ich war ausgelaugt und mutlos, wusste nicht mehr weiter. In der Gruppe konnte ich zum ersten Mal über meinen Kummer reden. Ich hatte Menschen, die mir zuhörten, niemand hat mich unterbrochen.

Seit drei Jahren fahre ich einmal im Jahr für zehn Tage allein an die Ostsee. Der Anstoß kam von meiner Frau und meiner Tochter. Beide sagten: »Du musst mal raus.« Wir haben zu unserer Tochter ein sehr liebevolles Verhältnis. Sie nimmt dann Urlaub und wohnt hier im Haus. Meine Frau und ich haben beschlossen, dass es keinen Sinn hat, weiter gemeinsam zu verreisen, da wir wegen ihrer Schmerzen immer vorzeitig nach Hause fahren mussten, und unser Auto ist ja stets bis oben hin bepackt. Ich fahre nun allein auf den Darß, gehe dort stundenlang spazieren. Am meisten habe ich mich erholt, als es einmal ständig regnete. Ich hatte eine gemütliche Ferienwohnung, bin morgens ein bisschen gelaufen, dann habe ich gelesen, ferngesehen, bin essen gegangen und habe wieder gelesen. Das war wunderbar. Letztes Jahr schien die Sonne. Da hatte ich nicht die Ruhe, mich drinnen hinzusetzen, ich musste immer raus, auf die Seebrücke, den Strand entlang. Ich habe überlegt, ob ich nächstes Jahr nach Usedom fahre. Aber ich sage mir: »Erleben will ich gar nichts. Ich will mich erholen.«

Manchmal stellt sich schon die Frage: »Warum musste es uns treffen?« Es ist leichter, seitdem wir die Krankheit akzeptiert haben. Mein größter Wunsch ist, dass ich meine Gesundheit behalte, meine Kraft. Was mir die Kraft gibt? Mein Glaube an Gott. Und die Liebe zu meiner Frau.

Lydia Utz

Es gab eine Zeit, da dachte ich nur noch ans Sterben. Das war, als der letzte Schub, ich sage immer, der letzte Tritt in den Hintern, kam. Wir haben beide eine Höllenfahrt gemacht, ich hatte mit dem Pfarrer schon über meine Beerdigung gesprochen. Irgendwann siegte jedoch mein Wunsch zu leben. Von da an ging's mir besser.

Kennengelernt haben mein Mann und ich uns mit 17 vor

meiner Haustür. Wir haben eine 41-jährige Tochter, die wir in der Regel alle 14 Tage sehen.

Anfangs war ich noch im Haushalt tätig, konnte selber kochen und habe als gelernte Schneiderin für unsere Familie viel genäht, aber im Laufe der Jahre krümmten sich meine Glieder immer mehr. Gegen meine Krankheit habe ich mich lange gesträubt. Eine Bekannte riet mir, ich möge doch beten, dann würde ich geheilt. Doch für mich gab es keinen Gott. 1981 bin ich mit meiner Tochter für ein halbes Jahr wegen einer Kälteschocktherapie nach Japan geflogen, mit dem Ergebnis, dass es noch schlimmer wurde. Vor 15 Jahren fand ich eine Therapeutin, die mich zu mir selbst geführt hat. Langsam, ganz langsam schaffte ich es, mich zu öffnen und meine Gefühle rauszulassen.

Heute kann ich mir nichts mehr vorstellen ohne Gott. Er ist für mich die Quelle, die mir Kraft schenkt, Zufriedenheit, Liebe und Hingabe an mein Leben, so wie es ist. Ich bin jetzt ein glücklicher Mensch. Ich bin glücklich, dass es meinen Mann gibt, dass wir eine wunderbare Tochter haben und sie eine gute Partnerschaft führt. Manchmal mache ich mir das ganz stark bewusst, wie gut es uns eigentlich geht: ein Badezimmer zu haben, eine Dusche, aus der per Knopfdruck warmes und kaltes Wasser aus der Wand fließt. Per Knopfdruck funktioniert bei uns auch der Ofen, der uns Wärme gibt. Anfangs habe ich gar nicht begriffen, dass mein Mann für mich möglichst viele Erleichterungen schaffen will. Als er alle Jalousien auf elektrischen Betrieb umstellte, habe ich geschimpft und ihn gefragt, ob er Langeweile habe. Es ärgerte mich, dass er unentwegt mit etwas beschäftigt war. Vielleicht weil ich ihn mehr für mich haben wollte. Nun haben wir so viel Technik im Haus, leben im Luxus. Das sind materielle Dinge, aber ich habe auch innerlich endlich Ruhe gefunden.

Seit mein Mann im Ruhestand ist, ist unser Tagesablauf so: Er steht kurz nach sechs auf, reicht mir die Tabletten, dann hat er eine Stunde für sich, halb acht bringt er mir mein Frühstück und die Medikamente, gegen acht kommt die Pflegerin, um zehn beginnt mein Programm. Entweder räume ich mit jemandem zusammen auf, oder es sind Näh-, auch mal Schreibarbeiten zu erledigen. Im Sommer ist viel im Garten zu tun. Ich kann ja nichts allein, gerade mal trinken. Ich bin nur dabei und passe auf, dass es so gemacht wird, wie ich es will. Wir fahren häufig raus. Ich liebe die brandenburgischen Baumalleen, wir freuen uns über Wiesen und Felder, ich freue mich über die frisch gepflügte Erde. Von eins bis vier ist Mittagsruhe und bei uns absolutes Klingelverbot. Enge Freunde haben wir gar nicht; die Krankheit hat uns aufgefressen. Wir haben Kontakt zu den Nachbarn, aber es erschreckt mich manchmal, wie verkrampft sie mit meiner Krankheit umgehen. Abends sitzen wir ab halb sieben vor dem Fernseher. Manchmal fahren wir auch ins Kino oder in den Zirkus.

Wir haben viel Schönes miteinander erlebt und erleben es noch. Mein größtes Handicap waren die Schmerzen. Jetzt, da es mir gut geht, habe ich total vergessen, wie das ist. Ein paar Jahre möchte ich gern noch dran hängen. Aber ich stelle es mir auch wunderbar vor zu gehen. Älter als 70 möchte ich nicht werden. Dann hat mein Mann noch ein bisschen Zeit für sich.

Katinka Lind: »Die Angst verheimlichten wir voreinander.«

Vor acht Monaten wurde ihr Mann beerdigt. Kurz vor seinem 70. Geburtstag erlag er einer unheilbaren Lungenkrankheit, die ihn zuletzt völlig ans Bett fesselte. Die 53-jährige Akademikerin, die in einer staatlichen Behörde arbeitet, lädt mich ein, in ihre Wohnung zu kommen. Helle, große Räume. Viele Bücher ihres Mannes habe sie verschenkt, einige Möbel nach seinem Tod umgestellt, erzählt die kinderlose Witwe. Katinka Lind ist eine spürbar in sich gefestigte Frau mit einem klaren, oft heiteren Gesicht.

Früher waren wir durch unsere beruflichen Tätigkeiten oft voneinander getrennt, und plötzlich hatten wir diese absolute Nähe. Als größte Belastung empfand ich den Verlust von Intimität durch die Anwesenheit von Pflegekräften. Es fing damit an, dass sie einen Wohnungsschlüssel hatten, da ich morgens schon fort war, wenn der erste kam. Man rutscht als Paar in den Patientenstatus.

Dass jemand da ist, der wäscht, betreut, hilft, ist notwendig, damit kann man sachlich umgehen, aber allzu viele Menschen verstärken durch ihre Art die Hilflosigkeit. Sie machen den Kranken und dessen Angehörigen noch schwächer, wobei es sicher schwierig ist, Unterstützung genau in dem Maße zu geben, in dem sie gebraucht wird. Menschen unterstreichen gern ihre Hilfe und Hilfsbereitschaft, indem sie Ratschläge erteilen. Das soll Anteilnahme signalisieren. Ich habe jedoch schnell deutlich machen müssen, dass es gewisse Übergriffe einfach nicht geben darf: dass ich nicht noch Zeit habe, mir anzuhören, welche Therapien vielleicht eine kleine Chance hätten, und mich zu rechtfertigen, warum ich es so und nicht anders mache.

Es gab auch Leute, die gesagt haben: »Wissen Sie, so lange dauert es nicht mehr.« Sie dachten tatsächlich, ich sei froh, wenn alles vorbei ist. Von der Taktlosigkeit abgesehen, empfand ich dies als eine Entwürdigung meines Mannes und als mangelnden Respekt vor unserer Partnerschaft. Als eine Pflegerin einmal sah, dass mein Mann und ich fröhlich am Tisch saßen und lachten, zog sie mich beiseite und bedeutete mir, dass es meinem Mann derzeit gar nicht gut gehe. Ob ich das nicht bemerkt hätte?

Am Wochenende haben wir grundsätzlich alle Pflegekräfte weggeschickt. Für einen Menschen Verantwortung zu übernehmen, ihn zu begleiten, ist auch etwas sehr Sinnstiftendes. Ich habe gelernt, dass Veränderungen, denen man nicht gewachsen zu sein glaubte, mit der Zeit ihren Schrecken verlieren, dass man gelassener wird. Jemanden leiden zu sehen, ist dennoch sehr schwer. Ich habe mit einem Menschen zusammengelebt, der immer wieder um Luft rang. Da fing ich plötzlich selber an, ganz flach zu atmen. Mein Mann war kein klagender Kranker. Er litt, hatte Schmerzen, aber er konnte sich in Unabänderliches fügen. Ich glaube, es spielt eine Rolle, ob man sein Schicksal annehmen kann. Das haben wir getan.

Es gab natürlich auch unterschwellige Aggressionen. Wenn ich nicht mehr konnte, habe ich das auch gezeigt, und mein Mann hat das verstanden. Die Distanz verliert sich, was für zwei vorher sehr selbständige Partner nicht leicht ist. Aber ich habe das auch als Bereicherung erlebt. Man gewinnt eine neue Innigkeit der Beziehung, die wir sonst nicht so entwickelt hätten.

Wenn ich nach Hause kam, habe ich zuerst einmal Tee gemacht, und dann haben wir viel geredet. Wir wussten, es ist eine Krankheit, die zum Tode führt. Über Tod und Sterben haben wir trotzdem kaum gesprochen. Ich befürchtete, mein Mann könne glauben, ich wüsste mehr als er, wenn ich das Thema anschneide. Die Angst verheimlicht man voreinander. Doch unterschwellig war die Angst immer da. Bei jedem Infekt, jedem Fieberschub eskalierte sie wieder neu. Auch mein Mann hat über seine Ängste mit mir nicht gesprochen. Ich glaube, dass er es mit Freunden getan hat. Mich wollte er damit nicht belasten.

Während der langen Pflegezeit haben mich Freunde und Verwandte teilweise unterstützt. Aber es war nicht so, dass sich Freunde die Klinke in die Hand gaben, um uns etwas abzunehmen. Ich habe gelernt: Man muss bitten. Es gab auch Menschen, vor denen ich unsere Situation nicht exponieren wollte. Wir wollten nicht den Part der ständig Hilfsbedürftigen einnehmen. Wir haben zwar telefoniert, aber kein gesellschaftliches Leben mehr geführt. Gäste einzuladen, hätte mich überfordert, wenngleich ich diese Normalität sehr vermisst habe.

Durch meinen Beruf war ich tagsüber mit vielen anderen Dingen befasst, das war eine große Erleichterung. Und ich wusste, dass ich selbst dafür sorgen musste, nicht die Grenzen meiner Kräfte zu überschreiten. Ein Kranker nimmt keine Rücksicht. Wenn ich einmal für ein paar Tage wegfuhr, hat mein Mann mir nie Steine in den Weg gelegt, aber er hat auch nicht gesagt: »Nun fahr doch!«

Nach seinem Tod habe ich versucht, körperlich und geistig zur Ruhe zu kommen. Aber ich hatte noch keine Kraft, mich neu ins Leben zu stürzen. Ich habe diese Zeit als einen Prozess des langsamen Aufbaus gesehen und mir zunächst viel Muße gegönnt: bin häufig spazieren gegangen, habe Freunde getroffen, mich auch zurückgezogen. Gleich nach der Beerdigung habe ich mir erst einmal eine Woche freigenommen und mich treiben lassen: Ich bin morgens aus dem Haus gegangen, wollte eigentlich in eine Ausstellung und bin dann an der nächsten Kreuzung irgendwohin abgebogen. Diese Selbstbestimmung war ein schöner Kontrast zu dem zuvor sehr verplanten Alltag. Die Vertrautheit unserer Wohnung habe ich immer als große Hilfe empfunden. Mit ihr verbinden sich gute Erinnerungen an Gemeinsames. Wenn ich Freunde sehen möchte, treffe ich mich jedoch woanders, ich kann die Welt noch nicht wieder in diese Wohnung holen. Ich glaube, das ist auch eine Reaktion darauf, dass ich den engsten, intimsten Raum so lange mit fremden Menschen teilen musste.

Ratschläge für pflegende Partner

Gabriele Tammen-Parr, Leiterin der Berliner Beratungs- und Beschwerdestelle bei Konflikt und Gewalt in der Pflege älterer Menschen »Pflege in Not«

- Informieren Sie sich bei Krankheitsbeginn gut über das Krankheitsbild Ihres Partners, damit Sie auf Verhaltensveränderungen adäquat reagieren und körperliche Einschränkungen berücksichtigen können.
- Verlangen Sie nicht von sich, alles allein zu schaffen! Hilfe von außen erleichtert es Ihnen, sinnvoll mit eigenen Ressourcen zu haushalten. Unterstützung ist kein Zeichen von Versagen. Klären Sie innerhalb der Familie, wer wann und mit wie viel Zeit zur Verfügung steht.
- Suchen Sie sich, wenn möglich, andere Betroffene, mit denen Sie über Ihre Belastungen reden können. Es befreit, wenn andere Ihre Gefühle nachvollziehen können.
- Seien Sie nicht enttäuscht, wenn Familienangehörige und Freunde das Thema Krankheit nicht ständig besprechen wollen. Überfordern Sie Ihre erwachsenen Kinder nicht, indem Sie ihnen ständig alles berichten.
- Scheuen Sie sich nicht, von Ihrem Partner zu verlangen, dass er zeitweilig von anderen betreut wird. Nehmen Sie sich Zeit für sich und suchen Sie einen Ausgleich, um neue Kraft zu schöpfen. Ihr Partner wird vielleicht versuchen, Ihnen Gewissensbisse zu machen. Versuchen Sie ihm zu erklären, dass auch ihm Ihre Erholung zugute kommt.
- Rechnen Sie damit, dass Sie an Ihre Grenzen stoßen und Gefühle wie Aggressionen, Ungeduld, Ekel empfinden. Negative Gefühle können ein sinnvolles Signal sein, um sich eine Auszeit zu nehmen.
- Sprechen Sie mit Ihrem Partner über seine Krankheit und über Ängste. Aber bedrängen Sie ihn nicht, über Themen zu reden, denen er nicht gewachsen ist.
- Erwarten Sie nicht täglich Dankbarkeit. Auch für Ihren Part-

ner ist seine Pflegebedürftigkeit ein existentieller Einschnitt. Rechnen Sie auch bei ihm mit Ängsten, Ungeduld, Aggressionen.

- Erlauben Sie sich, sich jeden Tag erneut zu fragen, wie lange und umfangreich Sie Ihren Partner pflegen möchten. Die Unterbringung in einem Heim kann gegebenenfalls sinnvoll werden.
- Wenn Ihr Partner geistig und körperlich eingeschränkt ist, lassen Sie ihm dennoch Raum für eigene Entscheidungen. Auch wenn es schwerfällt.

Aufbruch zu neuen Ufern
Living apart together

Dass Simone de Beauvoir und Jean Paul Sartre nie eine gemeinsame Wohnung teilten, trug viel zum Mythos ihrer Beziehung bei. Vermögend genug, um sich die äußerliche Unabhängigkeit leisten zu können, praktizierten sie ein Beziehungsmodell, das heute unter dem Namen »Living apart together« vor allem für jüngere Paare als attraktive Lösung gilt oder das zum unfreiwilligen Preis für berufliche Mobilität geworden ist.

Paare, die Jahrzehnte gemeinsam unter einem Dach lebten, entschließen sich dagegen nur selten zu dieser Lebensform, die in den Augen vieler der erste Schritt zur Trennung ist. Von den Mehrkosten ganz abgesehen, halten sie eigene Bedenken oder die Sicht anderer älterer Ehepaare davon ab, auseinander zu ziehen.

Für den Paarberater Robert Bolz bietet das Modell »Living apart together« jedoch auch deutliche Vorteile: »Es kann für sehr reflektierte Menschen eine gute Herausforderung sein, da das Zusammensein dann nichts Selbstverständliches mehr ist. Man lebt nicht den ganzen Wahnsinn des Alltags, sondern hat eigentlich nur Ausnahmesituationen. Wie viel Nähe man möchte, wird immer wieder neu ausgehandelt.«

Aber auch die Nachteile wiegen nach Ansicht von Psychologen nicht leicht. Alltag verbindet, wissen Familienexperten. Mit der Lockerung von Rollenmustern gerät oft auch die eheliche Balance in Gefahr. Eingeschliffenes zu ersetzen, warnt der renommierte Paartherapeut Jürg Willi, stellt mitunter eine Überforderung dar oder weckt unrealistische Erwartungen. Statt eines bewusster gestalteten Miteinanders tut sich dann ein Vakuum auf. So wie durch das unabhängige Schalten und Walten die Liebe gefestigt werden kann, kann es auch zu Entfremdung führen.

Trennung und Neuanfang

Selbst lange verheiratete Paare trennen sich heute häufiger als früher, und dafür gibt es laut Jörg Eikmann, Psychologe an der Evangelischen Ehe-, Familien- und Lebensberatungsstelle in Braunschweig, mehrere Gründe: So fehlt die moralische Klammer der Religion, Scheidungen werden in der Gesellschaft mehr toleriert als früher. Wohlstand, die finanzielle Versorgung des Partners erleichtern das Gewissen desjenigen, der geht, die materielle Versorgung ist somit für viele kein ausreichender Grund mehr, eine schal gewordene Beziehung aufrecht zu erhalten. Kinder werden ebenfalls seltener als Kitt für die Ehe empfunden.

Vor allem Männer streben danach, sofern sie körperlich noch fit sind, Neues auszuprobieren, nicht selten fühlen sie sich jedoch von ihrer Partnerin gebremst. Statt ihn zu ermutigen, den Skikurs zu belegen, schüttelt sie den Kopf: »Du spinnst, du brichst dir alle Knochen!« Ein weiterer Grund für späte Trennungen sind im Ruhestand aufbrechende Aggressionen, die in der Tretmühle der Berufszeit unterdrückt wurden. Nun, da man freier über sich und seine Zeit bestimmen kann, sind viele nicht mehr bereit, auf vertagte Ziele und Wünsche zu verzichten.

»Frauen sind mutiger in Bezug auf Trennungen. Sie haben eher das Gefühl, dass ihr Partner sich nicht mehr bewegt, nicht weiterentwickelt, sich resignierend zurückzieht. Er sitzt im Nest, während die Frauen die Flügel ausbreiten wollen«, begründet Barbara Langmaack die Tatsache, dass überwiegend Frauen die Scheidung einreichen.

Aufgrund seiner Erfahrung, dass ältere Geschiedene unfreiwillig allein blieben, warnt Paarberater Jörg Eikmann jedoch vor schnellen Trennungen. Oft bedeute Scheidung für beide Partner eine Katastrophe, da sie sich innerlich heimatlos machen und die Chance für einen Neuanfang überschätzen. Sich auf jemanden anderen nochmals einzustellen, klappe oft nicht, was vielen Paaren auch rechtzeitig bewusst werde, denn der avisierten Trennung geht meist eine Art Brautschau voraus.

Davon ernüchtert, zögen Paare es vor, sich zu arrangieren. »Im Alter ist man eine erstarkte, manchmal auch eine erstarrte Persönlichkeit.« Dazu komme, so Eikmann weiter, dass viele Einschränkungen in ihrer Sexualität spüren. »Da bleibt man lieber bei der vertrauten Person.«[85]

Der alte Mann und das Mädchen

75 Jahre alt war der spanische Musiker Pablo Casals, als er 1951 die 14-jährige Marita Montanez kennen lernte, die sechs Jahre später seine Frau wurde. Picasso hat – wie Joschka Fischer, Ulrich Wickert und unzählige andere – den Altersabstand zwischen sich und seinen Frauen stetig erweitert. Mit 80 schließlich heiratete Picasso die 34-jährige Jacqueline Rocque.

Wenn die Kinder flügge sind und es keiner angetrauten Zuarbeiterin mehr bedarf, die dafür sorgt, dass die Hemden frisch geplättet sind, scheinen sich mit einer jüngeren (nunmehr reizvoll eigenständigen!) Begleiterin noch einmal neue Perspektiven zu eröffnen. Die Flüchtigkeit und Relativität beruflichen Erfolges sollen nun durch die Abkehr von ausgetretenen Pfaden ausgeglichen werden. Eine frische Liebesbeziehung verheißt oft eine radikal neue Perspektive.

Die Einsicht, nicht ewig ein Adonis, eine Circe zu sein, mag nun dazu verhelfen, Privatem größere Priorität einzuräumen. Meist sei jedoch das junge Glück, so der Paartherapeut Robert Bolz, nicht von Dauer: »Nach einiger Zeit wird der Unterschied der Lebenswirklichkeiten immer deutlicher, mit der Folge, dass Männer oft panische Angst vor jüngeren Rivalen haben. Oder die jüngere Frau wünscht sich ein Kind, der Kinderwunsch des älteren Mannes hat sich aber schon erfüllt. Da beginnen oft Dramen, die in der Regel mit einer Trennung enden.«

Jenseits der 60 wird mancher Mann eingeholt von der kräftezehrenden Jugend seiner Frau. Als sie einem längst ergrauten Kollegen zur Geburt seines zweiten Kindes gratulierte und ihrer Freude über das junge Familienglück Ausdruck verlieh, erzählt eine Bekannte, habe dieser plötzlich zu schluchzen begonnen: »Du ahnst gar nicht, wie k.o. ich oft bin.«

Auch Frauen wählen zunehmend jüngere Partner, suchen bei ihnen die Lebendigkeit, Zugewandtheit und Nähe, die sie vorher vermissten. Von romantischen Traumgespinsten kuriert, schätzen ältere Frauen die Vor- und Nachteile einer festen Bindung im Allgemeinen realistisch ein, erläutert Barbara Langmaack: Sie halten in der Beziehung mit einem jüngeren Mann oft einen Sicherheitsabstand, um die innere Vertrautheit nicht durch zu viel räumliche Nähe zu gefährden.

Der nahende Abschied: Partnerverlust im Alter

Wer stirbt als Erster? Die Furcht vor dem eigenen Tod wird von den meisten meiner Gesprächspartner verdrängt von der noch grösseren Angst, dass der Partner vor ihnen sterben könnte. Vor allem Männer fürchten sich davor zu vereinsamen, innerlich und äußerlich zu verwahrlosen; zurückzubleiben in jenem Niemandsland, das sich manchmal schon auftut, wenn ihre Ehefrau länger auf Reisen ist.

Liest man die mitleidlose Statistik, so ist es eine berechtigte Furcht. Viele Männer haben am Tod ihrer Partnerin tatsächlich schwerer zu tragen, und ihre Gesundheit wird dadurch stärker beeinträchtigt. Das Sterberisiko von Witwern liegt nach dem Tod ihrer Partnerin deutlich höher als die Sterberate von gleichaltrigen verheirateten Männern, Hochbetagte ausgenommen. Selbst eine unbefriedigende Ehe stellt offenbar einen Schutz gegen Depressionen und seelische Störungen dar, wie die im Vergleich zu Verheirateten überdurchschnittlich hohe Suizidrate von Witwern zeigt. Dass Männer ihrer Frau schneller ins Grab folgen als umgekehrt, liegt nicht nur am gebrochenen Herzen. Psychologen führen verschiedene Erklärungen an: Häufig haben Männer nur eine einzige Bezugsperson, der sie persönliche Dinge anvertrauen, nämlich ihre Partnerin. Auch die eigenen Kinder können die tägliche Ansprechpartnerin nicht ersetzen. Der Tod der Partnerin bedeutet für viele zudem, nicht mehr versorgt zu werden, sie ernähren sich ungesünder und achten weniger auf ihren Körper.

Witwen dagegen finden nach dem Tod ihres Partners Halt durch ihre häufig engeren Kontakte und den intensiveren Austausch mit den erwachsenen Kindern. Und Frauen sind im Haushalt Selbstversorger.

Witwer suchen allerdings schnell wieder eine Partnerin, während nur etwa jede zehnte Frau sich nach dem Tod ihres Partners auf eine neue Ehe einlässt. Mehr als die Hälfte lehnt eine neue feste Bindung ab. Jeder dritte Witwer heiratet oft schon zwei, drei Jahre nach dem Tod seiner Frau erneut oder geht eine Lebensgemeinschaft ein.[86] Obwohl Witwer insgesamt weniger sozial eingebettet sind, gruppieren sich um »hinterlassene« Männer bald Trösterinnen, die Knöpfe annähen und den Trauernden mit Unternehmungsvorschlägen auf andere Gedanken bringen.

Infolge der durchschnittlich rund sieben Jahre längeren Lebenszeit von Frauen und des meist zwischen Eheleuten bestehenden Altersabstandes sind es jedoch häufiger Frauen, die ihre Männer beerdigen. Im Schnitt überleben verheiratete Frauen ihre Männer um zehn Jahre.[87]

Heike Weber-Niehoff: »Mein Mann ist ein Junggeselle, der sich in die Ehe verirrt hat.« – Vito Niehoff: »Wir wussten: Wir müssen etwas ändern.«

Sie sind seit 29 Jahren ein Paar und seit 24 Jahren verheiratet. Bevor wir auf den in kräftigen Farben gemusterten Polstermöbeln Platz nehmen, zeigt mir die 63-jährige Therapeutin ihren mit vielen Grünpflanzen gestalteten Therapieraum. Das Paar lebt seit zwei Jahren in verschiedenen Wohnungen, die allerdings nur fünf Minuten Fußweg voneinander entfernt sind. Kunstgewerbliches an Wänden und auf Kommoden kündet von Heike Weber-Niehoffs Liebe zum Nestbau. Mit geschultem Blick auf sich selbst lacht die große schlanke Frau mit dem Bubikopf hellauf, als sie erzählt, wie wenig ihre Vorstellungen von bürgerlicher Behaglichkeit zu denen ihres Mannes passen.

Es dauert ein paar Wochen, bis wir einen zweiten Gesprächstermin finden, an dem auch Vito Niehoff Zeit hat. Aufmerksam hört Heike Weber-Niehoff zu, als der 56-jährige Berufsschullehrer freundlich meine Fragen beantwortet und dabei mehrmals seine Sicht relativiert: Seine Frau sehe manches ganz anders. Immer wieder sucht der sportliche Mann ihren Blick, und als ich aufbreche, nimmt Vito Niehoff sie fest in den Arm.

Heike Weber-Niehoff

Auf meinen Ruhestand habe ich mich sehr gefreut. 21 Jahre war ich angestellt in einer ambulanten Betreuungseinrichtung für Körperbehinderte. Dort ist man ständig beschäftigt mit Not und Leid und nicht heilbaren Erkrankungen. Außerdem waren wir ein schwieriges Team, das hat meine Entscheidung, zum erstmöglichen Tag zu gehen, beschleunigt. Ich habe privat noch ein paar Klienten. Das bündelt mich: Ich achte auf mein Äußeres, ich muss für andere da sein und kann nicht über meine Gelenkschmerzen nachdenken. Manche Leute haben ja mit Langeweile kein Problem – ich durchaus, darum habe ich lieber vorgesorgt. Eine Woche, nachdem ich berentet war, habe ich mir einen Spitz aus dem Tierheim geholt. Er muss versorgt werden, er löst in mir fürsorgliche Gefühle aus. Ich gehe täglich mit ihm raus. Eine Zeitlang hoffte ich, dass mein Mann abends mit mir ums Haus einen Spaziergang macht und klönt. Er hat dazu keine Lust. Seit wir zwei Wohnungen haben, habe ich diese Erwartung nicht mehr an ihn.

Wir hatten nie eine leichte Ehe. Als ich nach meiner Pensionierung vor drei Jahren eine heftige Depression bekam, beschloss ich: Ich muss etwas an unserer Beziehung ändern, und schlug meinem Mann vor, in zwei Wohnungen zu leben. Wir leben nicht getrennt. Getrennt leben bedeutet für mich eine geistig-seelische Trennung, die es bei uns nicht gegeben hat. Für mich war unsere Ehe immer unendlich wichtig. Vito ist jedoch überhaupt kein Familienmensch. Er ist ein Junggeselle, der sich in die Ehe verirrt hat. Ich dagegen brauche ein Nest. Als wir uns kennen lernten, war ich 34, geschieden und Mutter eines Sohnes. Meinen Beruf als Inspektorin hatte ich an den Nagel gehängt und machte mit Sozialhilfe und Bafög nochmals ein Studium. Ich war auf Partnersuche und setzte mich in einer Kneipe zu Vito und seinen Freunden an den Tisch. In der ersten Begegnung steckt ja schon die ganze Beziehungsdynamik: Ich bin ihm hinterher gegangen, und so ist es geblieben. Meine Depressionen waren die letzten Wehen meiner Enttäuschung, weil ich erkannte, dass er meine Erwartungen an mehr Gemeinsamkeit nie erfüllen wird.

Als Therapeutin weiß ich: Man kann den Partner nicht ändern. Aber leben tut man's anders. Vito möchte in seiner Zeitplanung absolut frei sein. Nach dem Unterricht sitzt er oft noch mit Kollegen zusammen, isst etwas in einer Pizzeria, oder er holt sich ein Stück Kuchen. Und am Wochenende will er ausschlafen. Rituale, gemeinsame Mahlzeiten, die mir Geborgenheit geben, sind für ihn ein Schrecken. Er fühlt sich eingeengt. Er geht auch mit Geld großzügiger um. Da ich wusste, dass ich damit nicht zurechtkomme, habe ich von vornherein darauf gedrungen, dass wir getrennte Kasse machen – was sich für unsere Beziehung als segensreich herausgestellt hat. Mir gibt Sparen Sicherheit. Wenn ich essen gehe, gucke ich immer auch auf den Preis. Mein Mann guckt, worauf er Appetit hat.

Streiten kann man mit Vito nicht. Er zieht sich zurück, wenn es schwierig wird, und schaltet auf Gleichgültigkeit. »Mich ärgert niemand«, ist ein Motto von ihm, während ich schnell tödlich gekränkt bin. Ich nörgele, bin strenger, versuche, Konflikte zu klären. Als wir noch zusammenwohnten, war ein Dauerthema, dass Vito ständig zum Golfen unterwegs ist. Jedesmal, wenn mein Mann fort war, hatte ich das Gefühl: »Er zieht anderes vor. Er verlässt mich.« Das hat eine ganz unglückliche Dynamik ausgelöst. Seit wir unabhängiger voneinander leben, sehe ich immer mehr, welch ein Gewinn Golfen für ihn ist. Er fährt raus, und alles fällt von ihm ab.

Anfangs hatte ich Angst, dass getrennte Wohnungen die Distanz zwischen uns vergrößern könnten. Ich dachte, man müsse es organisieren, dass wir uns sehen. Aber die Anlässe ergeben sich von allein. Unsere Ehe ist einfach weitergegangen, mit dem Unterschied, dass wir unabhängiger voneinander sind. Intensiver ist unser Zusammensein nicht geworden. Vito erzählt mir, wie das Wetter beim Golfen war oder wie die Terrasse eines Golfclubs liegt. Manchmal versucht er, mir detailliert zu erläutern, was sich im Banken- und Steuerwesen geändert hat, weil er das unterrichtet. Mich würde eher interessieren: Wie geht es ihm mit seinen Kollegen, seinen Schülern? Wenn ich erzähle, hört er zwar hin, aber er nimmt vieles gar nicht auf. Ihn interessieren nicht die psychischen Verästelungen von Patienten oder von mir. In 29 Jahren habe ich mit ständigem Reden immerhin erreicht, dass er, wenn ich Kummer habe, diesen nicht mehr bagatellisiert. Traurigkeit macht ihn schrecklich hilflos. Im Glauben, er tut mir damit etwas Gutes, hat er früher immer sofort beschwichtigt.

Mein Mann lebt sein Leben. Und ich glaube, er lebt es besser als ich. Er ist für mich ein wichtiger Stützpfeiler. Wir können einander absolut vertrauen, er ist zuverlässig, zärtlich, wir geben einander Geborgenheit. Uns verbinden gemeinsame Erinnerungen, auch die Erinnerung an gelöste Konflikte. Ich weiß jedoch: Den Alltag bewältige ich besser allein als mit ihm an meiner Seite. Wenn du mit jemandem zusammen lebst, kannst du ja alles, was nicht läuft, auf ihn schieben. Jetzt ist da keiner mehr. Ich bin nun für mich allein verantwortlich.

Ich singe im Chor, treffe mich zur Doppelkopfrunde, habe ein Gärtchen. Dienstags gehen Vito und ich zusammen tanzen. Ich bin noch ehrenamtlich in einem Fortbildungsinstitut tätig und mache mir zur Pflicht, Fachliteratur und Belletristik zu lesen, damit ich nicht in Katalogen und Magazinen versinke. Nachmittags ist der Fernseher eine große Verführung. Gassi zu gehen mit dem Hund ist eine große Lebenshilfe, denn die Vormittage können richtig langweilig sein. Allein zu verreisen tue ich mir nicht an. Es gibt nichts, was ich noch unbedingt machen, entdecken will. Genau das ist im Moment ein Problem oder eine Aufgabe für mich. Mich treibt die Frage um:

»Wohin soll es noch gehen? Wo liegen Sinn und Ziel in meinem Leben?«

Der Altersunterschied zwischen Vito und mir spielt keine Rolle. Ich denke, man sieht und spürt ihn nicht. Vom Temperament war ich immer die Lebendigere. Älterwerden bedeutet jetzt für mich, Schmerzen zu haben. Genau zum Ende meiner Berufstätigkeit begannen meine schweren Gelenkschmerzen. Glücklicherweise nicht in den Knien und Hüften, denn ich wohne im vierten Stock, ohne Fahrstuhl. Wenn du das schrecklich findest, stöhnst du nach zwei Treppen. Wenn du sagst, es ist nicht anders, reduzierst du eben dein Tempo. Wenn ich oben bin, genieße ich die freie Sicht. Wie alles, ist es eine Frage der Einstellung.

Lange habe ich gehadert und gedacht, wir haben uns das Leben schwer gemacht. Irgendwann habe ich akzeptiert: Vito ist, wie er ist. Er gibt dir, was er kann. Wenn wir wieder zusammenleben würden, würde ich wahrscheinlich erneut hoffen, dass er meine Wünsche teilt. Ich würde wieder alles hinter ihm hertragen, unser Tagesrhythmus würde nicht übereinstimmen. Manchmal merke ich, dass ich unsere Entscheidung rechtfertige, wenn ich mit Menschen spreche, die ich nicht gut kenne. Wir vermeiden es, »meine« und »deine« Wohnung zu sagen, sondern reden von »Bleibtreustraße« und »Kantstraße«.

Ich bin froh, dass wir für unsere Beziehung eine Lösung gefunden haben. Aber es ist für mich die zweitbeste Lösung und nicht das Ideal.

Vito Niehoff

Heike ist die Frau meines Lebens. Ich bewunderte sie und bewundere sie noch immer. Sie packte das Leben sehr selbständig an. Ich hatte vorher immer Freundinnen, bei denen ich mich um alles kümmern musste. Aber ich bin nicht gern jemand, der betuttelt, sondern bin gerne für mich. Deshalb habe ich eine selbstbewusste Frau gewählt. Als Heike den Wunsch äußerte zu heiraten, war das für mich eine reine Formalie, obwohl unsere Eheringe ja auch eine Bedeutung haben. Die Vorstellung, der Ehemann zu sein, der mittags nach Haus kommt, weil die Frau das Essen auf dem Tisch hat, war für mich immer Horror. Ich bin kein häuslicher Mensch, das Bedürfnis nach einem Heim und Kindern habe ich nie gehabt. Das heißt nicht, dass ich mich hier nicht geborgen fühle. Es ist nun Heikes Wohnung. Ich würde nie hierher kommen, ohne sie zu informieren. Inzwischen fühle ich mich jedoch nicht mehr bloß als Gast.

Ausgezogen bin ich, weil wir so miteinander verhakelt waren, dass es nicht mehr ging. Ich hatte damals ein Gefühl des Scheiterns. Ich finde, man bekommt einen anspruchsvollen Job und eine Beziehung schwer zusammen. Entweder leidet der Job oder die Beziehung. Wenn ich etwas mache, mache ich es richtig, ich gebe mich im Beruf und im Sport nicht gern mit Halbheiten ab. Aber da man beides, Karriere und Beziehung, nicht hinkriegt, bin ich beruflich weniger engagiert, als ich mir vorstellen könnte. Und ich bin nicht genug in der Beziehung engagiert. Vielleicht muss man sich vorher Klarheit schaffen.

Die Zuspitzung unserer Reibereien hatte jedoch sicher mit Heikes Verrentung zu tun. Als sie noch arbeitete, war niemand da, wenn ich nach Hause kam. Ich konnte alle Viere von mir strecken, ohne dass sich jemand darum scherte, wenn ich den Mantel einfach fallen lasse und die Zeitung nicht wieder zusammenfalte. Es gibt hundert kleine Beispiele, die einzeln nichts ausmachen, in der Summe aber nerven. Wir wussten: Wir müssen etwas ändern. Meine kleine Wohnung ist ganz gemütlich eingerichtet. Trotzdem war sie für mich anfangs nur eine Ausweichstation. Nun ist der alltägliche Stress weg, man hat mehr Freiheit. Jetzt kann ich fernsehen, was und wann ich will, kann bis nach Mitternacht arbeiten, ohne dass mir jemand sagt, ich soll doch das Licht ausmachen. Wobei ich Nebengeräusche in der Wohnung als angenehm empfinde. Wenn ich am Schreibtisch sitze, will ich zwar nicht angesprochen werden, aber ich finde es ganz toll, wenn Heike im Hintergrund irgendetwas tut. Mich hat ja nur an ihr gestört, dass sie sich bei mir an vielem stört. Ich habe den Eindruck, wir sehen uns fast mehr als vorher und in anderer Intensität. Vorher war ich zwar immer hier, aber ich war nicht wirklich da. Wenn wir uns jetzt treffen, ist das anders. Jedenfalls empfinde ich das so.

Der Altersunterschied hat für mich nie eine Rolle gespielt. Aber ich habe in letzter Zeit häufiger das Gefühl: Ich will mal nach Heike gucken. Seit sie im Ruhestand ist, ist sie kränker, ihre Schmerzen haben zugenommen. Meine Vorstellung ist, dass wir wieder zusammenziehen, sobald ich nicht mehr berufstätig bin. Wenn es möglich wäre, würde ich sofort aufhören zu arbeiten. Ich habe im Beruf eine Ebene erreicht, wo ich nicht viel weiter kann, außer, wir kippen unsere Beziehung. Als Rentner würde ich das Nichtstun genießen. Ich würde ins Café gehen, in Restaurants, hätte das Golfspiel. Das Alter macht mir keine Angst. Natürlich möchte ich möglichst gesund sterben. Herzinfarkt auf dem Golfplatz – ungefähr so. Wir sind in der Gesellschaft für Humanes Sterben, haben beide eine Patientenverfügung gemacht.

Viele Kollegen bewundern unsere jetzige Lebensform und raten mir: »Zieh doch nach Mitte, da pulsiert das Leben.« Für mich kommt das nicht in Frage. Ich habe keine Lust mehr auf die Piste. Außerdem fühle ich mich in unserem Kiez sehr wohl. Ich möchte in Heikes Nähe bleiben.

Lukas Schorn: »Einsamkeitsgefühle sind mir fremd.«

»Ich bin jetzt 44.« Über die Verwechslung seines Jahrgangs mit seinem Alter muss Lukas Schorn lachen. Was für ein merkwürdiger Versprecher, denn mit seinem Alter hadere er nun wirklich nicht! Nach unserem Gespräch wird er seinen täglichen Spaziergang durch den Grunewald machen. Immer ungeduldiger klingt das Bellen seiner beiden Welpen und des ausgewachsenen Schäferhundes, den der pensionierte Jurist und Politologe zur Zeit als »Tagesvater« betreut. Lukas Schorn, ein sportlicher, leicht gebräunter Mann mit vollem, grauem Haar, einem Drei-Tage-Bart und einem Gesicht, das Humor und Empfindsamkeit ausstrahlt, lebt allein in einer großen Eigentumswohnung.

Die Scheidung seiner zehnjährigen Ehe liegt 20 Jahre zurück.
Gleichzeitig mit dem Eintritt in den Vorruhestand endete auch
seine zweite Beziehung. Eine Umstellung auf ganzer Linie.
Doch der ehemalige Mitarbeiter einer Fortbildungsinstitution
für Fach- und Führungskräfte aus Entwicklungsländern wirkt
entspannt, als wir in seiner offenen Wohnküche an einem lan-
gen Holztisch sitzen und er mir die Herausforderungen seines
neuen Lebensabschnittes schildert.

Am 15. Dezember des vergangenen Jahres war mein letzter
Arbeitstag. Nach meiner Verabschiedung ging ich zur sport-
medizinischen Belastungsprüfung, abends holte ich meine beiden Welpen, kurz danach verließ mich meine Freundin. Das
sind Veränderungen, die man erst mal einordnen muss.

Angst vor dem Ruhestand hatte ich nicht. Ich war nie ein
Workaholic und nie nur Privatier. Im Beruf habe ich mich bis
zum letzten Tag engagiert, habe aber immer dafür gesorgt, dass
ich privat viele Freunde habe und Hobbys pflege. Das hat mir
weichere Übergänge zum beruflichen Stopp verschafft. Mir
wurde angeboten, auf Vertragsbasis in internationalen Organisationen weiterzuarbeiten. Doch dafür hätte ich Berlin verlassen müssen. Zudem wollte ich nicht einer unter vielen sein,
während ich vorher in einem kleinen, überschaubaren Bereich
der König war. Mein Ausscheiden ermöglicht jungen Kollegen
den Einstieg.

Manche sprechen den Gedanken ja nicht aus, aber er bohrt:
»Bin ich ersetzbar?« Ich glaube, dass ich entbehrlich bin. Ich
hatte einen routinearmen Beruf, der mich sehr forderte, konnte
meine Arbeit zum großen Teil selbst bestimmen. Auf öffentliche Kosten die Welt kennen zu lernen und in einer der schönsten Liegenschaften Berlins sein Büro zu haben, ist mit Status
und Privilegien verbunden. Aber man muss das nüchtern sehen: Ich bin jetzt out! Man schleppt zwar sein Erfahrungs-
wissen mit sich, hat noch ein institutionelles Gedächtnis, doch
in Entscheidungsprozessen sind wir alten Hasen nicht mehr
gefragt. Ich habe meine Karriere nicht geplant. Vieles hat sich
ergeben. Und ich habe auch keine Alterspläne gemacht. Ich

hatte nur die klare Vorstellung: Mit der Pensionierung kommt ein Hund ins Haus. Die Welpen bestimmen nun meinen Tagesrhythmus. Um sechs stehe ich auf, mache jeden Morgen einen langen Spaziergang. Einige Freunde mokieren sich, dass ich auf den Hund gekommen bin. Manche nehmen es mir übel, dass ich nicht mehr wie gewohnt ihr Ansprechpartner, ihre Begleitperson bin.

Meine Freundin hatte gehofft, dass ich ihr jetzt ganz zur Verfügung stehe. Wir haben nicht zusammengewohnt, waren auch kein Paar im körperlichen Sinn, haben jedoch alles, was geht, gemeinsam unternommen und hatten sieben Jahre eine stressfreie Beziehung. Kino, Theater, Reisen – das ist mit den Hunden erst mal nicht drin. Als »Alleinerziehender« muss ich abends zu Hause sein, weil die Kleinen hier Dreck und Lärm machen. Dieses Angebundensein ist jedoch eine Frage der Zeit. Darum war ich sehr verblüfft, dass meine Freundin die Hunde als Anlass nahm, um aufzulisten, was sie an mir vermisst hat. Wir telefonieren noch miteinander, aber es ist ein Riss entstanden.

Ich bin ein Eigenbrötler, brauche mein Schneckenhaus. Früher war die Kompensation für meine vielen Auslandsreisen, dass ich hier meine Höhle ausgepolstert habe. Da ich wegen der Hunde meist zu Hause bin, ist es wichtig, dass ich mit mir etwas anfangen kann. Ich spiele gern auf meinem Digital-Flügel, auch wenn das sehr amateurhaft ist. Ich koche, lese viel, beschäftige mich wieder mehr mit meiner kleinen Kunstsammlung. Es gibt das Häusliche, und es gibt das Aushäusige: Das ist mit meinem Segelboot am Wannsee und mit den Hunden verbunden. Ich freue mich daran, wie sie herumtollen. Es macht Spaß, sie zu erziehen. Vermutlich sind sie auch eine Schutzmaßnahme.

Ich will keine feste Bindung, keine Beziehungskiste mehr. Meine Energie fließt in die Stabilisierung meiner letzten Lebensphase. Einsamkeitsgefühle sind mir fremd. Wenn das Telefon nicht klingelt, überkommt mich nicht der Gedanke: »Was? Zwei Tage hat sich niemand bei mir gemeldet!« Falls die Sendepause zu lang wird, greife ich zum Hörer, und meist stellt sich heraus, dass alles normal ist: Der eine war verreist, der andere hatte Grippe.

Manchmal überlege ich allerdings, ob ich träge werde. Man lebt nach seinem Gusto, schläft, wenn man müde ist, isst, wenn man Hunger hat. Ein bisschen vermisse ich die Highlights, das Gefühl: Thank God, it's Friday! Der Freitag ist jetzt ein Tag wie jeder andere.

Ich maile einigen Kollegen noch, aber ich finde es gut, wenn man einen Schnitt macht. Um ein bisschen im Berufsfeld zu bleiben, halte ich noch Vorträge. Ich forciere das nicht, doch den Austausch über entwicklungspolitische Themen brauche ich für meine innere Balance. Früher hat man im Beruf das Tagesgeschäft mitbestimmt, jetzt kommentiert man es nur noch. Aber diese Philisterecke kann auch interessant sein.

Über die Hunde habe ich wieder regelmäßigen Kontakt zu meiner geschiedenen Frau. Ihre Hündin ist die Mutter meiner beiden Welpen. Da meine Schwester und sie eng befreundet blieben, wurde das familiäre Verhältnis durch unsere Scheidung nie aufgekündigt. Zweimal in der Woche gehen meine geschiedene Frau und ich mit den drei Hunden spazieren. In gewisser Weise haben die Hunde eine Brückenfunktion, auf neutraler Ebene lässt sich vieles leichter besprechen. Man fragt: »Wie geht's den Hunden?«, und kommt auf das Thema: »Wie geht es dir denn eigentlich?« Das heißt aber nicht, dass wir Neues an uns entdecken. Wir entdecken aufs Neue, was wir am anderen geschätzt, und was wir nicht geschätzt haben. In unserer Ehe waren wir beide ganz auf Beruf ausgerichtet. Ein Kind hätte meine damalige Frau verpflichtet, ihre Ausbildung nicht konsequent nutzen zu können. Und ich habe eigene Kinder nie vermisst. Manchmal kommen Kinder meiner Freunde zu Besuch, das macht mir großen Spaß. Es gibt mir Gelegenheit zu überprüfen, ob ich mit dieser Generation noch zurechtkomme. Aber ich bedauere nicht, dass ich kein Familientraining habe.

Nach meinem Eindruck haben die meisten meiner Geschlechtsgenossen, die in einer Partnerschaft leben, große Schwierigkeiten mit dem Umbruch. Auf der Straße sehe ich oft

Männer, in deren Gesichtern ich die Reaktion auf Abhängigkeit lese. Sie sind nicht mehr an den Schalthebeln, und es gibt keine Fluchtmöglichkeiten mehr. Jetzt müssen sie den Konzertbesuch organisieren. Wie macht man das? Bei sehr wenigen Paaren habe ich das Gefühl: Die passen zusammen. Sie sind ineinander und miteinander gewachsen und haben sich gleichzeitig ein Stück Eigenständigkeit bewahrt. Viele ältere Paare haben so eine negative Ausstrahlung, dass ich mich bestärkt fühle: Vielleicht habe ich es richtig gemacht.

Ich fühle mich noch frisch und jung, habe keine Zukunftsängste. Der einzige Strick, der nicht reißen darf, ist die Gesundheit. Weil ich keine Familie habe, geht meine Versorgung im Krankheitsfall einmal nur über Geld. Ich achte sehr darauf, dass dafür genug auf meinem Konto ist.

Demnächst beteilige ich mich an einem Theaterprojekt für krebskranke Kinder. Ich bin Teil des Ensembles, werde den Erzähler geben. Ich denke, ich habe damit eine sinnvolle Aufgabe gefunden. Vielleicht kann unser Auftritt in verschiedenen Kliniken Kinder, die schwer und teilweise unheilbar krank sind, für einen Moment auf andere Gedanken bringen.

Martin Monk: »Unsere Eheprobleme haben sich immer wieder eingependelt.« – Anne Monk: »Es bleibt eine Basisliebe.«

Dass sie jenseits der 40 noch studierte und in einem Alter, in dem andere an den Vorruhestand denken, ihre erste Stelle als Sprachtherapeutin in einer Klinik antrat, beobachteten viele mit einer Mischung aus Skepsis und Bewunderung, berichtet Anne Monk. Obgleich sie sich nie ausschließlich als »Frau des Pastors« verstand, habe es manche Freunde erstaunt, dass sie kurz vor dem Ruhestand ihres Mann noch halbtags zu arbeiten begann. Seit 41 Jahren sind die 61-jährige Hamburgerin und ihr 65-jähriger Mann verheiratet. Sie haben einen erwachsenen Sohn und eine verheiratete Tochter. Obwohl diese mit ihrer Familie einige Autostunden entfernt lebt, besteht zu ihr ein engerer Kontakt. Fotos der beiden Enkel schmücken den Treppenaufgang in dem Einfamilienhaus, das Martin und Anne Monk 25 Kilometer entfernt von der ehemaligen Pfarrstelle am Ortsrand einer norddeutschen Kleinstadt bewohnen. *Martin Monk strahlt Ruhe und Besonnenheit aus. Schlank und weißhaarig gehört er zu jenen Männern zwischen 50 und 70, die sich Jugendliches bewahrt haben und deren asketische Gesichtszüge gleichzeitig den Greis erahnen lassen. Bevor Anne Monk, eine lebhafte Frau mit kurzen grauen Haaren, aus der oberen Etage herabgesprungen kommt, zeigt Martin Monk mir den Garten, dessen Pflege weitgehend er übernimmt, während die dekorativ gestalteten Wohnräume eine eindeutig weibliche Hand verraten. Zur Ruhestandsfalle werde die grüne Idylle nicht, betont das Ehepaar: Bis spätabends fahre der Bus zur nächsten U-Bahn-Station. Die gute Verkehrsanbindung zur Stadt sei für die Wahl ihrer neuen Adresse ein wichtiges Kriterium gewesen.*

Martin Monk

Wenn man mich nach meinem Beruf fragt, sage ich: »Ich bin Pensionär.« Wenn es jemand genauer wissen will, füge ich hinzu: »Ich genieße die späte Freiheit.« Von unserem beruflichen Selbstverständnis bleiben wir lebenslang Pastoren. Trotzdem betone ich: »Ich *war* Pastor« – und nicht: »Ich *bin* Pastor.«

Ein Gesichtspunkt, weshalb ich mit 62 aufgehört habe, ist die zunehmend schwierige Stellensituation für theologischen Nachwuchs. Ich wollte meinen Platz für einen jungen Nachfolger räumen. Der andere Grund: Vor acht Jahren gewährte mir die Nordelbische Kirche ein halbes Sabbatjahr. Damals entdeckte ich, wie es ist, Ruhe und Muße für Dinge zu haben, für die ich vorher nie Zeit hatte. Das fängt an beim Lesen und Ordnen von Büchern und Fotos und geht bis zu der Erfahrung, während meiner sechswöchigen Pilgerwanderung in Spanien auf einem Marktplatz zu sitzen, ohne zu merken, dass die Zeit vergeht.

Der Abschied von meiner Stelle wurde mir dadurch erleichtert, dass erhebliche Strukturveränderungen anstanden. Ich fand, die sollten jene ins Werk setzen, die künftig damit leben und arbeiten müssen. Zudem war mir klar: Ruhestand heißt ja nicht, man tut nichts mehr. Oder dass ich nicht wüsste, wie ich meine Zeit ausfüllen soll. Ich bestimme nur anders darüber: leite weiterhin Studienreisen, Seniorenfreizeiten, arbeite in verschiedenen Gremien mit, und wenn ich gebeten werde, übernehme ich gelegentlich noch Gottesdienstvertretungen, Taufen, Trauungen und Beerdigungen. Den gleitenden Übergang von einer Lebensphase in die andere hatte ich mir so gewünscht. Wir hatten das Pfarrhaus voll mit Sachen und waren Wochen damit beschäftigt, zu verschenken und zu entsorgen. Als der Möbelwagen vor der Tür stand, habe ich das als große Erleichterung empfunden.

Ich bemühe mich, alte Verbindungen zu halten. Nach wie vor interessiert mich, was in Kirche und Gemeinde läuft. Gleichzeitig merke ich, wie sich allmählich Distanz einstellt. Im Rückblick bin ich manchmal fast erschrocken, mit wie heißer Nadel ich früher manches genäht habe. Für einige Dinge hätte ich mir mehr Zeit nehmen sollen.

Als die Kinder groß waren, hat meine Frau noch ein Studium angefangen und abgeschlossen. Anne war keine Pfarrfrau im klassischen Sinne, auch wenn sie mich in der Gemeindearbeit unterstützt hat. Ihr begeistertes Lernen, ihre Kontakte an der Uni erweiterten unser gemeinsames Leben. Heute ist ihre Arbeit als Sprachtherapeutin an einer Klinik unser tägliches Gesprächsthema. Ich denke, ihre Lebenserfahrung als »Spätberufene« hilft ihr sehr, mit Patienten erfolgreich zu arbeiten und umzugehen.

Wenn sie morgens aus dem Haus geht und ich hier frei schalten und walten kann, fühle ich mich pudelwohl. Ich bereite um sieben das gemeinsame Frühstück vor, wenn danach die Tür zuklappt, lese ich erst einmal die Zeitung, mache die Küche fertig und lasse es ruhig angehen: Ich erledige die Post, telefoniere, lese Unterlagen für Sitzungen oder fahre mit dem Motorroller los. Der Garten ist ein fester Programmpunkt, ich repariere Dinge im Haus, setze mich an den Computer, surfe im Internet. Ich nehme oft Fernsehdokumentationen auf und habe inzwischen eine umfangreiche Videosammlung.

Im Haushalt versuchen wir, die Aufgaben ein wenig aufzuteilen, aber das ist durchaus ein Konfliktfeld. Anne ist für alles, was mit Einkaufen, Essen kochen, Wäsche zu tun hat, zuständig, wobei sie mir manchmal sagt, was ich einkaufen soll. Sie wischt den Fußboden, putzt das Badezimmer und das Klo. Ich betätige den Staubsauger oder wische gelegentlich Staub. Wie man Hosen und Hemden bügelt, habe ich beim Bund gelernt. Wenn's nötig ist, putze ich die Fenster. Anne hat allerdings die Angewohnheit zu sagen: »Weißt du, wir müssten mal ...« Und dann kommt irgendetwas, das *ich* machen soll. Sie hat dabei meist sehr präzise Vorstellungen, wann und wie schnell etwas gemacht werden soll. Das heißt meist: sofort. Für mich ist gewöhnungsbedürftig, wie viel Zeit sie in manche Dinge investiert. Ich habe früher ihr Rumpusseln nicht so hautnah erlebt, habe vieles im Haushalt gar nicht wahrgenommen. Jetzt frage ich nach: »Warum machst du das so? Weshalb stellst du die Teller an eine Stelle, wo man schlecht rankommt?« Ich richte mir Dinge so ein, das sie für mich vernünftig zu handhaben sind. Es fällt mir auch auf, wie unterschiedlich unsere Ordnungsvorstellungen und unsere Interessen sind. Ich wandere, liebe Fahrten mit dem Kajak. Ich würde am Wochenende oft gern spontan etwas unternehmen. Wenn dann aber ein gedehntes »Jaa« kommt, weiß ich schon: Das können wir abhaken! Anne braucht ihre wenige freie Zeit verständlicherweise auch zur Regeneration.

Wir haben in unserer Ehe sehr wechselhafte Phasen erlebt. Auch Phasen, in denen ich dachte: »Oh nee, nicht noch länger.« Nicht, weil ich jemanden anderen kennen gelernt hätte, sondern wegen irgendwelcher Nervereien, weil wir uns schlecht verstanden oder unterschiedlicher Auffassung über die Art des Umgangs mit den Kindern und ihrer Erziehung waren. Mir war jedoch immer bewusst, dass ich Verantwortung trug und mich nicht einfach davonmachen konnte. Mir kam dabei ein Ausspruch meines Vaters zu Hilfe, den ich in jungen Jahren eigentlich nicht so recht verstanden habe. Mein Vater sagte: »Die Ehe ist ein Stand.« Das heißt, in der Ehe geht es nicht immer nur um Liebe oder die Sonnenseiten des Lebens. Man hat sich auf jemanden eingelassen, hat Verpflichtungen, geht durch gute und schlechte Zeiten. Da kann man nicht ständig fragen: »Wie fühle ich mich jetzt eigentlich?« Bei Traureden oder Ansprachen zu Silberhochzeiten verwendete ich oft das Bild von einer Seilschaft im Gebirge, wo einer sich auf den anderen verlassen können muss. Ein anderer Begriff ist Gefährtenschaft. Man ist miteinander auf der Fahrt des Lebens, und man teilt, so der doppelte Wortsinn, miteinander die Gefahren. Wir hatten in unserer Ehe heftige Auseinandersetzungen. Aber mit dem großen Ziel, dass wir unseren Lebensweg, so weit es uns möglich ist, gemeinsam gehen wollen, haben sich die Probleme immer wieder eingependelt. Es hat sich ein starkes Grundgefühl von Zusammengehörigkeit, Zuneigung und Liebe entwickelt. Das ist eher stärker geworden, als dass es abgenommen hat. Dazu kommt, dass ich beruflich mit vielen Konflikten von Ehepaaren zu tun hatte und dabei gemerkt habe: Das Gras ist woanders auch nicht grüner.

Altwerden, sterben müssen ist ein Thema. Wir versuchen, uns immer wieder bewusst zu machen: Unsere Lebenszeit ist befristet. Aber es gelingt nicht immer, diese Einsicht vom Kopf in den Bauch zu kriegen und ihr im Umgang miteinander gerecht zu werden, also achtsamer zu leben. Manches wird aufwendiger, mühseliger. Das ist der Lauf der Dinge. Andererseits habe ich bisher kaum gesundheitliche Probleme. Dafür bin ich dankbar. Früher hatte ich Angst, dass der mentale und physische Zustand vielleicht auseinander klaffen könnten und ich darunter leiden würde, nicht mehr die Spannkraft eines 20- oder 30-Jährigen zu haben. Aber ich vermisse nichts, Körper und Kopf sind in Übereinstimmung.

Die Frage: Wie geht es weiter? hat für mich bisher nichts Bedrohliches. Es gibt zwar auch Tage, da denke ich mit etwas schlechtem Gewissen: »Was hast du heute eigentlich gemacht?« Aber ich plane inzwischen Zeiten des Nichtstuns mit ein.

Natürlich hilft mir im Annehmen des Alters auch mein Glaube. Im Alten Testament gibt es die Formulierung, Abraham sei alt und »lebenssatt« gestorben. Das ist für mich eine gute Vorstellung: Alt und lebenssatt. Ich habe das Leben schon nach vielen Seiten ausgeschritten und tue es immer noch. Darüber freue ich mich und weiß doch, dass es irgendwann zu Ende ist. Natürlich kann ich nicht sagen, wie es wäre, wenn ich plötzlich Krebs bekäme, aber ich hoffe, dass ich auch in so einer Situation getragen bin. Und das gibt mir, jedenfalls bis jetzt, eine gewisse vertrauensvolle Gelassenheit.

Anne Monk

Ich habe Martins Überlegung, eher mit der Arbeit aufzuhören, sehr begrüßt. Solange wir zusammen sind, habe ich darunter gelitten, dass er so wenig Zeit für mich und die Familie hatte. Als Pastor einer Landgemeinde war Martin jederzeit für andere verfügbar. Als das Datum seiner Pensionierung feststand, dachte ich aber doch: »Oh je, jetzt verändert sich etwas total. Wir müssen aus diesem Haus ausziehen, in dem wir fast 30 Jahre gelebt haben.«

Ich konnte seine Entscheidung jedoch verstehen und malte mir aus: Wir suchen eine zentral gelegene Wohnung, führen ein interessantes Stadtleben. Doch Martin sagte gleich, das käme für ihn nicht in Frage, er wolle einen eigenen Garten, die Nähe zur Natur, Platz zum Handwerken, und er wolle Paddelboot fahren. Wir haben dann nach einem Häuschen gesucht. Der Umzug war ein tiefer Einschnitt. Ich wusste vorher gar nicht, dass ich so sehr an unserer Umgebung hing, und hätte ständig heulen können. Martin hingegen freute sich permanent: »Mein letztes Weihnachten im Dienst! Mein letzter Altennachmittag!« Ich dachte: »Es gibt doch auch so etwas wie Abschiedsschmerz«, aber Martin schaute immer nur voraus.

In den ersten 15 Jahren unserer Ehe war ich Hausfrau und Mutter. Ich war 16, als wir uns kennen lernten, und hatte schlicht keine Lust mehr, das Abitur zu machen. Als die Kinder klein waren, bekam ich eine schwere Krise. In der Rückschau weiß ich: Mein Kopf war zu kurz gekommen. Mich bedrückte das Gefühl, ich habe so ein loses Ende in der Hand. Damals konnte ich das jedoch nicht artikulieren.

Andererseits bin ich ein richtiger Familienmensch und genoss es, dass ich mich ohne zeitlichen und finanziellen Druck unseren Kindern widmen konnte. Mit 41 Jahren habe ich dann das Abitur gemacht und anschließend mit Unterbrechungen studiert. Als ich das erste Mal an die Uni ging, hatte ich das Gefühl, die Welt öffnet sich für mich. Ich spürte während des Studiums förmlich, wie sich mein Gehirn weitete.

Zwei Wochen nach meinem Examen 1996 habe ich angefangen zu arbeiten. Ich konnte zwischen zwei Angeboten wählen, obwohl ich für den Stellenmarkt ja eine alte Frau war. Haushalt, Familie und Studium unter einen Hut zu kriegen, war kein Problem. In puncto Essen ist Martin sehr pflegeleicht. Wir hatten nie das Ritual zeitlich festgesetzter Mahlzeiten. Ich lege allerdings viel Wert auf Wohnkultur, schöne Blumenarrangements, eine gemütliche Atmosphäre.

Seit Martin im Ruhestand ist, passiert es durchaus, dass ich frage: »Warum ist die Küche nicht sauber?« Da schwingt, was ich selbst unmöglich finde, die Frage mit: »Was hast du eigentlich den ganzen Morgen gemacht?« Ich neige viel mehr als mein Mann dazu, bestimmte Dinge im Haushalt einzufordern. Aber er hat es auch deshalb nicht gefordert, weil es für ihn nicht wichtig ist. Wir haben deshalb oft Stress. Im Grunde sind die Anlässe lächerlich. Aber wir können uns richtig hochschaukeln. Und dann werden noch ein paar Sachen mit aufgezählt, die einem schon immer gestunken haben.

Zu meinem realen Alter habe ich selbst keine Beziehung, fühle mich mental unheimlich jung. Natürlich merke ich physische Veränderungen. Ich spüre manchmal meine Knochen, bin schneller erschöpft und brauche mehr Ruhe. In der Woche, wenn ich arbeite, gehe ich ungern weg. Das war früher anders. Was ich unterschätzt habe, ist, dass ich als Sprachtherapeutin in einer Klinik immer mit Leid von Patienten und ihren Angehörigen konfrontiert werde. In meinem Beruf habe ich Tag für Tag damit zu tun, was Menschen zustoßen und was für Elend sich abspielen kann zwischen Leben und Tod. Ich selbst hatte einmal eine Lungenembolie und leide an einer Autoimmunerkrankung, deshalb habe ich nicht so ein gelassenes Verhältnis zu Krankheiten wie Martin. Ich habe schon gespürt, was es heißt, sterblich zu sein.

Meine Hoffnung ist, dass wir von langem Siechtum verschont bleiben. Mir hilft der Glaube, dass mit dem Tod nicht alles endet. Ich halte es mit Katharina von Bora, Luthers Frau, die einmal gesagt hat: »Ich halte an Jesus fest wie eine Klette am Kleid.«

Ich bin unendlich dankbar für das, was ich erlebt habe, und bin jetzt glückliche Großmutter. Dass man Liebe für die Enkel in gleicher Intensität wie für die Kinder empfindet, hat mich sehr überrascht. Martin hat sich in einer Weise als engagierter Großvater entpuppt, wie ich es nie erwartet hatte. Als unsere Tochter mit der Abgabe ihrer Doktorarbeit unter Druck kam, rief er mich in der Klinik an und sagte: »Übrigens, wir sehen uns in drei Tagen wieder. Ich besuche jetzt Kathrin.« Das fand ich wunderbar.

Wenn ich morgens zur Arbeit fahre und Martin sich mit einer Tasse Kaffee gemütlich ins Wohnzimmer setzt und Zeitung liest oder sich schon mal sein Videogerät einstellt, löst das bei mir manchmal Neidgefühle aus. Wenn ich nach Hause komme, finde ich es allerdings sehr schön, dass Martin da ist. Ich überschütte ihn dann regelrecht mit Tagesereignissen, die ich loswerden will. Wenn er längere Zeit mit Gruppen verreist war, habe ich unsere Teestündchen sehr vermisst.

Wir haben schwierige Zeiten gehabt. Martin hinderte sein Pflichtgefühl, sich zu trennen, mich hinderten Ängste. Aber in mir gab es auch immer so eine Basisliebe. Ich konnte mächtig sauer auf ihn sein, hatte das Gefühl: Ich will ihn nicht sehen, ich kann nicht mit ihm schlafen, ich kann mit ihm überhaupt nichts. Aber es kam stets der Zeitpunkt, da fehlte er mir. Und wenn ich ihn dann wiedersah, habe ich mich riesig gefreut.

Ich glaube, hilfreich für uns ist, dass ich emotional unabhängiger wurde. Ich hörte auf zu klammern. Wichtig ist, nicht gekränkt und böse zu sein, wenn der andere sagt: »Dazu habe ich keine Lust. Das mach mal allein.« Entscheidend ist, dass man immer noch eine gemeinsame Schnittmenge hat. Die braucht gar nicht groß zu sein, wenn man den anderen grundsätzlich in seiner Persönlichkeit akzeptiert.

Schlusswort

»Ich nenne es Free Flow.«

Auf die Frage, was er jetzt mache, antworte er, »ich bin jetzt freischaffender Musiker und Lebenskünstler«, das Wort Ruhestand klinge diffamierend, erzählt mein Freund Hilbert. Lieber bezeichne er seine Situation als »Free Flow« – freien Fluss. Vergleiche man das Leben mit einem Strom, dann sei er nun, mit 67, nahe der Mündung. Beim Joggen, bei der Morgengymnastik spüre er deutlich sein Alter. Und: Sein Begehren sei einer »freudigen Kenntnisnahme« weiblicher Reize gewichen. Aber die Segel streichen und sich ans Ufer setzen? Seine Augen leuchten, als er von seinen zahlreichen Projekten berichtet. Gleich nach der Verabschiedung von seinem Posten in einer Kulturbehörde habe er sich um eine Lehrtätigkeit gekümmert, die ihn einen Teil des Jahres binde, ohne ihn einzuengen. Nach 25-jähriger Pause machten er und seine Frau nun wieder Kammermusik. Und sie entwickelten gemeinsam Sketche, mit denen sie erfolgreich in kleinem Kreis auftreten.

Bedächtiger ist er geworden. Während er früher mehrere Dinge gleichzeitig in Angriff nahm, konzentriert er sich heute auf eine Sache. Und entdeckte, wie befriedigend eine so banale Tätigkeit wie Marmelade kochen sein kann.

»Wir haben uns immer Freiraum gelassen«, erklärt er das Geheimnis einer langen, erfüllten Ehe, die auch Krisen und Anfechtungen überstanden hat. Doch dank ihrer gemeinsamen Interessen, ihrer Gespräche, des Literaturkreises, dem sie beide angehören, bleibe ihre Beziehung lebendig, auch wenn es in der Wohnung stiller wird: Viele berufliche Kontakte versandeten, etliche Freunde sind ständig unterwegs, »einige sind für immer gegangen«. Ihr Sohn lebt sein eigenes Leben.

Sie haben finanziell keine Sorgen, sind beide gesund. Gern, erzählt Hilbert, würde seine Frau mit ihm weite Reisen machen. Doch um abzuheben und ein Ziel anzusteuern, brauche er in kein Flugzeug zu steigen. »Meine Sehnsucht nach neuen Welten erfüllt sich in Welten, die ich selber schaffe.«

Die kleinen Wunder entdecken, Orte, Landschaften erkunden, an denen man stets vorbei jagte, sich endlich mit Muße Schönem widmen, Rezepte ausprobieren, Enkel hüten und Seelisches vertiefen. Oder noch einmal völlig Unbekanntes wagen: Aufbrechen zu neuen Ufern, fremde Länder bestaunen, Projekte aus der Taufe heben, sich für andere einsetzen in Asien oder Afrika. Noch einmal stellt sich im Ruhestand die Frage, ob wir neue Herausforderungen suchen, ob wir nach dem Motto »carpe diem« Tag um Tage mit Leben füllen können und uns auch von der Aussicht auf eine kürzer werdende Strecke nicht bremsen lassen.

Nun, da ihre Träume und Wünsche nicht mehr von Dringlichkeiten überdeckt werden, prüfen manche Paare, welchen Kurs sie eingeschlagen haben, welchen sie zukünftig einschlagen wollen – und wer am Steuer sitzt. Trägt das Gemeinsame, um Ziele zu zweit anzupeilen? Oder wäre es besser, wenn jeder seinen eigenen Weg wählt? Gibt der häusliche Hafen Geborgenheit, oder erstickt man in der selbst errichteten Festung, in die von außen möglichst wenig eindringen darf? Welches Gut und welche Güter bereichern die weitere Lebensfahrt, welcher Ballast kann über Bord geworfen werden?

Einige Paare kentern. Immer dichter wurde die Nebelwand, die, nun undurchdringlich, den Blick aufeinander verstellt. Nach langer Fahrt verlassen sie das gemeinsame Boot. Andere richten sich miteinander ein. Eine Trennung lohnt sich nicht mehr. Besitz, Kinder, finanzielle Erwägungen und die Angst vor dem Alleinsein halten Zerwürfnisse in Schach. Gute Stunden wiegen enttäuschte Erwartungen auf.

Für manche Paare beginnt nun die glücklichste Phase ihrer Beziehung. Die Kämpfe sind ausgekämpft. Die Unterscheidung von Wichtigem und Unwichtigem überbrückt Differenzen. In stilleren Gewässern greift mal der eine, mal der andere, manchmal greifen beide zum Ruder. Ein strahlender Montagvormittag! Und sie haben Zeit, das schöne Wetter zu genießen.

Anhang

Anmerkungen

Terra incognita: Der Ruhestand zu zweit

1 Vgl. Opaschowski, Horst W.: Leben zwischen Muß und Muße. Die ältere Generation: Gestern. Heute. Morgen. Hamburg 1998 (im Folgenden: Opaschowski), S. 16.

2 Vgl. www.familienhandbuch.de/cmain/f_Aktuelles/a_Elternschaft/s_1188.html.

Morgens bleibt der Wecker stumm

3 Opaschowski, S. 42.

4 Vgl. Berger, Gerhard; Gerngroß, Gabriele: Die wiedergewonnene Freiheit. Vier Modelle für ein erfolgreiches Altern, Zürich 1994.

Beruf als Stützpfeiler der Identität

5 Seggelke, Ute Karen: Männer über 50. Hildesheim 2000 (im Folgenden: Seggelke), S. 138.

6 Vgl. Berg, Hans Georg; Schmitt, Eva Renate: Beraten mit Kontakt. Handbuch für Gemeinde- und Organisationsberatung. Offenbach am Main 2004, S. 427 ff.

7 Vgl. Der Tagesspiegel, 11. 8. 2005, S. 4.

8 Vgl. ebenda.

9 Vgl. Sabine Buchebner-Ferstl: Pensionierung: Konsequenzen für die Partnerschaft (unveröffentlichte Dissertation), S. 159.

10 Vgl. Bründel, Heidrun; Hurrelmann, Klaus: Konkurrenz, Karriere, Kollaps: Männerforschung und der Abschied vom Mythos Mann. Stuttgart, Berlin, Köln 1999, S. 61 f.

11 Vgl. Lehr, Ursula: Psychologie des Alterns. Wiebelsheim 2003 (im Folgenden: Lehr), S. 239 f.

12 Vgl. ebenda, S. 233 f.

Alter Hase oder altes Eisen?

13 Vgl. Spiegel special: Die Deutschen, 4/2005, S. 161 f.

14 Vgl. ebenda, S. 30 f.

15 Vgl. ebenda, S. 43.

16 Vgl. Prahl, Hans-Werner; Schroeter, Klaus R.: Soziologie des Alterns. Eine Einführung. Paderborn u. a. 1996 (im Folgenden: Prahl; Schroeter), S. 141.

17 Ebenda S. 54 ff.
18 Vgl. www.ihr-rentenplan.de/html/geschichte_rente_2.html.
19 Vgl. Spiegel special: Die Deutschen, 4/2005, S. 162.

Zyklen des Abschiednehmens müssen durchlebt werden
20 Vgl. Langmaack, Barbara: Ruhestand. Annehmen – gestalten – leben. Stuttgart 2002, S. 78–81.

Erst der Job – dann die Familie?
21 Vgl. Stich, Jutta: Herd, Acker, Fabrik. In: Deutsches Jugendinstitut (Hg.): Wie geht's der Familie? Ein Handbuch zur Situation der Familien heute. München 1988, S. 37 ff.
22 Vgl. Beyer, Johanna; Lamott, Franziska; Meyer, Birgit (Hg.): Frauenhandlexikon. München 1983, S. 206.
23 Vgl. Mohrmann, Ruth-E.: Weibliche Lebensmuster in Ost und West. In: Geiling-Maul, Barbara; Macha, Hildegard u. a.: Frauenalltag. Weibliche Lebenskultur in beiden Teilen Deutschlands. Köln 1992 (im Folgenden: Geiling-Maul; Macha), S. 28–39.
24 Vgl. Faber, Christel: Struktur und Wandel des Arbeitsmarktes. In: Geiling-Maul; Macha, S. 106 ff.
25 Vgl. ebenda, S. 107 f.
26 Vgl. Wisniewksi, Roswitha; Kunst, Hermann: Handbuch für Frauenfragen. Stuttgart 1988, S. 228 f.
27 Gesterkamp, Thomas: Die Krise der Kerle. In: Ders. Rohr, Richard; Fthenakis, Wassilios E.: Vater, Sohn und Männlichkeit. Innsbruck 2001 (im Folgenden: Rohr; Gesterkamp; Fthenakis), S. 49 f.
28 Im Jahre 2002 verdienten weibliche vollzeitbeschäftigte Angestellte 30 Prozent, Industriearbeiterinnen 26 Prozent weniger als ihre männlichen Kollegen. Nur im Osten Deutschlands schmilzt die Differenz zum Nachteil von Frauen auf sechs Prozent. Vgl. www.tatsachen-ueber-deutschland.de.
29 Seggelke, S. 85 f.
30 Bejaht wurde sie im Osten von 30 Prozent der Männer und 27 Prozent der Frauen, im Westen von 33 Prozent der Männer und 32 Prozent der Frauen. Vgl. www.womanandthewende.de.
31 Gesterkamp, Thomas: Die Krise der Kerle. In: Rohr; Gesterkamp; Fthenakis, S. 51.
32 82 von 100 Männern bezeichnen in aktuellen Erhebungen die Familie als Mittelpunkt ihres Lebens vor dem Beruf. An dritt- bzw. viertwichtigster Stelle nannten Männer Freundschaften und Freizeitgestaltung. Nicht überraschend nehmen für noch mehr Frauen Familie und Freunde einen größeren Platz ein. Für 90 Prozent sind die Beziehungen zu Mann, Kindern und Familie Kernstück ihres

Lebens. An zweiter Stelle wurden Freundschaften genannt. Vgl. Zulehner, Paul M.; Volz, Rainer: Männer im Aufbruch. Wie Deutschlands Männer sich selbst und wie Frauen sie sehen. Ostfildern 1998 (im Folgenden: Zulehner; Volz), S. 82 f.

33 Vgl. Psychologie Heute, 12/2004, S. 15.
34 Vgl. ebenda 3/2003, S. 76.
35 Vgl. Prahl; Schroeter, S. 112.

»It's good to have a husband. But never for lunch.«

36 1992, so ergab eine Erhebung, summierte sich unbezahlte Arbeit auf 77 Milliarden Stunden. Der Löwenanteil entfiel mit 76 Prozent auf den Haushalt. Zwei Drittel der Hausarbeit wurde von Frauen geleistet. Auch bei der Pflege von alten oder kranken Angehörigen und der Kindererziehung lagen die Frauen mit 37 Minuten pro Tag vorn. Insgesamt kamen Frauen auf fünf Stunden und 26 Minuten Hausarbeit pro Tag – die Männer halfen dabei knapp eine Stunde und 20 Minuten. Vgl. »Wert unentgeltlicher Arbeit erreicht Billionenhöhe«. In: Süddeutsche Zeitung, 16.11.1995.
37 Kaufmann, Jean-Claude: Schmutzige Wäsche. Zur ehelichen Konstruktion von Alltag. Zit. nach: Rutschky, Katharina: Emma und ihre Schwestern. Ausflüge in den real existierenden Feminismus. München 1999, S. 97 f.
38 Vgl. Reichwein, Roland; Cramer, Alfons; Buer, Ferdinand: Umbrüche in der Privatsphäre: Familie und Haushalt zwischen Politik, Ökonomie und sozialen Netzen. Bielefeld 1993 (im Folgenden: Reichwein; Cramer; Buer), S. 261–264.
39 Vgl. Bertram, Hans (Hg.): Das Individuum und seine Familie: Lebensformen, Familienbeziehungen und Lebensereignisse im Erwachsenenalter (Familien-Survey 4). Opladen 1995, S. 103.
40 Vgl. Opaschowski, S. 16.

Das Empty-Nest-Syndrom

41 Vgl. Bertram, Hans: Familien, Familienbeziehungen im Lebensverlauf. In: Baltes, Margret; Montada, Leo (Hg.): Produktives Leben im Alter. Frankfurt/M., New York 1996, S. 252 f.
42 Opaschowski, S. 61–71.
43 Vgl. Lehr, S. 284.
44 Vgl. ebenda, S. 283 f.
45 Vgl. Kohli, Martin; Künemund, Harald: Die zweite Lebenshälfte. Gesellschaftliche Lage und Partizipation im Spiegel des Alters-Survey. Leverkusen 2005, S. 205 f.
46 Vgl. Prahl; Schroeter, S. 129.
47 Vgl. Lehr, S. 271.

Vom Müssen zur Muße zum Müßiggang

48 Vgl. Opaschowski, S. 33 ff.
49 Vgl. ebenda, S. 36.
50 Vgl. ebenda, S. 59–67.
51 Vgl. Lehr, S. 244 f.
52 Vgl. Opaschowski, S. 41.
53 Vgl. Becker, Horst (Hg.): Die Älteren. Zur Lebenssituation der 55- bis 70-Jährigen. Bonn 1991, S. 75.
54 Opaschowski, S. 68.

Jetzt lernt man sich erst richtig kennen

55 Willi, Jürg: Psychologie der Liebe. Persönliche Entwicklung durch Partnerschaftsbeziehungen. Stuttgart 2002 (im Folgenden: Willi), S. 167.
56 Psychologie Heute, 10/1996, S. 23.
57 Vgl. Welter-Enderlin, Rosemarie: Paare – Leidenschaft und lange Weile. Frauen und Männer in Zeiten des Übergangs. München, Zürich 1995, S. 39.
58 Willi, S. 37.
59 Vogt, Michael: Partnerschaft im Alter als neues Arbeitsfeld psychosozialer Beratung. Freiburg/Breisgau 2001 (im Folgenden: Vogt), S. 50.
60 Vgl. Seggelke, S. 25.
61 Vgl. Vogt, S. 59.
62 Vgl. Psychologie Heute, 10/1996, S. 23.
63 Vgl. Lehr, S. 292.

Wer bin ich noch für dich? Wer bist du noch für mich?

64 Vgl. Goldbrunner, Hans: Altwerden als Herausforderung für die Familie. Mainz 1999, S. 35 f.
65 Willi, S. 32.
66 Vgl. Opaschowski, S. 71.
67 Vgl. Vogt, S. 50.
68 Vgl. Stern, 24/2005, S. 92.
69 Zulehner; Volz, S. 84.
70 Vgl. Stern, 24/2005, S. 85.
71 Vgl. Psychologie Heute, 3/2003, S. 76.

Ab 60 stellt sich innerlich ein leiser Brummton ein

72 Vgl. Lehr, S. 7 f.
73 Vgl. »Wie man in Deutschland alt wird«. In: Die Zeit, 18.3.2005, S. 46.

74 Vgl. Schlaffer, Hannelore: Das Alter. Ein Traum von Jugend. Frankfurt/M. 2003 (im folgenden: Schlaffer), S. 67f.
75 Vgl. Prahl; Schroeter, S. 50.
76 Vgl. Vogt, S. 64.
77 Vgl. Prahl; Schroeter, S. 111.
78 Vgl. Psychologie Heute, 2/2001, S. 25.
79 Vgl. Vogt, S. 60.
80 Schlaffer, S. 105.

Wenn der Partner pflegebedürftig wird
81 Vgl. www.presseportal.de/story.htx?nr=710324&search=abgeschoben ,krank.
82 Vgl. Prahl; Schroeter, S. 117.
83 Vgl. Reichwein; Cramer; Buer, S. 259.
84 Vgl. Willi, S. 198.

Aufbruch zu neuen Ufern
85 Crismon 11/2004, S. 43f.
86 »... plötzlich ist da die Einsamkeit. Wie verkraften Männer den Tod ihrer Partnerin«. In: Frankfurter Rundschau, 18.8.1990, S. ZB5.
87 Körner, Irmela: Witwen. Biographien und Lebensentwürfe. Düsseldorf 1997, S. 23.

Literatur

Baltes, Margret; Montada, Leo (Hg.): Produktives Leben im Alter. Frankfurt/M., New York 1996.

Becker, Horst (Hg.): Die Älteren. Zur Lebenssituation der 55- bis 70-Jährigen. Bonn 1991.

Berg, Hans Georg; Schmitt, Eva Renate: Beraten mit Kontakt. Handbuch für Gemeinde- und Organisationsberatung. Offenbach am Main 2004.

Berger, Gerhard; Gerngroß, Gabriele: Die wiedergewonnene Freiheit. Vier Modelle für ein erfolgreiches Altern. Zürich 1994.

Bertram, Hans (Hg.): Das Individuum und seine Familie: Lebensformen, Familienbeziehungen und Lebensereignisse im Erwachsenenalter (Familien-Survey 4). Opladen 1995.

Beyer, Johanna; Lamott, Franziska; Meyer, Birgit (Hg.): Frauenhandlexikon. München 1983.

Bohnhorst, Brigitte: Klar werden wir gebraucht! Lebensgestaltung ab 50. Frankfurt/M. 1999.

Bründel, Heidrun; Hurrelmann, Klaus: Konkurrenz, Karriere, Kollaps: Männerforschung und der Abschied vom Mythos Mann. Stuttgart, Berlin, Köln 1999.

Geiling-Maul, Barbara; Macha, Hildegard u.a.: Frauenalltag. Weibliche Lebenskultur in beiden Teilen Deutschlands. Köln 1992.

Göckenjan, Gerd: Das Alter würdigen. Altersbilder und Bedeutungswandel des Alters. Frankfurt/M. 2000.

Goldbrunner, Hans: Altwerden als Herausforderung für die Familie. Mainz 1999.

Kaufmann, Franz-Xaver: Zukunft der Familie im vereinten Deutschland. Gesellschaftliche und politische Bedingungen. München 1995.

Kohli, Martin; Künemund, Harald: Die zweite Lebenshälfte. Gesellschaftliche Lage und Partizipation im Spiegel des Alters-Survey. Leverkusen 2005.

Körner, Irmela: Witwen. Biographien und Lebensentwürfe. Düsseldorf 1997.

Langmaack, Barbara: Ruhestand. Annehmen – gestalten – leben. Stuttgart 2002.

Lehr, Ursula: Psychologie des Alterns. Wiebelsheim 2003.

Opaschowski, Horst W.: Leben zwischen Muß und Muße. Die ältere Generation: Gestern. Heute. Morgen. Hamburg 1998.

Oppermann, Jutta; Tippelt, Frank: Endlich alt. Ein Lese- und Ideenbuch für und über Menschen in der zweiten Lebenshälfte. Bielefeld 2005.

Prahl, Hans-Werner; Schroeter, Klaus R.: Soziologie des Alterns. Eine Einführung. Paderborn u. a. 1996.

Pross, Helge: Die Männer. Eine repräsentative Untersuchung über die Selbstbilder von Männern und ihre Bilder von der Frau. Reinbek b. Hamburg 1984 (1978).

Reichwein, Roland; Cramer, Alfons; Buer, Ferdinand: Umbrüche in der Privatsphäre: Familie und Haushalt zwischen Politik, Ökonomie und sozialen Netzen. Bielefeld 1993.

Rohr, Richard; Gesterkamp, Thomas; Fthenakis, Wassilios E.: Vater, Sohn und Männlichkeit. Innsbruck 2001.

Rutschky, Katharina: Emma und ihre Schwestern. Ausflüge in den real existierenden Feminismus. München, Wien 1999.

Schlaffer, Hannelore: Das Alter. Ein Traum von Jugend. Frankfurt/M. 2003.

Schraub, Ingrid: Zwischen Salon und Mädchenkammer. Biedermeier bis Kaiserzeit. Hamburg 1992.

Seggelke, Ute Karen: Männer über 50. Hildesheim 2000.

Vogt, Michael: Partnerschaft im Alter als neues Arbeitsfeld psychosozialer Beratung. Freiburg/Breisgau 2001.

Welter-Enderlin, Rosemarie: Paare – Leidenschaft und lange Weile. Frauen und Männer in Zeiten des Übergangs. München, Zürich 1995.

Willi, Jürg: Psychologie der Liebe. Persönliche Entwicklung durch Partnerschaftsbeziehungen. Stuttgart 2002.

Wisniewksi, Roswitha; Kunst, Hermann: Handbuch für Frauenfragen. Stuttgart 1988.

Zulehner, Paul M.; Volz, Rainer: Männer im Aufbruch. Wie Deutschlands Männer sich selbst und wie Frauen sie sehen. Ostfildern 1998.

Nützliche Adressen

Pflege in Not
Beratungs- und Beschwerdestelle bei Konflikt und Gewalt in der Pflege
älterer Menschen.
Diakonisches Werk, Berlin Stadtmitte e.V.
Körtestr. 9, 10967 Berlin
Tel.: 030/69 59 89 89

Ehrenamt und soziales Engagement

www.senioren-initiativen.de
Unter dieser Webadresse finden sich Initiativen, Gruppen und Einrich-
tungen, in denen sich ältere Menschen engagieren können.

Jahresringe e.V.
Unter dem Motto »wer andern hilft, hilft sich selbst« werden ehrenamt-
liche Mitarbeiter zwischen 45 und 85 Jahren gesucht. Kultur, Soziales,
Bildung, gesellige Freizeitgestaltung und Reisen sind Inhalte der ehren-
amtlichen Projekte.
Boxhagener Str. 18, 10245 Berlin-Friedrichshain
Tel.: 030/29 34 18 13, Fax: 030/29 34 18 10
E-Mail: gesamtverband@jahresringe-ev.de
www.jahresringe-ev.de/haupt.htm

Johanniter-Hilfsgemeinschaft
Gesucht werden Frauen und Männer für ehrenamtliche Betreuungs-
dienste in den Johanniterheimen und für karitative Aufgaben, sowie
Personen, die eine Patenschaft für eine hilfsbedürftige Person oder
Familie übernehmen möchten.
Johanniter-Ordenszentrum
Finckensteinallee 111, 12205 Berlin
Tel.: 030/2 30 99 70-0, Fax: 030/2 30 99 70-249
E-Mail: info@johanniter.de
www.johanniter.de

Bundesnetzwerk Bürgerschaftliches Engagement (BBE)
Zusammenschluss verschiedener Vereine, Verbände, Initiativen und
Organisationen.
Michaelkirchstr. 17–18, 10179 Berlin-Mitte
Tel.: 030/62980-110, Fax: 030/62980-151
E-Mail: Info@b-b-e.de
www.b-b-e.de

Gastschüler in Deutschland e.V.
Gesucht werden Gasteltern, die von Ostern bis zu den Sommerferien
russische Schüler und Schülerinnen zwischen 15 und 16 Jahren auf-
nehmen, sowie freiwillige Mitarbeiter, die bundesweit bei der Auswahl
der Gastfamilien behilflich sind.
Dr. Peter Goebel
Südendstr. 3, 12169 Berlin
Tel. und Fax: 030/7916612
E-Mail: mail@gastschueler-in-deutschland.de
www.gastschueler-in-deutschland.de

Gute-Tat.de
Vorrangig werden kleine und mittlere Hilfsprojekte ehrenamtlich un-
terstützt. Das über die Homepage angebotene Projekt »Engel für einen
Tag« bietet Menschen, die sich nur für einige Stunden engagieren möch-
ten, die Möglichkeit, das für sie Passende auszusuchen.
Zinnowitzer Str. 1, 10115 Berlin
Tel.: 030/39088222, Fax: 030/39088199
E-Mail: info@gute-tat.de
www.gute-tat.de

Informations- und Kontaktstelle Aktiver Ruhestand
Bietet Hamburger Bürgerinnen und Bürgern im Übergang zum nach-
beruflichen Leben und im Ruhestand eine zentrale und unabhängige
Anlaufstelle für Auskunft, Beratung und Kontakte.
Bürgerschaftliches Engagement in Hamburg
Susanne Wegener
Tel.: 040/42863-2660, Fax: 040/42863-4072
E-Mail: Engagement@bsg.hamburg.de
www.engagement.hamburg.de

Ehrenamtliches Engagement für spezielle Fachkompetenzen

Senior Experten Service (SES)
Senior Experten können nach dem Ausscheiden aus dem Berufsleben ehrenamtlich vor Ort bei technischen und betriebswirtschaftlichen Modernisierungen, Schulungen, bei Marketing und Controlling helfen. Sie stellen ihre Arbeitskraft unentgeltlich zur Verfügung, der Auftraggeber trägt Unterkunft, Verpflegung und ein kleines Taschengeld. Büros des SES gibt es in zahlreichen Städten.
Buschstr. 2, 53113 Bonn
Tel.: 0228/26090-0, Fax: 0228/26090-77
E-Mail: ses@ses-bonn.de
www.ses-bonn.de

SeniorExperten e.V.
Initiative, zu der sich ehemalige Unternehmer, Geschäftsführer, Ingenieure und leitende Angestellte zusammengeschlossen haben, um Existenzgründungen zu unterstützen.
Technologie Centrum Nordwest
Olympiastr. 1, Halle 7, 26419 Schortens
Tel.: 04421/367138, Fax: 04421/367140
E-Mail: info@seniorexperten-ewfw.de
www.seniorexperten-ewfw.de

Freiwilligenagentur
Richtet sich an Menschen, die sich langfristig oder in Einzelaktionen in den Bereichen Soziales, Kultur, Bildung, Medien, Politik, Sport und Handwerk engagieren wollen.
Urbanstr. 21, 10961 Berlin-Kreuzberg
Tel.: 030/69049723, Fax: 030/69042421
E-Mail: FreiwilligenAgentur@nachbarschaftshaus.de
www.die-freiwilligenagentur.de

Hilfe zur Selbsthilfe

Peter Angst
Ehen zerbrechen leise
Ein Frühwarnsystem
für Paare
ISBN 978-3-423-**34028**-1

Martin Betschart
Ich weiß, wie du tickst
Wie man Menschen
durchschaut
ISBN 978-3-423-**34739**-6

Gene D. Cohen
Geistige Fitness im Alter
So bleiben Sie vital und kreativ
Mit einem Vorwort von
Manfred Spitzer
ISBN 978-3-423-**34530**-9

Christine Eichel
Die Liebespflicht
Zwischen hilfsbedürftigen
Eltern und noch nicht
erwachsenen Kindern
ISBN 978-3-423-**34565**-1

Christoph Emmelmann
Das kleine Lachyoga-Buch
Mit Lach-Übungen zu Glück
und Entspannung
ISBN 978-3-423-**344329**-6

Ernstfried Hanisch
**In jeder Mücke steckt
ein Elefant**
Gute Gründe, sich über
Kleinigkeiten aufzuregen
ISBN 978-3-423-**24740**-5

Anselm Grün
Trau deiner Kraft
Mutig durch Krisen gehen
ISBN 978-3-423-**34664**-1

Gene C. Hayden
**Bleib dran, wenn dir was
wichtig ist**
Die Kunst, Zweifel zu über-
winden und Ziele konsequent
zu verfolgen
Übers. v. B. Lemke
ISBN 978-3-423-**24837**-2

Marie-France Hirigoyen
Die Masken der Niedertracht
Seelische Gewalt im Alltag
und wie man sich dagegen
wehren kann
Übers. v. M. Marx
ISBN 978-3-423-**36288**-7

Warum tust Du mir das an?
Gewalt in Partnerschaften
Übers. v. J. M. Gabler
ISBN 978-3-423-**34492**-0

Mathias Jung
Trennung als Aufbruch
Bleiben oder gehen? Ein
Ratgeber aus der Praxis
ISBN 978-3-423-**34335**-0

Peter F. Kinauer
So macht Arbeit Spaß
60 Impulse für mehr
Motivation im Job
ISBN 978-3-423-**34550**-7

Bitte besuchen Sie uns im Internet: www.dtv.de

Hilfe zur Selbsthilfe

Thomas Hohensee
Sehnsucht
Die Suche nach dem voll-
kommenen Glück
ISBN 978-3-423-**24773**-3

Entspannt wie ein Buddha
Die Kunst, über den Dingen
zu stehen
ISBN 978-3-423-**24836**-5

Der innere Freund
Sich selbst lieben lernen
ISBN 978-3-423-**34707**-5

Glücklich wie ein Buddha
Sechs Strategien, alle
Lebenslagen zu meistern
ISBN 978-3-423-**34737**-2

Helmut Kolitzus
**Das Anti-Burnout-
Erfolgsprogramm**
Gesundheit, Glück und
Glaube
ISBN 978-3-423-**34013**-7

Arnold A. Lazarus
Clifford N. Lazarus
Der kleine Taschentherapeut
In 60 Sekunden wieder o. k.
Übers. v. C. Trunk
ISBN 978-3-423-**34315**-2

Ute Lauterbach
**Werden Sie Ihr eigener
Glückspilot**
Ganz und anders leben
ISBN 978-3-423-**34353**-4

Hans-Joachim Maaz
Die Liebesfalle
Spielregeln für eine neue
Beziehungskultur
ISBN 978-3-423-**34621**-4

Merle Leonhardt
Als meine Seele dunkel wurde
Geschichte einer Depression
ISBN 978-3-423-**34660**-3

Doris Märtin
Gut ist besser als perfekt
Die Kunst, sich das Leben
leichter zu machen
ISBN 978-3-423-**34462**-3

Marie Mannschatz
**Buddhas Anleitung zum
Glücklichsein**
Fünf Weisheiten, die Ihren
Alltag verändern
ISBN 978-3-423-**34587**-3

Hans Morschitzky, Sigrid Sator
**Die zehn Ge sichter der
Angst**
Ein Handbuch zur Selbsthilfe
ISBN 978-3-423-**34226**-1

Ursula Nuber
Depression
Die verkannte Krankheit
ISBN 978-3-423-**34272**-8

Lass die Kindheit hinter dir
Das Leben endlich selbst
gestalten

Bitte besuchen Sie uns im Internet: www.dtv.de

Hilfe zur Selbsthilfe

Michael Pantalon
Nicht warten – starten!
Das 7-Minuten-Programm zur
Motivation
Übers. v. T. Pfeiffer
ISBN 978-3-423-24929-4

Lothar Seiwert
Das Bumerang-Prinzip
Mehr Zeit fürs Glück
ISBN 978-3-423-34130-1

Heinz-Peter Röhr
Weg aus dem Chaos
Die Borderline-Störung
verstehen
ISBN 978-3-423-34286-5

Wege aus der Abhängigkeit
Destruktive Beziehungen
überwinden
ISBN 978-3-423-34463-0

Die Angst vor Zurückweisung
Was Hysterie wirklich ist und
wie man mit ihr umgeht
ISBN 978-3-423-34620-7

Barbara Sher
Barbara Smith
**Ich könnte alles tun, wenn
ich nur wüsste, was ich will**
Übers. v. G. Schwarzer
ISBN 978-3-423-34662-7

Barbara Sher
**Lebe das Leben, von dem
du träumst**
Übers. v. G. Schwarzer
ISBN 978-3-423-24585-2

**Du musst dich nicht ent-
scheiden, wenn du tausend
Träume hast**
Übers. v. B. Lemke
ISBN 978-3-423-34740-2

Viktor Sommer
Jetzt ist es genug!
Leben ohne Alkohol
ISBN 978-3-423-34222-3

Bärbel Wardetzki
Ohrfeige für die Seele
Wie wir mit Kränkung und
Zurückweisung besser um-
gehen können
ISBN 978-3-423-34057-1

**Mich kränkt so schnell
keiner!**
Wie wir lernen, nicht alles
persönlich zu nehmen
ISBN 978-3-423-34173-8

Kränkung am Arbeitsplatz
Strategien gegen Missachtung,
Gerede und Mobbing
ISBN 978-3-423-34710-5

Bitte besuchen Sie uns im Internet: www.dtv.de